北京市教育委员会科研基地建设–科技创新平台–京商文化研究项目

Shangjie Wenhua

商街文化

总 编 审：王茹芹
执行编审：赖　阳
主　　编：韩凝春
参　　编：杨少萱　赵　挺　胡　昕

中国经济出版社
CHINA ECONOMIC PUBLISHING HOUSE
北 京

图书在版编目（CIP）数据

商街文化 / 韩凝春主编.
北京：中国经济出版社，2014.7
ISBN 978-7-5136-3133-4

Ⅰ.①商… Ⅱ.①韩… Ⅲ.①商业街—研究 Ⅳ.①F713.58

中国版本图书馆 CIP 数据核字（2014）第 043565 号

责任编辑 路 巍
责任审读 贺 静
责任印制 巢新强
封面设计 华子设计

出版发行 中国经济出版社
印 刷 者 北京京华虎彩印刷有限公司
经 销 者 各地新华书店
开　　本 710mm×1000mm 1/16
印　　张 16.25
字　　数 220 千字
版　　次 2014 年 7 月第 1 版
印　　次 2014 年 7 月第 1 次
书　　号 ISBN 978-7-5136-3133-4
定　　价 48.00 元
广告经营许可证 京西工商广字第 8179 号

中国经济出版社 **网址** www.economyph.com **社址** 北京市西城区百万庄北街 3 号 **邮编** 100037

保护商业老街刻不容缓

中国商业史学会会长　王茹芹

中国商业老街是千百年前，中国商人为了吸引购买、围绕交通便利要道林立店铺，聚集商品和服务形成的一种商业形态。商业老街历经时代变迁，风云变幻，遗存了中国商业发展史、城市发展史、经济发展史的轨迹，凝聚着中国商人“以商富国”的志向、胆识、智慧和情怀。中国商业老街遗存的物产是文物保护的重要内容，中国商业老街文化是中国民族文化的重要组成部分。

中国商业老街承载着中国商业史的丰富内容。一条商业老街就是一座商业史博物馆。商业老街上的老建筑、老字号、老砖、老河和小桥等遗存物产都是商业历史文物遗产。无论是北京、南京、上海、天津、杭州等文化名城中的商业老街，还是丝绸之路、茶马古道、大运河、郑和下西洋等商贸古道沿线的商业老街，还有平遥、丽江、凤凰等古城街区都是一座座壮观的商业历史博物馆，是要重点保护的商业历史物产。同时，一条商业老街就是一道商业文化脉络。中国商业先人把商业文化与区域的人文文化、自然文化、建筑文化融为一体，汇聚成商街文化，产生了强大聚集功能，广集天下之货，汇集八方来客，创建了买卖公平、以义致利、天下共利的交换文化，展示商人信守的“以商富国、以商富民”的文化精髓。商业街文化史今贯通，经世致用，光彩夺目。用经济学的视角研究商业老街，掌握老街与产业、老街与城市、老街与消费等经济关系，分析老街的行业结构与协同力、商品的集散力、品牌的吸引力、顾客的流动力、商贸的辐射力，地价、房价等，运用老街的经济特征、经济效用和效率，发展社会主义市场经济，一定会形成经济发展、城市繁荣、社会进步永不衰竭的支撑力。

近年来，我国商业街随着城市化进程的加快，出现了前所未有的发展势头。2008 年，国务院办公厅在《关于搞活流通扩大消费的意见》中，明确地提出了加强商业街建设的意见。2009 年、2012 年，商务部连续下发了加快我国商业街建设与发展和组织开展特色商业街区、商贸功能区、中央商务区建设的意见。全国建设了一批集聚效应显著、文化底蕴深厚、建筑风格鲜明、基础设施完备、街区管理完善、拉动消费作用明显的商业街区。如北京王府井大街、上海城隍庙、南京新街口、杭州清河坊、广州上下九步行街、成都宽窄巷子、哈尔滨中央大街等。这些商业街区辐射力超越国界、盛名远扬海外。

然而，在现代化建设的进程中，也有一些地方和城市无序规划商业街区、无休止地改造扩张老街，使商业老街遭受了不是消失就是被破坏的命运。被现代化了的老街千店一面，甚至出现了既没有“老的”文化又没有现代元素的怪街。因此，科学规划街区建设，保护和发展好商业老街物质文化遗产，是当前一件刻不容缓的大事。我们应该承担起“认知老街、保护老街、发展老街”的社会责任。

事实上，没有一个成熟的理论和国际经验可以直接指导中国商业街的保护，我们既要学习国外纽约第五大道、巴黎香榭丽舍大街、伦敦牛津街、东京银座的宝贵经验，更要用中国人自己的探索解决自己的问题。依据商业老街的历史渊源，分析老街与经济、城市、社会的相互作用关系和老街实例，建立适合中国实际的商业老街概念模型、保护模式、发展框架、管理机制和评估标准。

对中华商业老街发展的基本认识

中国商业联合会会长　张志刚

中国的商业街古老而又年轻，从大唐的鼎盛到清明上河图的繁荣，从百年老街修旧如旧到新街开发的如火如荼。改革开放以后，特别是近年来，伴随着我国城市化进程的加快和消费结构的升级，商业街进入了一个前所未有的快速发展时期，商业街在城市中的商业形象和标志性的地位日益突出，在扩大内需、促进消费方面的作用愈发显著。商街经济正在强势助推城市经济的发展。在这样的时代背景下，我们探讨商业老街的保护与发展很有意义。

基于我对商业老街的基本认识，谈几点看法，供大家参考。这几点看法概括为四个“清”：

第一点，厘清概念

探讨商业老街，首先要厘清什么是商业老街。顾名思义，商业老街是区别于新街。我们日常称呼老街的时候，往往会习惯而自豪地称之为百年老街；在称呼老店的时候，往往会称之为百年老店；在称呼老房子的时候，往往会称其为百年的建筑。这“三老”往往会交织融合在一起。商业老街既具有地域文化的文化个性，同时在国际上也有广泛的共识。综观国内的商业老街不难发现，商业老街一般具有悠久的历史和灿烂的文化，具有古老的建筑遗存和历史人文内涵，既具有地域特色也有时代的创新，还以商为媒具有旅游的价值，并带来了经济的繁荣。例如，杭州的清河坊商业街既保留了部分南宋商业街区建筑的风貌，也保留了胡庆余堂中药店铺。胡雪岩是徽商，生于安徽，成于浙江，在鼎盛时期富可敌国，最后晚景非常悲凉，但他所经营的胡庆余堂保留到现在，那条街是清河坊商业街。又如，苏州同里古镇的古街坊为明清风格的商业街区，已经有130多年的历史，至今保存完整，古街与古镇相互依存、共同发展。再如，德国柏林的库达姆大街从18世纪开始建造，至今已经度过了150年，欧洲最古老的动物园，著名的威廉教堂、剧院、影院等都坐落在这条街上。我们希望通过商业街专家们的充分论证，共同给商业老街下一个明确的定义，找准商业老街与商业新街的定位，处理好新老街的关系，处理好商业老街保护与发展的关系，等等，切实加强商业老街的基础理论研究。

第二点，摸清现状

研究商业老街，首先要摸清家底。比如目前全国有多少条符合我们定义的商业老街，有多少条名副其实的商业老街，有多少条名实不符的商业老街，有多少条已经或即将被人为拆毁或者是遭受了自身毁坏厄运的商业老街，有多少条仿古的假古董似的商业老街，有多少条商业繁荣的商业老街，还有多少条遇到保护与发展尖锐矛盾的商业老街，等等。应该通过深入广泛的调研，对全国或者重点城市的商业老街的现状进行一次相对完整的统计和梳理，摸清商业老街保护与发展的现状，形成中国商业老街保护与发展的调查报告，建立起数据库。既为寻求政策建议奠定基础，也为商业老街的理论研究提供第一手材料和有利的数据支撑。

第三点，认清意义

一个城市的兴旺和市场、和商业是什么关系？文化是随着人类的进化相伴而行的，历史非常久远。而文明的出现又有几个自身的特征，文字的出现是重要的特征，冶铁的出现是重要的特征，城邦的出现也是重要特征。市因城而立，城因商而兴。商业老街具有稀缺性和独有性，具有不可复制性和不可再生性，是人类文明的重要遗产，是绝无仅有的商业资源、历史文化资源和旅游资源。它承载着一座城市的历史记忆，是地域文化特质的重要载体，是一座城市区别于另一座城市的标志性符号。对中国特色的商业老街的研究，可以丰富我们的流通经济学，也可以丰富我们的经济学理论。

商业老街是一座城市区别于另一座城市的标志性符号，是一座城市文明特别是商业文明发展的活化石和教科书，用任何文字和语言描述商业老街的重要性都不为过。对商业老街保护的重视，仅仅局限在专家学者的范围内是不够的。我相信通过艰苦的努力和工作，国家会从宏观的层面，以及各级城市、各级政府，特别是城区管理者、开发建设的企业、新闻媒体、学术团体等社会各界达成尽可能广泛的共识，形成合力。共同认识到商业老街保护的重要性，避免重蹈拆掉老城楼、老城墙的覆辙。既认清商业老街保护的重要意义，也深刻认识到商业老街的保护也是我们这代人的现实责任，是我们共同的历史使命。商业老街的接力棒传到我们这代了，我们这代应该做一些什么？我觉得我们有挥之不去、执著坚守的历史使命。

第四点，看清途径

保护与发展、传承与创新是商业老街可持续发展的重要课题，也是需要我们共同探索的一道难题。通过科学的发展观和科学的方法论相结合，共同探索商业老街健康发展的有效途径。对商业老街的保护与发展途径，我提三点建议：

第一，标准引导。商业老街姓“商”，要充分发挥各级商业街主管部门、商业街协会组织管理机构的作用。中国商业史协会可以会同中国城市商业网点建设管理联合会、清华大学经管学院零售中心等这样一些机构和相关的单位，将商业老街或传统商业街的课题向商务部申请立项，制定商业老街的相关标准，明确商业老街的定义，分类保护、开发、运营、管理等内容，以标准的制定和宣传、贯彻、引导，推动商业老街的保护和发展。在制定标准的同时，积极推动商业老街立法保护工作，地方政府可以先行立法。我认为，没有标准化就没有现代化，过去大量的标准是出现在第二产业制造业中。现在随着管理水平的提高，现代化是否提高了标准，是否坚守了标准。对商业老街的开发要作为商业遗产，严格依法进行科学的保护性开发。比如，杭州市人民政府在2000年就颁布了杭州市清河坊历史街区保护办法。在没有国标以前，应先推动地方政府制订当地的法规。这些经验值得推广，使商业老街的保护与发展逐渐走上标准化、法制化的轨道。

第二，示范带动。中国商业史学会可以与中国城市商业网点建设联合会等相关单位合作，通过开展中国商业老街的示范创建工作，严格标准，大步前进，推出一批示范街。示范引领，挂牌保护，大力宣传，争取国家政策的支持。

第三，与时俱进。商业老街的保护不是静态的封闭，也不是僵化的固守，它的发展一般与城市的发展同向，与城市的发展和谐，要切实做到与时俱进。我们反对过度的保护，也反对过度的开发；既不赞成为了经济发展进行的大拆，也不赞成假古董的大建。这是必须破解的现实题目，在这方面要严格科学论证，遵循经济规律，尊重历史文化，尊重民意，依法开展。

我们的希望和理想是这样的：商业老街能成为一座城市的商业繁荣地、旅游目的地、文化示范地、投资首选地、市民的休闲地，打造成彰显一座城市软实力的集中区域、商旅文完美融合的黄金街区，建设为拉动区域经济发展的强力引擎，建设成为历史有根、文化有脉、商业有魂、经营有道、品牌有名的“五有”商街。此外，商业老街国内外都有，要加强商业老街建设的国际交流与合作，以更加开放的姿态建设好具有中国特色的商业老街。

半亩方塘一鉴开，天光云影共徘徊；问渠哪得清如许，为有源头活水来。中国商业老街的建设是一项利在当代、功在千秋的事业，是值得用一生去奋斗的事业！

商业街发展呈现七大趋势

中国步行商业街工作委员会主任　韩健徽

近年来，我国商业街出现了前所未有的发展势头，国家层面也越来越重视商业街的工作。2008 年 12 月，国务院《关于扩大消费搞活流通的意见》中，首次提出了“要推动特色商业街建设”，这是新中国成立以来，在国务院文件中第一次提出要推动商业街的建设。2009 年 4 月，商务部首次发布《关于加快我国商业街建设与发展的指导意见》、发布了由商街委起草制定的全国首部《商业街管理技术规范》国内贸易行业标准。2012 年 8 月，国务院《关于深化流通体制改革加快流通产业发展的意见》中，明确提出了“有序推进贸易中心城市和商业街建设，支持特色商业适度集聚”。2012 年 9 月，国务院《国内贸易发展“十二五”规划》中，提出要“支持具有地方特色的商业街提档升级、规范发展”。2013 年 6 月，商务部发布了由商街委起草制定的《特色商业街评价指南》国内贸易行业标准，并于 12 月 1 日正式实施。

一系列政策和标准的出台，将成为我国商业街发展的宏观指南，标志着我国商业街将从自发自觉发展，走向规范科学发展，标志着我国商业街将会进入一个全新的快速发展黄金机遇期。

商业街在全国的数量很多，类型也很多。截止到 2012 年年末，全国县级以上城市的商业街总存量超过了五千条。这些商业街类型按照历史划分，分为传统型商业街和现代型商业街；按照业态划分，分为综合型商业街和专型型商业街；按照规模划分，分为大型、中型、小型商业街；按照建筑划分，分为地上、地下、室内、室外商业街；按照形态划分，分为商业街、商业街区、商业街群等。

值得一提的是，近年来的商业街建设中有这样一个趋势，很多开发商开始进入商业街的开发建设领域，当然也和城市的招商引资、城市化的进程相辅相成。同时，现代商业街的类型正在向更加广阔的外延拓展，比如和交通枢纽站点、休闲度假、大型功能区、城市综合体、大型居住区相结合等。特别是，近两三年在全国商业街的发展过程中，若干条空间距离不远，特色鲜明但是又相辅相成的商业街群开始出现。

近年来全国商业街的发展趋势，可归结为七个方面——第一个趋势：现代商业街的发展已经从单纯的购物为主，呈现出集购物街、餐饮街、休闲街、娱乐街、体验街于一体的五街合一趋势；第二个趋势：集地上、地下、空中于一体的立体化趋势；第三个趋势：集点、线、面于一体的街区化趋势；第四个趋势：集大中小店于一体的生态化趋势；第五个趋势：集商业、旅游、文化于一体的商旅文合一趋势；第六个趋势：集名街、名店、名品于一体三名合一的品牌化趋势；第七个趋势：集线上、线下于一体的智慧化趋势。

关于商业老街的保护与发展，要从硬件与软件两个方面着手，做到软硬兼施。商业老街在我国有着深厚的历史，经过改造提升后的一些老街，虽然建筑外观上打上了时代的烙印，但老街的遗存特别是它的精神，仍然深深印刻在商业街中。

目　录

CONTENTS

序　言

理论积淀

中华老街

北京商街

商街新论

附 录

◎理论积淀

商业老街缘何“老而不朽”？

—— 一个永葆青春型商业街形成机理的研究框架

李　飞①

一、问题提出

随着历史的变迁和城市的改造，凝聚历史文化的商业老街，有的消失了，有的萧条了，也有的生机勃勃地发展着。消失的令人惋惜，萧条的令人迷惑，生机勃勃的令人欣喜。谁不希望一个城市的古老商业街可以成为光芒永放的灯塔，谁不希望有机会在老祖宗曾经购过物的老商街逛一逛，谁不希望有机会在民国京剧名伶唱过戏的剧场看看戏……然而这一切都伴随着老商业街的消失或萧条而成为了人们难以实现的梦想。

数十年来，大量有识之士都在呼吁保护文化名城，其中一个重要的内容是保护具有悠久历史的商业老街，政府也出台了相关的保护法律。然而，呼吁和法律并没有起到期望中的作用，资本如同一架力大无穷的推土机，伴随着城市的现代化改造，摧毁了一个个古老的商业街，让位给了拔地而起的一座座现代化的购物中心和五光十色的步行商业街。政府和开发商似乎也有充分的理由：老商业街萧条了，必须进行现代化改造，否则就会成为死街。

在人们的眼中，老商街似乎成为了鸡肋，不改造是“等死”，改造了是“找死”；不改造是慢性自杀，改造则是被快速地他杀了。现实也大体

① 清华大学经济管理学院营销系教授、博士生导师，中国零售研究中心常务副主任，兼任中国商业史学会副会长。

如此，好好“活着”的老商街微乎其微、少之又少，即使“活着”的，大多也是勉强维持生存，或者病入膏肓，等待着“安乐死”。

老商街的持续繁荣和复兴问题成为人们关注的热点，相关文献相当地丰富。文化和历史民俗研究学者大多从历史保护角度提出留存的建议，而建筑规划研究学者大多通过规划案例提出老商业街规划时要遵循尽量保护的原则。这些研究成果具有一定的指导意义，但是从总体上看，缺乏商业街演化过程的系统讨论，研究方法也是议论和评论较多，缺乏达成一致的实证研究方法。

为此，我们在文献回顾的基础上，探索老商街持续繁荣形成机理的研究框架，以便未来通过对这个框架进行验证，找到一个老商街“老而不朽”、“永葆青春”的发展路径，这无论对于老商街的持续繁荣，对于已萧条商街的再次复兴，还是对于一条新型商业街的建设，都有着重要的实践意义。同时，在理论上也会为商业街形成和发展理论做出重要的贡献。

二、研究设计

（一）概念界定

老而不朽商业街，又指“永葆青春”商业街，还可以称为繁荣商业街，也有人将其称为世界一流商业街、世界著名商业街、魅力商业街等。各个名称虽然含义有所差异，但是在本质上存在着相似性。

1976 年有学者提出了零售生命周期理论，即应用产品生命周期来解释零售类型从产生到衰退的发展过程（Davidson，Bates，Bass，1976）。具体内容是：零售业态像生物一样，有它自己的生命周期，分为明显不同的四个阶段：革新、发展、成熟和衰落。1998 年有学者将零售生命周期理论用于商业街的分析，提出商业街的生命周期模型，把商业街的生命周期分成探索、参与、发展、巩固和停滞五个阶段，阶段划分的标准就是考察商业街业态、游客和当地居民作为消费者的不同构成（Snepenger et al.，1998）。

我们根据零售和商业街的生命周期理论，将老商业街的发展划分为革新（形成）、发展、成熟和衰落四个阶段。如同产品生命周期并非都是典型的抛物线形的正态分布一样，有些商业老街持续繁荣，呈现为一条左低右高逐渐上升的曲线，例如北京王府井商业街、上海南京路商业街等；有些商业老街繁荣过后转向衰落并停留在维持生存的状态，呈现为抛物曲线走完3/4之后，转为左右平行的一条横向的直线，例如北京的大栅栏商业街，失去了往日的辉煌且还能生存；有些商业老街繁荣过后走向了衰落，苟延残喘地勉强生存着，呈现出走完整条抛物线的全过程，例如北京的隆福寺商业街。我们研究的目的是发现商业老街持续繁荣的机理，最直接的方法是研究成功案例，同时也需要通过失败的例子进行对比和反证，最终构建一个商业老街持续繁荣的机理模型。但是，在进行对比案例分析之前，需要有一个理论框架作为指引，以免研究范围过大、过泛。本研究的目的就是建立一个“永葆青春”型商业街形成机理的研究框架。

（二）研究思路

形成机理，是指一个事物的构成要素、影响要素及其相互作用而形成或演化的规律。因此，探索“永葆青春”型商业街形成机理的研究框架，就需要完成下面的工作：①分析商业街的基本构成要素；②主要的影响因素；③归纳永葆青春型商业街的一般特征；④繁荣商业街形成和保持的机理框架。本研究采取文献分析方法，即通过已有文献回顾，进行分析归纳，建立一个理论研究框架，并提出这个研究框架的应用方法。

三、研究过程

（一）商业街的基本构成要素

商业街基本构成要素，是指商业街形成的主要必备要素。缺少任何一个要素，商业街就无法构成。对此，已有诸多的讨论。有学者根据系统理论，将其分为交通系统、建筑空间系统、商业系统、附属设施系统、绿化景观系统、环境文脉系统和社会空间系统（冯四清，2004）。有的学者根据资源和能力将其分为业态结构系统、内部交通系统、建筑空间系统、商业信誉、商店环境、环境系统、附属设施系统和规模布局系统等（贾红红、黄怀德，

2008)。还有学者从科学规划角度，提出其构成要素包括目标顾客选择、营销定位，以及店铺组合、商品服务成本、交通规划、服务水平、空间维度和商街形象等内容（汪旭晖、王高，2007)。另外还有学者根据零售引力理论，认为商业街的吸引力主要来自消费者对其备货、价格、设施、设计、服务、氛围六方面要素形成的综合印象（施晓峰，2008)。

已有研究成果，由于研究视角不同得出不同的研究结果，都有一定的道理。为了达成共识，我们需要回到商业街最为基本的构成要素，不包括影响因素和基本构成要素的组合结果，看看哪些是商业街形成不可缺少的要素。商业街，是指聚集诸多零售商店的一条街道或区域，卖者和买者在这里在管理者的管理下，进行交易商品和服务的行为。这一商业街的概念，实际上已经为我们研究商业街的基本构成要素提供了范围基础，包括商业街的主体形态和客体形态，以及他们的交易行为。主体形态是指商业街的参与主体，包括卖者、买者和管理者；客体形态是指商业街的时空形态，空间形态包括位置（地理氛围和交通状态等)、规模（长宽高、商业街形状等)、景观等。时间形态是指商业街的历史和文化等。由此可以归纳出商业街的基本构成要素（见表1)。

表1　商业街的基本构成要素

一级指标	二级指标	三级指标	四级指标	四级指标解释
商业街的客体要素	空间形态	位置	地理氛围	商业街所处位置的氛围
			交通状态	商业街到达和内部行进的便利程度
		规模	长宽高	商业街的长度、宽度和高度
			街形状	商业街的形状
		景观	街景	商业街建筑风格、色彩、绿化、地标性建筑
	时间形态	历史	历史长短	商业街的悠久历史
		文化	文化积淀	商业街的独特文化、传统风格延续、旧建筑保护
商业街的主体要素——卖者	店铺	店铺	店铺数量	商业街的店铺聚集数量
			店铺结构	商业街的店铺结构及世界名店有无
			店铺组合	商业街店铺的商品、服务、环境、价格、广告等
	所有	所有	所有制	店铺的所有制和企业治理结构

续表

一级指标	二级指标	三级指标	四级指标	四级指标解释
商业街的主体要素——买者	顾客	特征	顾客流量	商业街顾客总规模
			顾客结构	商业街顾客结构及特征
商业街的主体要素——管理者	管理者	特征	特征	商业街规划和管理主体特征
		能力	管理水平	商业街规划和运营管理能力

（二）商业街的主要影响因素

商业街的主要影响因素，是指影响商业街基本构成要素表现的主要影响因素，一般表现为商业街外部环境方面的影响因素。有学者提出了商业街的“社会空间概念”，包括社会文化、社会政治和社会经济，将其作为商业街的影响因素（冯四清，2004）。也有学者提出了商业街的“外部空间概念”，包括外部交通系统、政治法规、竞争状态、经济情况、人口规模和特征、劳动力保障等（贾红红、黄怀德，2008）。还有学者提出了更为系统的影响因素，包括市政因素、自然因素、社会经济因素和政策法律因素（戴志中等，2006）等。结合零售业发展的影响因素分析，我们归纳出商业街的主要影响因素包括：政治、经济、社会文化、自然、技术、法律等宏观方面因素，以及商业街、店铺和顾客需求等方面的微观因素（见表2）。

表2　商业街的主要影响因素

一级指标	二级指标	指标解释
宏观因素	政治	政治制度和形势的稳定性、所有制
	经济	经济体制、经济增长和供求关系、交通
	社会文化	社会风气、文化习俗
	自然	自然环境、资源
	技术	手工、机器、电力、信息等技术
	法律	商业街、零售店设立和管理的法律、规定

续表

一级指标	二级指标	指标解释
微观因素	商业街竞争	同城其他商业街的优劣势；城市发展规划
	店铺发展	全社会零售业态发展水平
	顾客需求	顾客收入水平，以及对商业街的主要需求特征

（三）永葆青春型商业街的一般特征

永葆青春型的商业街，也可以称为具有持久竞争优势的商业街。这些商业街具有一些共同特征，这些特征是它们繁荣或永葆青春的原因。上海市政府在2001年曾经对9条世界著名商业街进行研究，它们是伦敦的卡纳比街和牛津街、巴黎的香榭丽舍大街、米兰的蒙特拿破仑街、巴塞罗那的兰布拉斯大街、芝加哥的密歇根大道、纽约的时代广场、新加坡的滨海大道和东京的银座，最后的得出了世界一流商业街的特征：全球声誉、密集的客流和可靠的收入（见表3）（戴乔治、李广宇、彭显伦，2002）。

表3　世界一流商业街的三大特征

商业街＼三大特征	全球声誉	工作日客流量（1999年·万人）	年商业收入（1999年，亿美元）
巴黎香榭丽舍大街	享誉全球	50～70	15
伦敦牛津街	享誉全球	50	32
东京银座	享誉全球	25	40
芝加哥密歇根大道	世界知名	12～21	27
上海南京路	中国知名	80	14

麦肯锡的研究结果表明，上述世界一流商业街三大特征的形成，有赖于6个关键性的影响因素：悠久的历史、独特的建筑和商业格局、多元化的商业功能、知名的骨干商户、便捷的公共设施和愉悦的环境、牢固的政企合作关系（李飞，2003）。这6个关键影响因素，可以理解为商业街基本构成要素在世界一流商业街中的具体表现。

表4　永葆青春型商业街长期保持的特征

一、基本构成要素的特征	1. 客体构成要素	（1）地理氛围	商业街所处位置的商业氛围
		（2）交通状态	商业街便利到达和内部行进安全便利，有足够的停车位
		（3）长宽高	商业街的长度1000米左右、宽度和高度的比例为1:1或1:2
		（4）街形状	商业街的形状长条形、环绕型或其他形状
		（5）街景	商业街建筑风格、色彩独特，绿化好，有地标性建筑
		（6）历史长短	商业街具有百年以上历史，以及百年以上建筑
		（7）文化积淀	商业街有独特文化、传统风格延续、旧建筑留存，能唤起人们的记忆
	2. 卖者主体构成要素	（8）店铺数量	商业街的店铺聚集数量超过30家
		（9）店铺结构	有知名的骨干店铺。商业街的店铺包括10家以上全球品牌或20家以上的全国性品牌，汇集零售、餐饮、娱乐、社交等传统和现代各种业态
		（10）店铺组合	商业街店铺的商品丰富且质量好、服务优质、环境舒适、价格诚实、广告沟通艺术性等
		（11）所有制	店铺所有者为独立自主经营的实体
	3. 买者主体构成要素	（12）顾客流量	商业街顾客总规模平均每人超过20万人
		（13）顾客结构	商业街顾客至少有四分之一的旅游者，大多属于中高档收入阶层
	4. 管理者主体构成要素	（14）归属	有自己的商铺组织，有相关的管理机构，并与政府保持着密切地联系
		（15）管理水平	商业街日常运营管理能力强
二、绩效特征	1. 形象绩效	（1）声誉范围	全球声誉或曰享誉全球
		（2）声誉方向	正向口碑或曰美誉度高，成为旅游必选
	2. 经济绩效	（3）经营收入	平均每年超过100亿元人民币
		（4）租金水平	平均每年平方米租金达到全球或全国较高水平

另有学者认为，世界著名商业街具有四大特征：深厚的历史文化底蕴（历史悠久、文化传承和影响广泛）、良好的设施条件（交通可达、设施便利和环境舒适）、先进的商业模式（模式引领，全球引力和经营高效）和优良的消费品质（品牌丰富和品质高端）（赖阳、黄爱光，2013）。

还有学者提出了世界一流商业街的规模特征，包括长度、宽度和高度（李飞，2003）。具体特征为：长度一般以1000米为最高限，最短可至100米，200米左右的特色步行街在世界上是常见的；宽度以窄为好，便于顾客来回穿行；高度一般与宽度为1∶1比例为佳，最高不要超过1∶2的比例，步行商业街以一至三层楼为宜。这些数据仅作为参考，并不绝对。

我们对已有的研究成果进行归纳，就会得出一个繁华商业街的一般共同特征，包括基本构成要素的特征和这些要素组合后的绩效特征（见表4）。

（四）永葆青春型商业街形成机理的研究框架

通过上述商业街基本构成要素、主要影响因素和永葆青春型商业街的一般特征的分析，我们大体了解了导致繁华商业街形成的因素，以及繁华商业街的形成标志。我们将永葆青春型商业街的特征作为结果，基本构成要素作为原因，影响因素作为调节变量，就可以建立一个繁华商业街形成机理的框架模型（见图1）：商业街有着宏观和微观两方面的影响因素，这

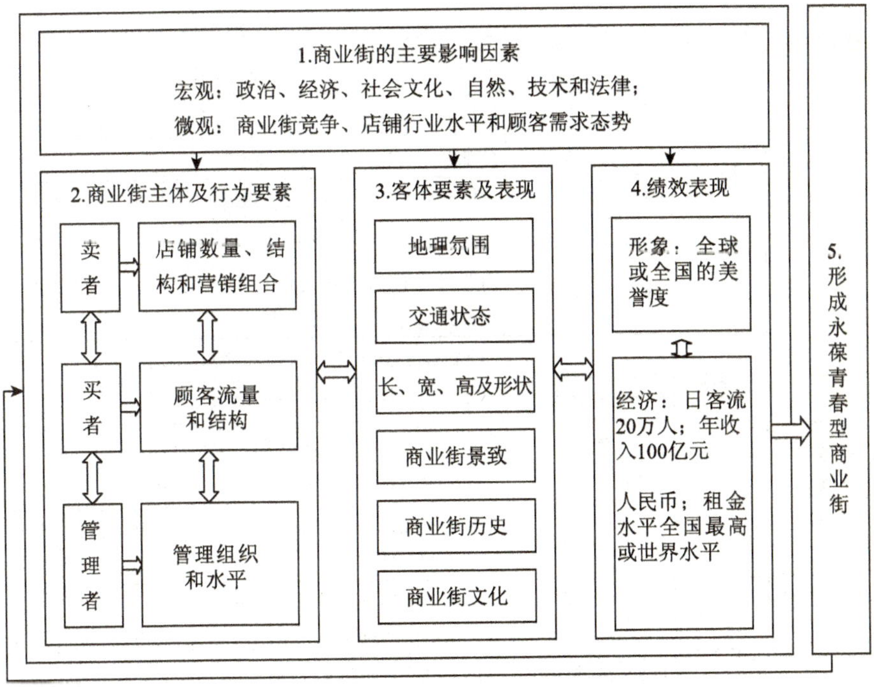

图1　永葆青春型商业街形成机理框架模型

些影响因素会首先影响商业街的卖者、买者和管理者等主体，同时还影响这些主体的行为，主体特征和行为在宏观、微观环境的影响下形成商业街的客体及表现，最终这些主客体表现导致商业街绩效的水平，这些绩效水平成为我们判断能否形成永葆青春型商业街的标准，也正由于此，最终导致永葆青春型商业街的形成。

由图1我们归纳出下一步实证研究需要回答的3个层面、8个方面的29个问题（见表5）。将这些问题回答后在还原到图1的框架之中，就会最终得到我们期待的永葆青春型商业街形成机理的模型。

表5　永葆青春型商业街形成机理的研究问题

<table>
<tr><th>3个层面</th><th>8个方面</th><th>29个问题</th><th>问题解释</th></tr>
<tr><td rowspan="9">一、环境特征</td><td rowspan="6">1. 宏观环境</td><td>（1）政治</td><td>政治制度和形势的稳定性、所有制情况如何？</td></tr>
<tr><td>（2）经济</td><td>经济体制、经济增长和供求关系、交通情况如何？</td></tr>
<tr><td>（3）社会文化</td><td>社会风气、文化习俗如何？</td></tr>
<tr><td>（4）自然</td><td>自然环境、资源情况如何？</td></tr>
<tr><td>（5）技术</td><td>手工、机器、电力、信息等技术如何？</td></tr>
<tr><td>（6）法律</td><td>商业街、零售店设立和管理的法律、规定如何？</td></tr>
<tr><td rowspan="3">2. 微观环境</td><td>（7）商业街竞争</td><td>同城其他商业街的优劣势；城市发展规划如何？</td></tr>
<tr><td>（8）店铺发展</td><td>全社会零售业态发展水平如何？</td></tr>
<tr><td>（9）顾客需求</td><td>顾客收入水平，以及对商业街的主要需求特征怎样？</td></tr>
<tr><td rowspan="9">二、基本构成要素特征</td><td rowspan="7">3. 客体构成要素</td><td>（10）地理氛围</td><td>商业街所处位置的商业氛围如何？</td></tr>
<tr><td>（11）交通状态</td><td>商业街便利到达和内部行进安全便利，有足够的停车位？</td></tr>
<tr><td>（12）长宽高</td><td>商业街长度1000米左右、宽度和高度的比例为1:1或1:2？</td></tr>
<tr><td>（13）街形状</td><td>商业街的形状长条形、环绕型或其他形状？</td></tr>
<tr><td>（14）街景</td><td>商业街建筑风格、色彩独特，绿化好，有地标性建筑？</td></tr>
<tr><td>（15）历史长短</td><td>商业街具有百年以上历史，以及百年以上建筑？</td></tr>
<tr><td>（16）文化积淀</td><td>商业街有独特文化、传统风格延续、旧建筑留存，能唤起人们的记忆？</td></tr>
<tr><td rowspan="2">4. 卖者主体构成要素</td><td>（17）店铺数量</td><td>商业街的店铺聚集数量超过30家？</td></tr>
<tr><td>（18）店铺结构</td><td>有知名骨干店铺，包括10家以上全球品牌或20家以上全国品牌，汇集零售、餐饮、娱乐、社交等传统和现代业态？</td></tr>
</table>

续表

3个层面	8个方面	29个问题	问题解释
二、基本构成要素特征	4. 卖者主体构成要素	(19) 店铺组合	商业街店铺的商品丰富且质量好、服务优质、环境舒适、价格诚实、广告沟通艺术性等?
		(20) 所有制	店铺所有者为独立自主经营的实体?
	5. 买者主体构成要素	(21) 顾客流量	商业街顾客总规模平均每人超过20万人?
		(22) 顾客结构	商业街顾客至少有四分之一的旅游者,大多属于中高档收入阶层?
	6. 管理者主体构成要素	(23) 归属	有自己的商铺组织,有相关的管理机构,并与政府保持着密切的联系?
		(24) 管理水平	商业街日常运营管理能力强?
三、绩效特征	7. 形象绩效	(25) 声誉范围	全球声誉或是享誉全球?
		(26) 声誉方向	正向口碑或是美誉度高,成为旅游必选?
	8. 经济绩效	(27) 客流量	平均每天超过20万人?
		(28) 经营收入	平均每年超过100亿元人民币?
		(29) 租金水平	平均每年平方米租金达到全球或全国较高水平?

四、结论和讨论

我们通过文献回顾和分析,建立了一个永葆青春型商业街形成机理的框架,这个框架并不意味着我们得出了一个确定的商业街“永葆青春”的形成机理,而是我们进行实证研究的一个框架或曰靶子,或者说,是我们构建的一个理论模型,我们需要通过实证方法对这个理论模型进行验证。

未来我们的研究计划是,采取多案例的研究方法,回答前述的29个问题,对建立的理论框架进行验证。案例研究可以进行理论构建,近几年已经成为一个没有多少争议的问题(叶康涛,2006;黄江明、李亮、王伟,2011;李飞、路倩,2011),但是对于案例研究是否能用于验证理论,还存在着不同的看法,很多学者仍然认为案例研究用于构建理论,基于大样本问卷调查的实证研究用于验证理论。其实并非如此,案例研究用于构建理论带有创建新理论的含义,自然包括可以进行理论检验或验证,只不过最好采取多案例的研究方法罢了。

多案例研究是指以多个案例作为研究对象进行研究。研究者首先根据理论框架，对一个案例进行研究，然后遵循复制的原则，再研究更多的案例，独立地写出各个案例的报告，再进行综合比较，最后得出相应的研究结论。

我们在以后将会选择多个商业街进行案例研究，首先识别出他们分别属于“永葆青春”、“维持生存”、“苟延残喘”哪一种类型，然后根据我们建立的“永葆青春”型商业街的形成机理的研究框架，以及设定的29个问题，一个要素一个要素地进行历史过程的研究，得出三种类型在各个要素方面的特征，进行比较，修改、补充和完善我们建立的理论框架，最后就会得出商业街“永葆青春”、“老而不朽”的形成机理。

参考文献

[1] W. R. Davidson, A. D. Bates, and S. J. Bass, “The Retail Life Cycle” [J], Harvard Business Review, Vol. 54, November - December 1976, pp. 89 - 96.

[2] Snepenger, D., S. Reiman, J. D. Johnson &M. Snepenger. Is Downtown Mainly for Tourists? [J]. Journal of Travel Research. 1998, 36 (4): 5 - 12.

[3] 冯四清. 商业街评价体系的构建 [J]. 合肥工业大学学报：自然科学版，2004 (12).

[4] 贾红红，黄怀德. 特色商业街竞争力的影响因素分析 [J]. 商场现代化，2008 (11).

[5] 汪旭晖，王高. 现代商业街的科学规划设计构想 [J]. 现代财经，2007 (1).

[6] 施晓峰. 商业街集客能力的一个案例研究 [C]. // “商业改革与创新发展”学术研讨会暨“衡水老白干杯”征文颁奖活动论文集，2010.

[7] 戴志中，刘彦君，杨宇振，武晓勇. 国外步行商业街区 [M]. 南

京：东南大学出版社，2006.

［8］戴乔治，李广宇，彭显伦．购物在上海［J］．麦肯锡高层管理论丛，2002（1）．

［9］李飞．世界一流商业街的形成过程分析［J］．国际商业技术，2003（5）．

［10］赖阳，黄爱光．世界著名商业街评价指标体系研究［J］．中国市场，2013（7）．

［11］叶康涛．案例研究：从个案分析到理论构建［J］．管理世界，2006（2）．

［12］黄江明，李亮，王伟．案例研究：从好的故事到好的理论［J］．管理世界，2011（2）．

［13］李飞，路倩．案例研究：适合构建管理的中国理论吗［J］．中国零售研究，2011（4）．

［14］李飞，王高，杨斌，马宝龙，林健，赵俊霞，陈浩．高速成长的神话——基于中国10家企业的多案例研究［J］．管理世界，2009（2）．

世界著名商业街评价指标体系研究

赖　阳[1]　黄爱光[2]

美国城市规划专家艾伦·雅各布斯教授曾说“伟大的街道造就伟大的城市”。商业街是一个城市名片和窗口，对一个城市的发展有着不可估量的作用，一个成功的商业街能够提升城市消费层级，彰显城市品位，弘扬城市文化，助推城市经济。2009年商务部出台《关于加快我国商业街建设与发展的指导意见》。随后，各地方政府更在扶持街区经济的发展方面对商业街区的建设给予了明确的政策、资金、招商和基建方面的优惠和倾斜。据中国步行商业街工作委员会不完全统计，我国县级以上城市商业街区已超过5000条，总长度多达3000公里，面积超过2.5亿平方米。其中一些城市的新建或改造商业街区长度正在从1公里、2公里延长至3公里，更多的城市规划在未来的3—5年内打造10条甚至更多的商业街。

在商业街建设不断快速推进的同时，对商业街评价体系的研究尚不充分，这使得商业街发展缺乏理论支持，粗放式的人为“造街”现象十分普遍。为此，本文将从梳理现有商业街评价研究成果入手，总结目前公认的世界著名商业街之核心特征，提出构建世界著名商业街评价指标的原则，设计出相应的指标体系及评价方法，以期通过本研究对推动我国城市商业街建设做出努力。

---

① 赖阳，北京财贸职业学院商业研究所所长、研究员。
② 黄爱光，北京财贸职业学院商业研究所副研究员。

一、现有研究综述

目前，对商业街评价的研究包括两类：一类是全面指标评价法，另一类是核心指标评价法。

（一）全面指标评价法

全面指标评价法是尽可能综合考虑对评价对象产生不同影响的各个因素，对各类因素进行归类，赋予权重，并开展评价测算。国内学者在商业街评价指标体系的研究方面开展了许多研究，但现有指标体系在可操作性、可获得性和可比较性方面亟待改善。

冯四清提出了一种子系统的评价方法。① 他认为商业街道系统由七个子系统构成，包括交通系统、建筑空间、商业系统、附属设施系统、绿化景观系统、环境文脉系统、社会空间系统等。这一评价是从城市规划的角度对构成商业街的各个系统进行区分，然后再把每个子系统细化为25个不同的评测指标，赋予权重后进行评价。此评价方法对于从城市规划来理解和评价商业街提供了有益的视角，如指标中考虑到了商业街休息、信息等设施的，植物景观、花木配置的合理性等。但同时，冯四清也注意到此评价体系可比性较差。地域文化、经济状况，甚至专家差异都会显著影响到对商业街的评价。

吴忠、唐幼纯等人从形象满意度的角度构建了一套商业街区形象满意度指标体系。② 这一指标体系的特点是观察到了某些二级指标会对不同的一级指标产生影响。例如二级指标商品品牌即影响到消费者对商业街信誉的评价也会影响到对服务的评价。所以，研究者构想借用神经网络理论，找出每个影响满意度的因素。吴忠等人的研究得出了一些有价值的结论，如一家非常有影响、有特色的商场将显著提升商业街的整体影响力。但同

---

① 冯四清．商业街评价体系的构建［J］．合肥工业大学学报，2004（12）．

② 吴忠，唐幼纯，王裕明．城市商业街区满意度评价模型及实证研究［J］．决策参考，2004（3）．

时，该研究局限于商业街区的满意度研究，且指标数据完全通过问卷调研而得，调研方式和样本选择决定了研究结果的局限。

肖月强等人从空间经济学和产业集群的角度对特色商业街的发展进行了研究。① 该研究认为，第一，商业街的发展是需求导向。需要决定生产。城市商业街作为一种特殊的经济活动聚集方式，必须顺应人们需求的变化。这是评价一个商业街的核心看点。第二，商业街的发展必须遵循“路径依赖”，即商业街的建设不是一蹴而就的，而是有其深厚的积累和文化传承。第三，商业街必须有发挥示范效应的领先型企业。在商业街中的大型商业往往能够承担此示范功能，引导商业街发展。第四，商业街中的元素必须竞合发展。这需要商业街中有足够丰富的商品和品牌，激发商业街的活力。肖月强的研究对商业街评价体系的构建具有较好的指导作用，但其研究成果仍属理论性质的，缺乏更为实际和具体的指标体系。

在另一项更为实际的研究中，肖月强等人以成都青羊特色商业街区为目标构建了一个特色商业街区的评价指标体系。② 该评价体系包含 7 个一级指标、20 个二级指标、48 个观测点。每个观测点按照 A、B 两个类别评价标准给予相应权重。一级指标分别为名气、商气、人气、财气、特色、管理、基础设施等。该研究对于单个商业街评测具有较为积极的意义，且设计了一套系统的评测方法，能够为政府部门支持商业街发展提供一定的支撑。但是，该评价体系仅适用于单个商业街评测，其中的一些关键指标缺乏普遍性和客观性，这直接导致了对不同商业街，特别是对国内外商业街评测结果的不可比。

目前，对商业街评价指标体系的研究最新成果是由洪增林等人提出的。③ 该指标体系设计了 5 个一级指标，15 个二级指标和 39 个三级指标。一级指标包括设施类指标、商业类指标、形象类指标、经济效益类指标和

① 肖月强，姜陈升．空间经济学及产业集群聚集机制对城市特色商业街发展的启示［J］．西部大开发研究，2011（3）．

② 肖月强，黄萍，陈杨林．城市特色商业街评价体系研究——以成都青羊特色商业街区为例［J］．西南民族大学学报，2011（9）．

③ 洪增林，史新峰．商业街评价指标体系的构建研究［J］．西安工业大学学报，2012（1）．

社会效益类指标。洪增林等人提出的指标体系应当是目前国内对商业街评价指标体系中相对系统和全面的，同时很多重要指标都尽量使用定量化的客观数据。但该研究成果仍然因为面面俱到而缺乏评价重点，特别是一些定性指标在不同的商业街评价中缺乏统一性和客观性。

综合来看，全面指标评价法对影响商业街评价的各个层面进行了较为系统细致的研究，也提出了很多有价值的商业街评价观测点。由于现有研究的切入点没有针对性地集中于商业街评测的核心层面，评价体系倾向于面面俱到，这直接导致了现有评价体系在可操作性、可获得性和可比较性方面存在问题。

首先，现有评价体系缺乏实施可操作性。现有研究集中于商业街的各个层面，使得整个体系指标数量众多、面面俱到，设计指标达到几十个，涉及的内容方方面面。很难对商业街开展公允的评测，实施的可操作性较差。

其次，现有评价体系缺乏数据的可获得性。由于忽略了指标的可获得性，直接导致评价难以实施，评价体系的价值大打折扣。如在洪增林教授的指标体系中，在至为关键的商业类指标中，多样性指标通过功能完备性来体现，而功能完备性则以不但能够满足购物需求还能得到多方位的消费体验（旅游、文化休闲、娱乐餐饮等多项综合功能）的商业来评测。其问题是难以在商业街评测中得出这一类商业设施的实际数量，且什么样的商业能够计算为消费体验类的商业也缺乏标准。即使一些定量化的指标如单位面积的商贸业零售总额、对财政收入的贡献、商贸业零售总额的增长速度、总资产贡献率、全部资产的获利能力等，虽然很重要，但在进行商业街对比时是难以取得。特别是无法取得国外著名商业街在这些方面的相关数据。评价体系也就只能停留在理论研讨的层面。

最后，现有评价体系缺乏结果的可比较性。目前对商业街评价体系的研究最核心的问题在于仅立足个别商业街的深度数据挖掘，忽略了商业街之间的可比性。简言之，现有的评价体系无法用于不同商业街之间的对比研究，特别是无法开展国内商业街和国外商业街的比较研究。这一立足点直接导致了现有指标体系的设计中缺乏共通性。在肖月强博士的研究中，其指标体系是基于成都青羊区特色商业街建立起来的。其评价指标中用国家级保护或省级保护价值来评测街区历史文化，用3年以下和3年以上来划分街区历史，以及用5%的国外客源来反映客源地指标等都不适于推广至全国乃至全球商业街的评价，同样不适用于对王府井这一类全球知名的商业街进行评价。

（二）核心指标评价法

核心指标评价法是用1~2个反映评价对象核心特征的指标来进行评价的方法。在商业街评价方面具有代表性的核心指标评价法包括商圈评价的基础模型，如雷力法则、饱和指数理论等，以及知名国际机构发布的排行榜。

雷利法则奠定了商圈引力模型的研究基础，被所有的商圈研究引用和运用。该法则是1929年美国人威廉·雷利用3年时间，调查了美国150个以上的城市，证实商业场所对消费者的吸引力同其商业规模成正比，同消费距离成反比。这个研究模型仅仅使用了两个定量化的核心指标——人口和距离。其后，1943—1948年美国伊利诺伊大学的经济学者PD Converse依据雷利的法则，进一步研究两个商业中心的行商势力范围，找出二者之间的商圈均衡点（Breaking Point）。该模型仍然是以人口数量和距离为核心指标。

20世纪80年代，哈佛商学院在实践中创立了饱和指数理论，它主要是通过计算零售商业市场饱和指数，测定特定区域范围内某类商业的饱和程度，用以判定某个地区同行业是过多，还是不足。其研究的核心指标有3个，包括顾客的特定消费支出、购买人数和同类商业的营业面积等。

在实际的商业街评价对比上，全球五大房地产顾问公司中的高纬环球和高力国际、仲量联行均采用核心指标评价法。除此之外，国际上一些被广泛接受的排行榜和评价研究均采用核心指标评价法，如全球500强企业采用销售额一项数据。

高力国际发布《全球商铺物业市场》，以租金来对全球商业街进行排名。高纬环球同样定期发布《全球主要商业街报告》，其报告研究了覆盖全球63个国家的278个顶尖商业街区的租金走势，并且选取每个国家最贵商业街区价格给出全球最贵商业街排名。此方法的优势在于选定了一个能够反映世界著名商业街核心价值的，具备普遍适用性、可比性、数据可获得性的指标——租金来进行对比。

核心指标评价法的价值在于通过少数几个能够获取的指标来对商业街进行评测，具有很强的操作性和可比性。特别是知名国际机构通过翔实数据的对比发布的各类排行榜被社会广泛接受，具有全球性的影响力。但同时，核心指标评价法过于简化，的确会忽略一些影响商业街发展的因素。所以，如果能通过权威细致和深入的分析，找到评价对象的核心特征，用若干客观性指标来反映其核心特征将有效地避免核心指标评价法的过简化劣势。

二、世界著名商业街

综合来看，对世界著名商业街的评价必须在实施可操作、数据可获得、结果可比较性之基础上找到反映世界著名商业街核心价值的指标体系。

（一）学界对世界著名商业街的观点

目前对于世界著名商业街的看法比较有代表性的是麦肯锡公司提出的三大特征说，顾国建的六大要素说以及“豪布斯卡”（HOPSCA）原则。

麦肯锡对全球九大著名商业街进行了研究，包括伦敦的卡纳比街和牛津街、巴黎的香榭丽舍大街、米兰的蒙特拿破仑大街、巴塞罗那的兰布拉斯大道、芝加哥的密歇根大道、纽约的时代广场、新加坡的滨海大道和东京的银座。研究结论认为，世界著名的商业街具有三大特征：全球声誉、密集的客流量和可靠的收入。

顾国建总结了世界著名商业街的发展，提出了影响世界著名商业街发展的6个关键因素。① 包括丰富的历史、独特的建筑和商业格局、多元化

① 顾国建．零售业：发展热点思辨［M］．北京：中国商业出版社，1997：198.

的商业功能、知名的骨干商户、便捷的公共设施和愉悦的环境，以及牢固的政企合作关系（见表1）。

表1　世界著名商业街的六个关键影响因素

1. 丰富的历史	它是一条古老而又传统的商业街，有着自己的历史和文化底蕴，能引起人们的历史回忆
2. 独特的建筑和商业格局	它有着百年以上历史的建筑，却汇集着传统和现代的各种零售业态
3. 多元化的商业功能	它具有零售、餐饮、住宿、娱乐和文化的综合性功能
4. 知名的骨干商户	它具有不断更新的知名骨干店铺或曰核心店铺，是吸引客流的基石
5. 便捷的公共设施和愉悦的环境	它配备有便利的交通和足够停车位，有绿地、休闲椅和花园广场等
6. 牢固的政企合作关系	它有自己的商铺组织，有相关的管理机构，并与政府保持着密切的联系

陈信康参考国外的发展经验，总结了“豪布斯卡”（HOPSCA）原则，为商业街的繁荣与发展指出了具体的方向。① 针对城市中心功能衰落，20世纪80年代末期以来，商业街的功能革命论构成商业街发展理论的主流。商业功能革命论主要有两大内容：一是把商业街的功能与人们的生活质量的提高联系起来；二是提出了商业街功能革命的“豪布斯卡”原则。“豪布斯卡”原则（HOPSCA）被西方国家作为振兴商业街的一个主要成功因素，即酒店（Hotel）、办公楼（Office）、停车场（Parking）、购物（Shopping）、集会（Convention）和公寓（Apartment）。

（二）世界著名商业街及其核心特征

从全球公认的世界著名商业街，如牛津街、第五大道、香榭丽舍和银座大街来看，结合麦肯锡、顾国建、李飞等人对世界著名商业街的研究，本文认为世界著名商业街是经过长期的历史发展，不断积淀、生长而成，在全球范围内被广泛认知并对消费文化产生引领作用的商业街，是全球消

① 陈信康．中国商业现代化新论［M］．上海：上海财经大学出版社，2003：104－117．

费者和品牌商、零售商追求的商业胜地。世界著名商业街具备四大核心特征，包括深厚的历史文化底蕴，良好的设施条件、先进的商业模式以及优良的消费品质

第一，世界著名商业街具有深厚的历史文化底蕴。世界著名商业街的历史文化底蕴体现在三个方面

（1）历史悠久。名街之“名”，在于有着深厚的历史文化底蕴。世界著名商业街不是造出来的，而是在长达几十甚至上百年的历史中慢慢生长形成的。缺少了悠久的历史文化积淀作为基础，商业街就不过是缺少灵魂的集市而已。英国牛津街自 Selfridges 的开业迄今 147 年，香榭丽舍大街距 1869 年巴黎扩建完成迄今 143 年。

（2）文化传承。世界著名商业街是城市商业文化和艺术传承的活化石。一方面，世界著名商业街聚集了大量的老字号商业和历史古迹。可以认为，老字号商业同名街共同成长和繁荣，体现了世界商业的历史传承性。另一方面，世界著名商业街也是具备世界影响力的博物馆、艺术馆等，以及具备较高艺术价值的雕塑、街道设施等的聚集之地，是城市文化的缩影。

（3）影响广泛。世界著名商业街作为城市乃至国家形象的名片，其文化影响力延展至全球，特别是街区的各种活动具备世界级的影响力。如香榭丽舍大街是全球顶级自行车赛事——环法自行车赛的终点，而每年 7 月 14 日巴士底日，法国总统都会出席在香榭丽舍大道举行的阅兵式，每年的最后一天，香榭丽舍大道就会成为步行街，人们就在街上庆祝新年。

第二，世界著名商业街有良好的设施条件。良好的设施条件主要包括三个方面，即交通可达、设施便利和环境舒适

（1）交通可达。从全球公认的世界著名商业街来看，除了自驾、乘坐的士可以便利地到达商业街区外，公交和地铁也是各世界著名商业街便利的交通方式。同时，各大名街中均拥有不止一个地铁站，其核心站点是地铁线路的换乘站，是来自于四面八方消费者都能用最便捷的方式到达。

（2）设施便利。世界著名商业街不仅要能够让消费者通过任何方式方便到达，还必须要在消费者到达后能够高效地满足顾客最后 100 米的便利

交通需求。首先，通过自驾前往的消费者看重商业街区能够提供足够的停车设施，由此保障消费者快速完成泊车，减少实际交通时间。其次，通过地铁前往的游客会关注地铁站同商业核心区的距离以及路程中的商业丰富度。

（3）环境舒适。街区环境的舒适性是世界著名商业街的重要标志。顾客能够方便地游逛于商业街之中，同时也能在商业街及分布其中的各大商场中享受舒适的购物环境。如经过近400年的演变，香榭丽舍大道成为法国最具景观效应和人文内涵的大道，法国人毫不谦虚地称之为“世界上最美丽的散步大道”。

第三，世界著名商业街有领先全球的商业模式

世界著名商业街不仅在历史文化方面具备深厚的底蕴，同时，世界著名商业街也必然拥有独特和领先全球的商业模式，成为全球商业发展的旗帜，吸引全球范围的零售商汇聚一地，呈现出繁荣的商业景象。

世界著名商业街的领先商业模式体街区商业在引领全球的商业发展潮流中发挥着重要作用，同时商业的国际化程度高以及商业经营高效。

（1）模式引领。世界著名商业街引领着全球商业发展潮流。一方面，世界著名商业街具备合理和稳定的商业生态。对一个城市的商业发展起到稳定器的作用；另一方面，世界著名商业街在商业组合、设施设备、全球声望等方面受到推崇，成为世界各地商业街建设所效仿的旗帜。

（2）全球引力。世界著名商业街不应当只是本土零售商聚集的商业街，而应当具备显著的零售商国际化程度。国际化程度越高，街区商业丰富度也越高，越具备不断发展、提升的活力。在良性竞争的推动下，由各类国际零售巨头主导的商业创新不断涌现。

（3）经营高效。世界著名商业街是全球消费者所瞩目的焦点，吸引了来自于全球范围的消费需求。大量消费需求的涌入使得入驻世界著名商业街的商家能够获取更高的劳效和坪效，并带来更为丰厚的利润。在纽约第五大道的苹果全球旗舰店，凭借强大的品牌影响力和号召力，该店的单店销售额一度占到苹果公司全球销售额的6%。同在第五大道的耐克城的销售也是耐克全球旗舰店中的销售冠军。

第四，世界著名商业街有优良的消费品质

世界著名商业街能够为游客和消费者提供高品质的消费环境，这不仅取决于顾客能否购买到世界顶级品牌的商品，还取决于商业街中的商品丰富度能否满足海量游客的多样化需求。

（1）品牌丰富。世界著名商业街面向的是全球范围的消费者，能够满足综合性消费需求是世界著名商业街的重要特征。在纽约第五大道的商店以货品齐全、更新速度快著称，全世界所有的名牌商品在这里都可买到。从49街到60街两旁著名的精品店和旗舰店鳞次栉比，包括有服装、珠宝、百货、玩具、家具、皮具、钟表、书店等。遍布大街的各种商店内，昂贵的商品举目皆是，但也不乏便宜经济的高品质商品。在阿玛尼店内，几万美元的西服就同50美元的比基尼上装挂在一起。

（2）品质高端。世界著名商业街能够为消费者提供高品质的商品，不仅是全世界最知名、最流行的时尚品牌的聚集地，同时也是众多世界顶级商品品牌的聚集地。

三、世界著名商业街评价指标选取原则及设计

深厚的历史文化底蕴、良好的基础设施条件、先进的商业模式和优良的消费品质是世界著名商业街区别于普通商业街的核心特征。单独满足个别特征的商业街并不能称之为世界著名商业街。例如一些具备较长发展历史的古街道由于不具备先进的商业模式或优良的消费品质等特征就不能称其为世界著名商业街。为此，对世界著名商业街评价指标的设计必然以四个核心特征为基础。

（一）评价指标选取原则

对世界著名商业街的评价指标选取应当遵循如下四大原则。

第一，核心性原则。单个指标或若干指标的组合必要能够反映出世界著名商业街区别于其他类商业街的核心特点。即评价指标代表了世界著名商业街的核心特征。

第二，客观性原则。选取的指标应当是量化为数字的客观性指标，最大限度地避免主观性指标中因文化环境、社会制度、价值观等因素带来的评价误差。

第三，可比性原则。评价指标必须是可对比的，具备相同的统计口径和统计方法，或者能够通过客观的数量比例（如汇率等）进行标准化换算。

第四，可获得性原则。指标的选取必须可获得的，能够通过相对便捷的方式进行收集和统计。

（二）世界著名商业街评价指标体系

在具体指标的设计中，单个指标往往在实际中会反映出世界著名商业街的多个核心特征。如商业街的历史年代不仅反映出街区的历史积淀，同时也包含了街区文化传承和全球影响力的内涵。

所以，本文选取了7个客观的数值指标来来对商业街进行评测。7个评测指标同世界著名商业街核心特征之间有着网状交织的联系（如图1所示），能在很大程度上综合性地反映出世界著名商业街的独特价值。

1. 商业街租金

租金往往是商业街客流、销售额、影响力等商业街特征的具体反映。庞大的客流量和巨大的销售额最终会推高商业街租金。土地价值论说明，地价（租金）能够准确地反映商业街经营的高效性。

入驻高租金商业街的商家必须是拥有坚实的顾客基础，旺盛的消费需求和优质的品牌声誉才能够承担高额的租金。土地价值理论就认为经济主体对某些土地进行投标的投标地租高低，完全取决于它对这块土地所能带给它的预期利润的大小。对于与供应商和消费者都具有广泛联系的商业企业来说，具有世界影响力和吸引力的城市中心商业街区往往可以在相当程度上保障并增加企业的经营利润。

加纳（B. J. Garner）进一步将土地价值理论思想应用于商业区位格局分析之中。他的研究表明：经济规模较多的高门槛经济活动（如百货、服装、珠宝等），往往靠近地价峰值区，占据着地租最高的城市土地。简言之，租金同商业街在全球商业中的地位成正比例关系。同样的，世界著名商业街必然是地价高昂的商业街。

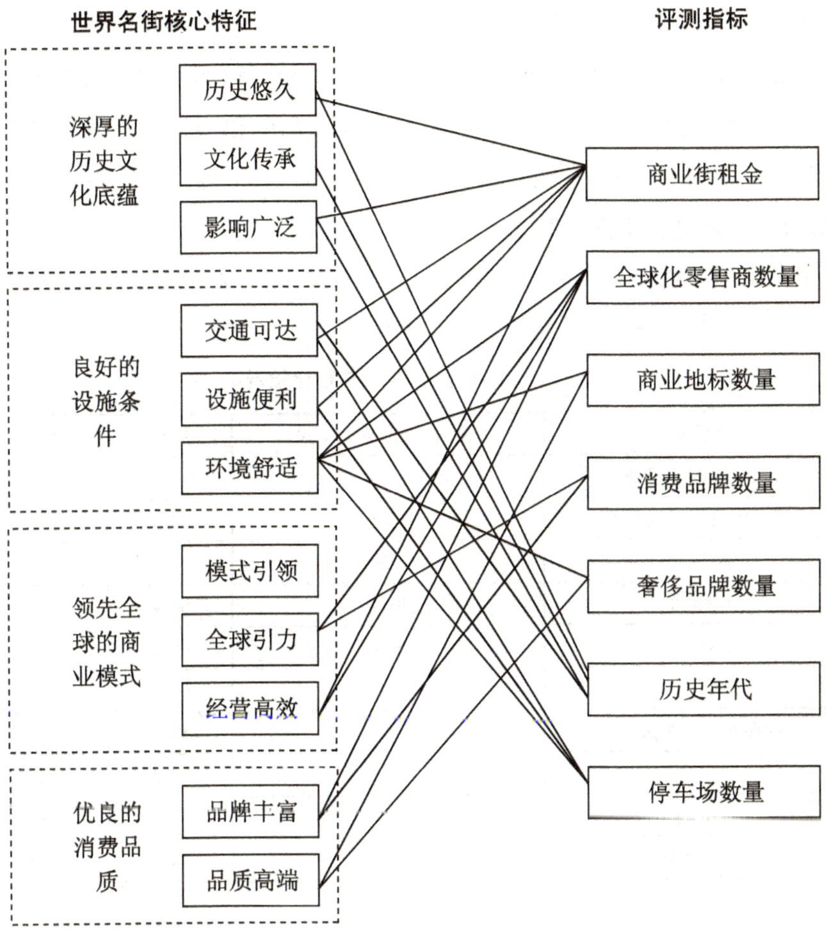

图1　评测指标与世界名街核心特征的网状联系示意图

高昂的地价（租金）反映出商业街拥有旺盛的消费需求和实力雄厚的零售商家。

第五大道不仅是纽约的商业中心、文化中心、购物中心和旅游中心，它还是近十年来全球最贵的商业街。根据高力国际提供的最新数据，第五大道每平方米租金约为78美元/天，居全球之首。牛津街以老邦德街计算，每平方米租金 45 美元/天，居全球第 4 位。巴黎香榭丽舍大街以每平方米租金 37 美元/天居第 5 位。香港铜锣湾以每平方米租金 30 美元/天居第 6 位。而东京银座中央大道、新加坡乌节路及上海南京西路分别排名全球第14 位、第 25位和第 31 位。

在具体评测中，参考全球商业街租金排行榜，以当年租金最高的商业街为定标物，指标评分为 100，通过其余商业街的租金与定标商业街的租金相比较来确定分值。在实际操作中，由于商业街租金差异过大，采用 2 倍公式法来进行平衡。2 倍公式如下：

评测值 = （待评商业街租金 + 定标商业街租金）/2 × 定标商业街租金

表 2　十大商业街 2012 年租金情况①

商业街	年租（美元/平方英尺）	评分	排序
第五大道（定标商业街）	2633	100.0	1
牛津街（老邦德街）	1601	80.4	2
香榭丽舍	1239	73.5	3
铜锣湾	1024	69.4	4
皮特大街	865	66.4	5
银座大街	610	61.6	6
库弗斯坦达姆大街	509	59.7	7
王府井	413	57.8	8
乌节路	364	56.9	9
南京西路	332	56.3	10

2. 全球化零售商数量

商业街不仅商家云集，且在零售商的来源地方面，世界著名商业街远远突破了本土界限，成为全球化零售商投资的沃土。如第五大道，既有美国本土零售商品牌，也拥有其他国家的国际零售商品牌，如日本的优衣

① 数据根据高力国际《2012 世界零售焦点》报告整理，其中柏林库弗斯坦达姆大街数据根据高纬环球《2010 全球最贵商街》报告按照年增长 10% 估算，王府井数据为 2011 年高纬环球调查数据。

库、西班牙的ZARA等。同时不仅拥有百货品牌，也有如百思买等电器或其他专业专卖店品牌。全球最大的电器零售商百思买（Best Buy）就入驻了纽约第五大道，并成为同全球最佳品牌之首苹果公司的旗舰店相比肩的电子电器产品零售店。

全球化零售商越多，商业街越具有活力，商业经营也越加高效，对满足各类消费者消费需求，提升消费体验的能力也越强，使消费者能够体验到来自世界各地的文化，对街区影响力的提升也作用显著。

优衣库在第五大道的旗舰店所发挥的功能已不仅仅是向世界展示优衣库品牌，提升其品牌价值，而是已经上升到日本国家形象的推广和展示。走进服装店后随处可见的标语之一就是“日本技术”。优衣库的产品不是单纯的服装，而是可让顾客感受技术大国日本引以为傲的尖端技术。在第五大道店内设置的数十台大型电视画面中出现的都是以日本模特为主的优衣库时装秀。为了刺激顾客的购买欲望，还加入了尖端电子音乐作为背景音乐。有关影视的高科技设备都是以日本技术为基础。

在实际评测中选择全球最大的120家国际零售商作为评测库（国际零售商评测库详见附件一）。120家国际零售商不考虑大卖场、大型超市、折扣店等不适于在地价高昂的商业街发展的业态，而是以时尚类商品零售商、家居休闲品零售商和多样化经营零售商等为主。商业街中每拥有1家评测库中的零售企业门店将获得4分，同一家零售商的多家门店不重复计算，超过100分的按100分计算。

3. 商业地标数量

商业地标不仅是商业街发挥模式引领作用的核心设施，同时也是提升商业街设施条件，增强商业街影响力等方面的重要指标。

地标商业设施在完善商业街的商业生态，提升商业丰富度方面发挥着主导作用。同时，由于这种地标商业设施拥有强大的商业容纳力，所以，地标商业也保障了商业街的合理和稳定的商业生态，特别是不会因为个别商业设施的退出而影响整个街区的发展。同时，世界著名商业街云集的品牌旗舰店其价值不仅在于提升商业街的品牌丰富度，还在于品牌名店通过店堂装修装饰、新品发布展示等影响了全球消费文化和时尚潮流。

如新加坡乌节路的地标性购物中心 ION Orchard，自建成开业之后就推动了久负盛名的乌节路提升到新的发展平台，也同时成为全球商业街开发建设的标杆。该购物中心地上 8 层地下 4 层，其中 1 ~ 4 层为购物中心，5 ~ 8层为停车场，地下 2 层与地铁站台层相连。总楼面面积 87500 平方米，净出租面积 66000 平方米。商场外墙利用崭新的互动多媒体幕墙设计成墙身，吸引了全球游客至此观光购物。整个购物中心，精品购物占营业面积的 65%，餐饮美食约占 30%，银行等商务服务占 5%；商场内有乌节路最大的美食广场 FOOD HALL；新加坡旅游局在商场一楼设立新加坡旅客询问中心，商场内分楼层不同设立 4 个问询台；观光瞭望平台 ION SKY 可提供给游客饱览全市美景。购物类商业中，奢侈品牌共有 35 家店面，其中 9 家为奢侈品牌旗舰店；国际一线奢侈品牌占购物类商业总面积的 33%，时尚服饰占 29%；60% 的店面为旗舰店或首次进入该区域的新品牌；已入驻旗舰店共有 15 家，其中 9 家为国际一线奢侈品牌；国际一线奢侈品牌旗舰店位于 F1、F2，店内两层内部连通，层高 11 米；旗舰店面积多在 500 ~ 1500 平方米，且均拥有独立外立面。

再如牛津街的 Selfridges 百货也是牛津街影响全球商业文化的独特代表，在全球百货业发展史中具有教科书式的意义。有研究显示，① Selfridges 所在的大楼，是伦敦首幢特意为百货业而兴建的建筑，其内部结构完全遵从销售需求来规划。整家商店分成 100 个售货区，分布在 8 个楼面上。1925 年，Selfridges 展出了首台机械式扫描电视机。同样是这家店，曾经卖出过史上第一块全自动机械表、第一张音标示意图和第一台收音机。

表 3　各商业街最大的购物中心/百货商场列表

商业街	购物中心/百货商场	面积（万平方米）
乌节路	ION Orchard	8
王府井	东方新天地	8
铜锣湾	时代广场购物中心	6

① 互动百科，http：//www. hudong. com/wiki/Selfridges.

续表

商业街	购物中心/百货商场	面积（万平方米）
库弗斯坦达姆大街	卡迪威百货公司	6
南京西路	恒隆广场	3.5
第五大道	萨克斯第五大道精品百货	2.5
牛津街	Selfridges 百货	2
银座大街	三越百货	2
香榭丽舍	—	—

在实际评测中，地标商业可以按照面积划分为巨型地标和大型地标两类。世界著名商业街通常是拥有少数几个巨型地标商业体和若干大型地标商业体，以及众多小型商业体组成。

巨型地标商业为建筑面积 5000 平方米以上的品牌专卖店或品牌展馆，以及建筑面积为 5 万平方米以上的购物中心或百货店。在计算商店面积时，分为 A、B 馆的商店按总计面积计算。以每个巨型地标商业赋值 10 分，5 个地标商业以上按 50 分计算。

大型地标商业为建筑面积 2000 ~ 5000 平方米的品牌专卖店或品牌展馆，以及建筑面积为 2 万 ~ 5 万平方米的购物中心或百货店。通过计算大型商店的数量来进行评测。每个大型商店赋值 5 分，10 个大型商店以上按 50 分计算。

评价时，将巨型商业得分和大型商业得分相加即为模式引领指标的评测分值。

4. 消费品牌数量

消费品数量既体现了世界著名商业街的品牌丰富度，也反映了世界著名商业街在模式引领、国际化程度等方面的特征。

在全球服装服饰、电子产品、日化产品、珠宝钟表等品牌中选择 150 个最佳品牌包括作为评测库（消费品牌评测库详见附件二）。通过计算评测库中品牌出现在商业中的数量来进行评价。商业街中每拥有 1 个评测库中品牌将获得 1 分，超过 100 分的按 100 分计算。

5. 奢侈品牌数量

世界著名商业街不仅有海量的消费品牌，还有彰显世界著名商业街独特气质的奢侈品牌。如悉尼的皮特街购物中心不仅云集了名流贵族、品位人士出席大小社交场合的顶尖名牌，如 Chanel、Christian Dior、Gucci、Louis Vuitton、Armani 等，同时也集中了众多澳洲一线名牌及 130 多家精品专卖店。这使得皮特街与纽约第五大道、巴黎香榭丽舍大道、香港铜锣湾及伦敦牛津街共称为全球五大顶尖名牌“朝圣地”。

奢侈品牌的数量是衡量商业街在设施环境、消费体验、国际吸引力和影响力等方面的指标。LV 旗舰店是香榭丽舍大街最为出名顶级品牌店之一。该店虽不是全球最大的 LV 店，但却是全球最著名的店。该店大胆选用尖端艺术家的作品，在店内做永久性的陈列，如美国艺术家 JAMES 的灯饰雕塑。同时店内拜访了一系列独特的与艺术、旅游或生活品位有关的书籍，如“CITY GUIDES”、“CARNETS DE VOYAGE”等。

再如，东京银座的爱马仕旗舰店与巴黎、纽约的店并列，是全球爱马仕忠实消费者的“朝圣”之地。这座高 14 层的由玻璃砖作为建筑表皮的透明玻璃大厦由蓬皮杜文化中心的设计师意大利建筑家皮亚诺设计。为了庆祝新店落成，特别推出了以橘色、灰色和白色为主色调的包括有丝巾、手表、情侣挂件，记事本等这些具有收藏价值的纪念品。而这些纪念品只有在银座 Hermès 专卖店里才可以买到。

实际评测中，参考目前全球四大奢侈品集团旗下品牌，通过增减其他有代表性的奢侈品牌构建一个容量为 120 个品牌的评测库（奢侈品牌评测库详见附件三），通过计算商业街中奢侈品牌的数量来进行评分。商业街中每拥有 1 家评测库中的奢侈品牌将获得 1 分，超过 100 分的按 100 分计算。

6. 历史年代

历史年代久远的商业街往往在文化设施、文化影响力等方面较普通的商业街更为突出。

以香榭丽舍大街为例，大街始建于 1616 年，迄今近 400 年历史。由当时卢浮宫外一处沼泽田地改造而成，时称“皇后林荫大道”。先后历经昂丹（Antin）公爵和玛雷尼（Marigny）侯爵、拿破仑三世之后，香榭丽舍大道真正成为“法兰西第一大道”。

表4　各商业街成街时间及历史

商业街	成街年代	迄今时间
牛津街	始于罗马时代，现代商业发端于1865年Selfridges的开业	距Selfridges的开业迄今147年
香榭丽舍大街	始建于1616年，拿破仑三世在1851—1869年扩建巴黎，香榭丽舍大道真正成为“法兰西第一大道”	距1869年巴黎扩建完成迄今143年
银座大街	16世纪中后期德川家康围海造田而成，明治三年（公元1870年）更名为“银座”，商业逐步繁荣	距“银座”立名迄今139年
库弗斯坦达姆大街	1870年，城市建筑师J. A. W von CarstennLichterfelde提出建造库弗斯坦达姆大街，随后20年，大街逐步形成	距大街形成迄今约120年
第五大道	成街于19世纪初，1907年第五大道协会成立	距第五大道协会成立迄今105年
乌节路	20世纪50年代，CK TANG在乌节路建立了一家购物中心	距CK TANG开业迄今约60年
铜锣湾	19世纪中期，怡和洋行总部设于铜锣湾地区。19世纪末，高士威道建成。1960年，日本大丸百货开业	距大丸百货开业迄今52年

世界著名商业街在漫长的历史过程中，逐渐凝聚了城市文化发展的精华，拥有了具备世界影响力的博物馆、艺术馆等，以及具备较高艺术价值的雕塑、街道设施等。同时，世界著名商业街在布局位置上也处于城市文脉的核心地带。香榭丽舍大街就位于法国国家标志凯旋门和协和广场之间，第五大道则与“世界的十字路口”之称的时代广场相连。这些环境特征体现出世界著名商业街无与伦比的文化价值。

在评测时，商业街的迄今年份即为评测分值。超过100年的按照100分计算。

7. 停车场数量

停车场数量体现了商业街便利性和舒适性。如新加坡乌节路在保障自驾车主停车和地铁乘客高效购物提供了卓越的解决方式。乌节路义安城是新加坡最著名购物中心之一，总楼高共26层，八楼以上为办公室，五楼以下则作为商场使用，六楼、七楼作为停车场使用。而另一个更为著名的购物中心 ION Orchard，地上有 8 层地下 4 层，其中 1 ~4 层为购物中心，5 ~8 层为停车场，地下 2 层与地铁站台层相连。乘客从地铁站一出来就是大型商业。

评测时，以商业街所用停车场数量作为评测点。

（三）指标权重计算

为使评价指标能够更准确地反映世界著名商业街的核心特征，本研究通过层次分析法确定各指标权重。

首先采用 1 ~9 标度方法（见表 5）进行每两元素间的相对比较，构造判断矩阵 $A=(a_{ij})_{max}$进行计算，求解判断矩阵 A 的特征根。$AW=\lambda_{max}W$，计算最大特征根 λ_{max}，找出它对应的特征向量 W，即为同一层各因素相当于上一层某因素相对重要性的排序权重；然后进行一致性检验。

表 5　比较标度表

标度值	标度值含义
1	两个因素同等重要
3	一个因素比另一个因素稍微重要
5	一个因素比另一个因素明显重要
7	一个因素比另一个因素重要得多
9	一个因素比另一个因素绝对重要
2、4、6、8 表示上述相邻判断的中间值	

根据以上标度表，对评价指标比较如下。

表 6　评价指标判断矩阵表

指标	商业街租金	全球化零售商数量	商业地标数量	消费品牌数量	奢侈品牌数量	历史年代	停车场数量
商业街租金	1	2	1/2	2	1	2	2

续表

指标	商业街租金	全球化零售商数量	商业地标数量	消费品牌数量	奢侈品牌数量	历史年代	停车场数量
全球化零售商数量	1/2	1	1/2	1	1/2	1	1
商业地标数量	2	2	1	2	2	2	2
消费品牌数量	1/2	1	1/2	1	1/2	1	1
奢侈品牌数量	1	2	1/2	2	1	2	1
历史年代	1/2	1	1/2	1	1/2	1	1
停车场数量	1/2	1	1/2	1	1	1	1

根据以上各指标的比较标度计算最大特征根 λ_{max}，公式如下：

$$\lambda_{max} = \sum_{i=1}^{n} \frac{(AW)_i}{W_i}$$

利用以下公式计算一致性比例 CR，当 $CR<0.1$，认为判断矩阵的一致性可以接受。

$$CR = \frac{\frac{\lambda_{max} - n}{n - 1}}{RI}$$

其中，RI 为随机一致性指标，其数值可通过表 7 查取。

表 7　随机一致性指标查取表

n	1	2	3	4	5	6	7	8	9	10
RI	0	0	0. 58	0. 90	1. 12	1. 24	1. 32	1. 41	1. 45	1. 49

最终计算结果显示，各评测指标的对比结果是一致的，其权重如表 8 所示：

表 8　评测指标权重

指标	权重
商业街租金	0. 1812

续表

指标	权重
全球化零售商数量	0.1001
商业地标数量	0.2439
消费品牌数量	0.1001
奢侈品牌数量	0.1642
历史年代	0.1001
停车场数量	0.1105

四、结论

综上所述，现有学者对商业街评价体系展开了较为系统和深入的研究，提出了比较全面的评价指标体系，为后人的进一步研究奠定了极有价值的基础。但从评价实施的可操作性、评价数据的可获得性和评价结果的可比较性来看，现有研究成果仍有待进一步完善。

借鉴现有理论研究方法和国际咨询机构的评价经验，本研究认为，通过系统总结商业街的核心特征，然后运用核心指标来进行评价可以对商业街的研究开辟新的评测思路。也就是说，对世界著名商业街的评价首先要把握其核心特征，并在遵循客观性、可比性、可获得性等原则的基础上，找到能够反映世界著名商业街核心特征的客观数值指标来进行评测。

为此，本文着重梳理了世界著名商业街的四大核心特征，即世界著名商业街应当具有深厚的历史文化底蕴、良好的设施条件、领先全球的商业模式和优良的消费品质。身后的历史文化底蕴体现为历史悠久、文化传承和影响广泛；良好的设施条件体现为交通可达、设施便利和环境舒适；领先的商业模式则体现为模式引领、全球引力和经营高效；而优良的消费品质体现为品牌丰富和品质高端。

为反映世界著名商业街的核心特征，本文设计了 7 个客观性的数值指标来进行评测，指标分别是商业街租金、全球化零售商数量、商业地标数量、消费品牌数量、奢侈品牌数量、历史年代和停车场数量。7 个客观性指标同名街的核心特征存在网络状的交织关系。单个指标的高评价并不代表评价对象就是世界著名商业街，只有在综合评价下获得较高分值的商业街才能称为世界著名商业街。

在实际的评测设计中，本文构造了3个评测库，包括国际零售商评测库、大众消费品牌评测库和奢侈品牌评测库。通过计算商业街相应指标在评测库中的保有量来进行评分，为商业街的评价提供了重要基础。

值得注意的是，本文所设计的评测标准和分值计算方法仍有待通过多条商业街的试测评不断调整和完善。

附件一

国际零售商评测库列表

序号	全球排名	零售商	所属国家或地区	主营
1	9	Walgreen Co.	U. S.	Drug Store/Pharmacy
2	13	CVS Caremark Corp.	U. S.	Drug Store/Pharmacy
3	14	Seven & i Holdings Co. , Ltd.	Japan	Convenience/Forecourt Store
4	19	Best Buy Co. , Inc.	U. S.	Electronics Specialty
5	22	Sears Holdings Corp.	U. S.	Department Store
6	30	The IKEA Group	Sweden	Other Specialty
7	33	Rite Aid Corporation	U. S.	Drug Store/Pharmacy
8	34	Yamada Denki Co. , Ltd.	Japan	Electronics Specialty
9	36	Macy' s, Inc.	U. S.	Department Store
10	38	The TJX Companies, Inc.	U. S.	Apparel/Footwear Specialty
11	43	Alimentation Couche – Tard Inc.	Canada	Convenience/Forecourt Store
12	44	Kohl' s Corporation	U. S.	Department Store
13	45	Grupo Pão de Açúcar	Brazil	Electronics Specialty
14	46	J. C. Penney Company, Inc.	U. S.	Department Store
15	47	El Corte Inglés, S. A.	Spain	Department Store
16	49	Inditex S. A.	Spain	Apparel/Footwear Specialty
17	50	Kingfisher plc	UK	Home Improvement
18	52	AS Watson & Company, Ltd.	Hong Kong	Drug Store/Pharmacy
19	56	Marks & Spencer Group Plc	UK	Department Store
20	57	LVMH Moët Hennessy – Louis	France	Other Specialty
21	58	H & M Hennes & Mauritz AB	Sweden	Apparel/Footwear Specialty
22	59	PPR S. A.	France	Other Specialty
23	60	Staples, Inc.	US	Other Specialty
24	61	The Gap, Inc.	US	Apparel/Footwear Specialty
25	64	Isetan Mitsukoshi Holdings Ltd.	Japan	Department Store
26	65	Toys "R" Us, Inc.	U. S.	Other Specialty
27	66	Bailian (Brilliance) Group	China	Supermarket

续表

序号	全球排名	零售商	所属国家或地区	主营
28	71	Dixons Retail plc (formerly DSG International plc)	U. K.	Electronics Specialty
29	75	Gome Home Appliance Group	China	Electronics Specialty
30	77	Alliance Boots GmbH	Switzerland	Drug Store/Pharmacy
31	79	Lotte Shopping Co., Ltd.	S. Korea	Department Store
32	84	Suning Appliance Co. Ltd.	China	Electronics Specialty
33	93	Shoppers Drug Mart Corporation	Canada	Drug Store/Pharmacy
34	94	J. Front Retailing Co., Ltd.	Japan	Department Store
35	95	Apple Inc. /Retail (Apple Stores)	U. S.	Electronics Specialty
36	96	Limited Brands, Inc.	U. S.	Apparel/Footwear Specialty
37	97	GameStop Corp.	U. S.	Other Specialty
38	100	Takashimaya Company, Limited	Japan	Department Store
39	101	Nordstrom, Inc.	U. S.	Department Store
40	102	Fast Retailing Co., Ltd.	Japan	Apparel/Footwear Specialty
41	103	K's Holdings Corporation	Japan	Electronics Specialty
42	104	Whole Foods Market, Inc.	U. S.	Supermarket
43	106	Home Retail Group plc	U. K.	Other Specialty
44	107	Bed Bath and Beyond Inc.	U. S.	Other Specialty
45	108	C&A Europe	Belgium/Germany	Apparel/Footwear Specialty
46	109	Edion Corporation	Japan	Electronics Specialty
47	114	Yodobashi Camera Co., Ltd.	Japan	Electronics Specialty
48	117	Oxylane Groupe	France	Other Specialty
49	118	Canadian Tire Corporation, Limited	Canada	Other Specialty
50	119	Kesa Electricals plc	U. K.	Electronics Specialty
51	122	Ross Stores, Inc.	U. S.	Apparel/Footwear Specialty
52	124	Open Joint Stock Company "Magnit"	Russia	Convenience/Forecourt Store
53	132	The Pantry, Inc.	U. S.	Convenience/Forecourt Store
54	135	Barnes & Noble, Inc.	U. S.	Other Specialty
55	136	Dm – Drogerie Markt GmbH + Co. KG	Germany	Drug Store/Pharmacy
56	140	Bic Camera Inc.	Japan	Electronics Specialty
57	141	Dalian Dashang Group	China	Department Store

续表

序号	全球排名	零售商	所属国家或地区	主营
58	142	Fa. Anton Schlecker	Germany	Drug Store/Pharmacy
59	143	AutoZone, Inc.	U. S.	Other Specialty
60	144	Dirk Rossmann GmbH	Germany	Drug Store/Pharmacy
61	146	Tokyu Corporation	Japan	Department Store
62	147	Katz Group Inc.	Canada	Drug Store/Pharmacy
63	148	Dillard's, Inc.	U. S.	Department Store
64	152	PetSmart, Inc.	U. S.	Other Specialty
65	153	Casey's General Stores, Inc.	U. S.	Convenience/Forecourt Store
66	155	Groupe Galeries Lafayette SA	France	Department Store
67	157	O'Reilly Automotive, Inc.	U. S.	Other Specialty
68	159	Kojima Co., Ltd.	Japan	Electronics Specialty
69	160	H2O Retailing Corporation	Japan	Department Store
70	161	Shimamura Co., Ltd.	Japan	Apparel/Footwear Specialty
71	163	Foot Locker, Inc.	U. S.	Apparel/Footwear Specialty
72	164	QuikTrip Corporation	U. S.	Convenience/Forecourt Store
73	167	Next plc	U. K.	Apparel/Footwear Specialty
74	169	Joshin Denki Co., Ltd.	Japan	Electronics Specialty
75	170	FEMSA Comercio, S. A. de C. V.	Mexico	Convenience/Forecourt Store
76	172	Dick's Sporting Goods, Inc.	U. S.	Other Specialty
77	173	Celesio AG	Germany	Drug Store/Pharmacy
78	175	President Chain Store Corp.	Taiwan	Convenience/Forecourt Store
79	176	Luxottica Group S. p. A.	Italy	Other Specialty
80	177	MatsumotoKiyoshi Holdings Co., Ltd.	Japan	Drug Store/Pharmacy
81	180	Karstadt Warenhaus GmbH	Germany	Department Store
82	181	Bass Pro Shops, Inc.	U. S.	Other Specialty
83	184	Wawa Inc.	U. S.	Convenience/Forecourt Store
84	185	Compagnie Financière Richemont SA	Switzerland	Other Specialty
85	188	East Japan Railway Company	Japan	Convenience/Forecourt Store
86	189	Deichmann SE	Germany	Apparel/Footwear Specialty
87	190	Douglas Holding AG	Germany	Other Specialty
88	191	Sheetz, Inc.	U. S.	Convenience/Forecourt Store

续表

序号	全球排名	零售商	所属国家或地区	主营
89	192	RadioShack Corporation	U. S.	Electronics Specialty
90	195	Arcadia Group Limited	U. K.	Apparel/Footwear Specialty
91	197	Associated British Foods plc/Primark	U. K.	Apparel/Footwear Specialty
92	198	Groupe Vivarte	France	Apparel/Footwear Specialty
93	200	SUNDRUG Co. , Ltd.	Japan	Drug Store/Pharmacy
94	203	CP ALL Public Company Limited	Thailand	Convenience/Forecourt Store
95	206	RaceTrac Petroleum Inc.	U. S.	Convenience/Forecourt Store
96	208	Advance Auto Parts, Inc.	U. S.	Other Specialty
97	209	Michaels Stores, Inc.	U. S.	Other Specialty
98	212	El Puerto de Liverpool, SAB de CV	Mexico	Department Store
99	214	Marui Group Co. Ltd.	Japan	Department Store
100	216	XXXLutz Group	Austria	Other Specialty
101	218	Steinhoff International Holdings Ltd.	S. Africa	Other Specialty
102	219	Neiman Marcus, Inc.	U. S.	Department Store
103	221	Burlington Coat Factory Investments Holdings, Inc.	U. S.	Department Store
104	222	Woolworths Holdings Limited	S. Africa	Department Store
105	224	Blokker Holding N. V.	Netherlands	Other Specialty
106	226	Tractor Supply Company	U. S.	Other Specialty
107	227	Coach, Inc.	U. S.	Other Specialty
108	228	GS Holdings Corp. /GS Retail	S. Korea	Convenience/Forecourt Store
109	231	Nitori Holdings Co. , Ltd.	Japan	Other Specialty
110	232	Liquor Control Board of Ontario	Canada	Other Specialty
111	234	TSURUHA Holdings, Inc.	Japan	Drug Store/Pharmacy
112	236	Belk, Inc.	U. S.	Department Store
113	237	Williams - Sonoma, Inc.	U. S.	Other Specialty
114	238	Sugi Holdings Co. , Ltd.	Japan	Drug Store/Pharmacy
115	241	Abercrombie & Fitch Co.	U. S.	Apparel/Footwear Specialty
116	242	Signet Jewelers Limited	Bermuda	Other Specialty
117	244	Systembolaget AB	Sweden	Other Specialty
118	245	Lagardère Services SA	France	Other Specialty
119	248	Debenhams plc	U. K.	Department Store
120	249	Kintetsu Department Store Co. , Ltd.	Japan	Department Store

附件二

大众消费品品牌评测库列表

序号	全球排名	品牌	品牌中文	国家	行业
1	2	Apple	苹果	美国	数码与家电
2	4	Coca – Cola	可口可乐	美国	食品与饮料
3	7	IBM	国际商业机器	美国	计算机办公设备
4	8	McDonald's	麦当劳	美国	餐饮
5	10	Mercedes – Benz	梅赛德斯 – 奔驰	德国	汽车与零件
6	14	HP	惠普	美国	计算机办公设备
7	16	Marlboro	万宝路	美国	烟草
8	18	Pepsi	百事	美国	食品与饮料
9	21	Nestle	雀巢	瑞士	食品与饮料
10	29	BMW	宝马	德国	汽车与零件
11	33	Dell	戴尔	美国	计算机办公设备
12	34	Cisco	思科	美国	通信与电子
13	38	NOKIA	诺基亚	芬兰	通信与电子
14	40	P&G	宝洁	美国	日化
15	43	Nike	耐克	美国	服装服饰
16	45	SAMSUNG	三星	韩国	数码与家电
17	47	Ford	福特	美国	汽车与零件
18	51	Budweiser	百威	美国	食品与饮料
19	52	Gillette	吉列	美国	数码与家电
20	53	SONY	索尼	日本	数码与家电
21	57	Wrigley	箭牌	美国	食品与饮料
22	58	Unilever	联合利华	英国	日化
23	63	Canon	佳能	日本	计算机公共设备
24	63	Canon	佳能	日本	数码与家电
25	65	Adidas	阿迪达斯	德国	服装服饰
26	66	Volkswagen	大众	德国	汽车与零件
27	71	GM	通用汽车	美国	汽车与零件
28	74	Carlsberg	嘉士伯	丹麦	食品饮料

续表

序号	全球排名	品牌	品牌中文	国家	行业
29	85	L'OREAL	欧莱雅	法国	日化
30	89	PHILIPS	飞利浦	荷兰	数码与家电
31	91	KFC	肯德基	美国	餐饮
32	92	H&M	—	瑞典	服装服饰
33	93	HONDA	本田	日本	汽车与零件
34	95	Xerox	施乐	美国	计算机办公设备
35	96	Zara	—	西班牙	服装服饰
36	103	Swatch	斯沃琪	瑞士	钟表与珠宝
37	105	Panasonic	松下	日本	数码与家电
38	106	Heinz	亨氏	美国	食品与饮料
39	107	Haier	海尔	中国	数码与家电
40	108	MOTOROLA	摩托罗拉	美国	通信与电子
41	110	Audi	奥迪	德国	汽车与零件
42	112	GAP	盖普	美国	服装服饰
43	113	PORSCHE	保时捷	德国	汽车与零件
44	116	LEGO	乐高	丹麦	游戏与玩具
45	118	DIESEL	迪赛	意大利	服装服饰
46	119	Levi's	李维斯	美国	服装服饰
47	120	Siemens	西门子	德国	数码与家电
48	122	MERCK	默克	德国	制药
49	123	Kao	花王	日本	日化
50	124	Benetton	贝纳通	意大利	服装服饰
51	127	AVON	雅芳	美国	日化
52	128	B&O	B&O	丹麦	数码与家电
53	130	Heineken	喜力	荷兰	食品与饮料
54	134	Johnson & Johnson	强生	美国	制药
55	138	Lomo	乐摸	俄罗斯	数码与家电
56	139	Lenovo	联想	中国	计算机办公设备
57	145	HARLEY - DAVIDSON	哈雷—戴维森	美国	汽车与零件
58	148	Kraft	卡夫	美国	食品与饮料
59	149	SMIRNOFF VODKA	皇冠伏特加	英国	食品与饮料

续表

序号	全球排名	品牌	品牌中文	国家	行业
60	151	TOYOTA	丰田	日本	汽车与零件
61	152	DURACELL	金霸王	美国	通信与电子
62	152	DURACELL	金霸王	美国	通信与电子
63	154	NIVEA	妮维雅	德国	日化
64	155	Burger King	汉堡大王	美国	餐饮
65	158	CORONA	科罗娜	墨西哥	食品与饮料
66	160	Pfizer	辉瑞	美国	制药
67	161	Jack Daniel' s	杰克丹尼	美国	食品与饮料
68	173	Barbie	芭比	美国	游戏与玩具
69	178	Danone	达能	法国	食品与饮料
70	180	Starbucks	星巴克	美国	餐饮
71	181	Campbell' s	金宝汤	美国	食品与饮料
72	182	Bacardi	百加得	英国	食品与饮料
73	183	NINTENDO	任天堂	日本	游戏与玩具
74	186	BECK' S	贝克	德国	食品与饮料
75	187	NISSAN	日产	日本	汽车与零件
76	188	HYUNDAI	现代	韩国	汽车与零件
77	195	HITACHI	日立	日本	数码与家电
78	197	RENAULT	雷诺	法国	汽车与零件
79	200	PEUGEOT	标致	法国	汽车与零件
80	205	FIAT	菲亚特	意大利	汽车与零件
81	206	TOSHIBA	东芝	日本	数码与家电
82	208	LG	乐金	韩国	数码与家电
83	211	CHEVROLET	雪佛兰	美国	汽车与零件
84	214	Kellogg' s	家乐氏	美国	食品与饮料
85	215	BAT	英美烟草	英国	烟草
86	222	Ericsson	爱立信	瑞典	通信与电子
87	225	NEC	NEC	日本	通信与电子
88	229	Bosch	博世	德国	数码与家电
89	230	Epson	爱普生	日本	计算机办公设备
90	237	Electrolux	伊莱克斯	瑞典	数码与家电

续表

序号	全球排名	品牌	品牌中文	国家	行业
91	238	VOLVO	沃尔沃	瑞典	汽车与零件
92	239	Colgate	高露洁	美国	日化
93	245	MAZDA	马自达	日本	汽车与零件
94	247	MITSUBISHI ELECTRIC	三菱电机	日本	数码与家电
95	250	Mars	玛氏	美国	食品与饮料
96	252	Fujitsu	富士通	日本	计算机办公设备
97	254	Japan Tobacco	日本烟草	日本	烟草
98	257	Ricoh	理光	日本	计算机办公设备
99	259	Alcatel – Lucent	阿尔卡特朗讯	法国	通信与电子
100	269	Roche	罗氏	瑞士	制药
101	271	BAND – AID	邦迪	美国	制药
102	272	JAGUAR	捷豹	英国	汽车与零件
103	273	SC Johnson	庄臣	美国	日化
104	278	LEXUS	雷克萨斯	日本	汽车与零件
105	279	SHARP	夏普	日本	数码与家电
106	282	SUZUKI	铃木	日本	汽车与零件
107	287	Chang Hong	长虹	中国	数码与家电
108	294	Hershey's	好时	美国	食品与饮料
109	299	Cadbury	吉百利	英国	食品与饮料
110	302	MaxMara	麦丝玛拉	意大利	服装服饰
111	307	OLYMPUS	奥林巴斯	日本	数码与家电
112	308	Red Bull	红牛	泰国	食品与饮料
113	314	LUX	力士	英国	日化
114	323	PORTS	宝姿	加拿大	服装服饰
115	325	Bristol – Myers Squibb	百时美施贵宝	美国	制药
116	328	Wyeth	惠氏	美国	制药
117	334	UNIQLO	优衣库	日本	服装服饰
118	342	Triumph	黛安芬	德国	服装服饰
119	348	HUAWEI	华为	中国	通信与电子
120	353	NOVARTIS	诺华	瑞士	制药
121	363	ISUZU	五十铃	日本	汽车与零件

续表

序号	全球排名	品牌	品牌中文	国家	行业
122	364	POND'S	旁氏	美国	日化
123	369	ConAgra Foods	康尼格拉	美国	食品与饮料
124	370	Vaseline	凡士林	美国	日化
125	378	Altria	奥驰亚	美国	烟草
126	384	OLAY	玉兰油	美国	日化
127	385	Abbott	雅培	美国	制药
128	392	YAMAHA	雅马哈	日本	汽车与零件
129	394	Lacoste	鳄鱼	法国	服装服饰
130	402	Martell	马爹利	法国	食品与饮料
131	417	Tyson Foods	泰森食品	美国	食品与饮料
132	420	Tsingtao	青岛啤酒	中国	食品与饮料
133	426	Ferrari	法拉利	意大利	汽车与零件
134	436	MUJI	无印良品	日本	日化
135	439	Whirlpool	惠而浦	美国	数码与家电
136	451	Dove	多芬	美国	日化
137	452	Chivas	芝华士	英国	食品与饮料
138	454	Flextronics	伟创力	新加坡	通信与电子
139	462	Diageo	帝亚吉欧	英国	食品与饮料
140	467	Sonia Rykiel	索尼亚·里基尔	法国	服装服饰
141	472	Lee	L	美国	服装服饰
142	475	Puma	彪马	德国	服装服饰
143	477	Elizabeth Arden	伊丽莎白·雅顿	美国	日化
144	480	Philip Morris	菲利普·莫里斯	美国	烟草
145	492	Bausch&Lomb	博士伦	美国	制药
146	493	RJ Reynolds Tobacco	雷诺烟草	美国	烟草
147	495	Reebok	锐步	英国	服装服饰
148	496	Tyco	泰科	美国	通信与电子
149	497	Zippo	芝宝	美国	打火机
150	500	Nikon	尼康	日本	数码与家电

附件三

奢侈品牌评测库列表

序号	品牌	序号	品牌
1	酩悦香槟（Moët & Chandon）	29	宝玑（Breguet）
2	香槟王（Dom Pérignon）	30	宝珀（Blancpain）
3	凯歌香槟（Veuve Clicquot）	31	雅盖·德罗（Jaquet Droz）
4	库克香槟（Krug）	32	格拉苏蒂（Glashutte、Original/Union）
5	梅西耶香槟（Mercier）	33	Leon Hatot
6	修纳尔香槟（Ruinart）	34	欧米茄（Omega）
7	伊更堡（Chateau d'Yquem）	35	浪琴（Longines）
8	轩尼诗（Hennessy）	36	雷达（Rado）
9	格兰摩兰吉（Glenmorangie）	37	天梭（Tissot）
10	Domaine Chandon（California）	38	卡尔文·克莱恩（Calvin Klein）
11	Bodegas Chandon（Argentina）	39	雪铁纳（Certina）
12	Domaine Chandon（Australia）	40	米度（Mido）
13	Green Point	41	汉米尔顿（Hamilton）
14	云湾（Cloudy Bay）	42	皮尔·巴尔曼（Pierre Balmain）
15	曼达岬（Cape Mentelle）	43	飞菲（Flik Flak）
16	纽顿（Newton）	44	Endura
17	安地斯之阶（Terrazas de los Andes）	45	切瑞蒂（CERRUTI 1881）
18	路易威登（Louis Vuitton	46	Hugo Boss
19	罗威（LOEWE）	47	Prada
20	思琳（Celine）	48	菲拉格慕（Salvatore Ferragamo）
21	贝鲁堤（Berluti）	49	Versace
22	高田贤三（Kenzo）	50	雅格狮丹（Aquascutum）
23	纪梵希（Givenchy）	51	艾格纳（AIGNER）
24	马克雅各（Marc Jacobs）	52	莫斯奇诺（Moschino）
25	芬迪（Fendi）	53	安娜·苏（ANNA SUI）
26	BEDAT & CO	54	铁狮东尼（A. Testoni）
27	Alexander McQueen	55	巴宝莉（Burberry）
28	Stella McCartney	56	劳力士（Rolex）

续表

序号	品牌	序号	品牌
57	爱彼（Audemars Pigeut）	89	eLuxury
58	帝柔（Diesel）	90	克丽丝汀迪奥（Parfums Christian Dior）
59	米索尼（Missoni）	91	娇兰（Guerlain）
60	雅诗·兰黛（ESTEE LAUDER）	92	Laflachère
61	尊尼获加威士忌（Johnnie Walker）	93	BeneFit Cosmetics
62	卡地亚（Cartier S. A.）	94	Fresh
63	梵克雅宝（Van Cleef&Arpels）	95	Make Up for Ever
64	伯爵（Piaget）	96	帕尔马之水（Acqua di Parma）
65	江诗丹顿（Vacheron Constantin）	97	罗威（Perfumes Loewe）
66	朗格（A. Lange&Sohne）	98	豪雅表（TAG Heuer）
67	积家（Jaeger－LeCoultre）	99	先力表（Zenith）
68	沛纳海（Officine Panerai）	100	迪奥（Dior）
69	万国（International Watch Co）	101	佛列德（Fred）
70	名士（Baume et Mercier）	102	夏慕（Chaumet）
71	万宝龙（Montblanc）	103	欧玛斯（Omas）
72	登喜路（Afred Dunhill）	104	DFS Galleria
73	兰姿（Lancel）	105	Miami Cruiseline Services
74	克罗维（Chloe）	106	丝芙兰（Sephora）
75	Old England	107	Chivas 芝华士
76	James Purdey&Sons	108	让·路克·阿姆斯莱（Jean Luc Amsler）
77	万特佳（Montegrappa）	109	雷朋（Ray－Bon）
78	Gucci	110	BALLY
79	Bottega Veneta	111	Hermes
80	Yves Saint Laurent	112	托德斯（TODS）
81	YSL Beauté	113	三宅一生（Issey Miyake）
82	Balenciaga	114	拉尔夫劳伦（Ralph Lauren）
83	Boucheron	115	朗万（Lanvin）
84	Sergio Rossi	116	百达翡丽（Patek Philippe）
85	史提芬诺逼（StefanoBi）	117	莲娜丽姿（Nina Ricci）
86	艾米里欧普奇（Emilio Pucci）	118	索尼亚·里基尔（Sonia Rykiel）
87	汤玛斯品克（Thomas Pink）	119	杰尼亚（Ermenegildo Zegna）
88	唐娜凯伦（Donna Karan）	120	兰蔻（LANCOME）

参考文献

[1] 王成荣，黄爱光. 北京国际商贸中心建设研究 [M]. 北京：中国经济出版社，2012.

[2] 赖阳，黄爱光. 世界城市宜居商业研究 [M]. 北京：中国经济出版社，2012.

[3] 冯四清. 商业街评价体系的构建 [J]. 合肥工业大学学报，2004 (12).

[4] 吴忠，唐幼纯，王裕明. 城市商业街区满意度评价模型及实证研究 [J]. 决策参考，2004 (3).

[5] 肖月强，姜陈升. 空间经济学及产业集群聚集机制对城市特色商业街发展的启示 [J]，西部大开发研究，2011 (3).

[6] 肖月强，黄萍，陈杨林. 城市特色商业街评价体系研究——以成都青羊特色商业街区为例 [J]. 西南民族大学学报，2011 (9).

[7] 洪增林，史新峰. 商业街评价指标体系的构建研究 [J]. 西安工业大学学报，2012 (1).

[8] 顾国建. 零售业：发展热点思辨 [M]. 北京：中国商业出版社，1997.

[9] 陈信康. 中国商业现代化新论 [M]. 上海：上海财经大学出版社，2003 .

◎中华老街

申遗成功的运河与商业老街

李德楠①

商业老街是历史上形成的商贾聚集、店铺林立的街巷，是商业发展的载体和商业繁荣的见证，也是传统手工艺、特色小吃和商业老字号的发源地和聚集地。历史上的商业老街，商贾云集、店铺林立、人烟辐辏，是区域社会的公共空间，是地方商业发展的载体，诸多的手工艺品、特色小吃、老字号在这里发源、发展、传播，对当时及以后的历史都产生了重大的影响。时至今日，商业老街经历着不同的命运，一些老街时过境迁，难寻踪迹；也有一些老街在传承中发展，延续至今。商业老街在当今社会不但承担着商品的功能，更是一个城市的特色与标志，反映了地域社会的历史、民俗与文化，成为所在城市的名片。

京杭运河沿线是历史上尤其明清时期商业最繁荣的地带，聚集南北商帮、吸聚东西货物、杂糅天下奇珍，诞生了一大批商业老街，留下了宝贵的商业文化遗产。在中国大运河申遗成功的今天，将老街研究放在运河申遗成功的大背景下进行，开展运河沿线商业老街的研究，推动历史街区的建设，实现历史文化与现代商业有机融合。

一、运河与商业老街的兴起

纵观历史上城市的兴起过程，可发现与大江大河联系密切，河流沿线尤其是多条河流的交汇处，为人口积聚、城市发展、商业繁荣提供了必备

① 李德楠，淮阴师范学院历史文化旅游学院讲师。

基础，黄河、印度河、幼发拉底河、尼罗河流域产生了古代中国、印度、巴比伦、埃及四大文明古国。作为世界上开凿最早、线路最长的人工运河，大运河起到了无可替代的作用。京杭运河的开通带动了运河沿线城镇的兴起，不仅造就了通州、天津、沧州、德州、聊城、济宁、徐州、淮安、扬州、镇江、常州、无锡、苏州、杭州等一批城市，而且在运河码头渡口、闸座桥梁、仓储榷关所在地也兴起了杨柳青、泊头、阿城、张秋、南阳、夏镇、台儿庄、窑湾、清江浦、邵伯等众多小城镇。这些大小城镇宛如一颗颗璀璨的明珠，镶嵌在中国东部大地上，运河沿线成为商品经济最发达的地带。

运河提供了便利的交通，同时还提供了水源的供给，传统的商业老街多建于运河沿岸，不但可以直接获得人口饮用、商业发展的水源，而且对于转运商货、载运人口也具有重要的作用，滨水地区成为老街选址的佳地。

城镇的繁荣与扩展往往以商业为中心，通过商业街巷表现出来，包括街巷数量、街巷空间布局以及繁荣程度等。就街巷数量而言，运河城镇商业街道密集。例如临清，北自天桥至南关，东自鳌头矶至卫河，街市连绵，人烟辐辏，天桥以北为皮商营业之区，南市车营为粮商聚集处，卫河西街市大半以营销土产为业；济宁，整个州城内外，店铺林立、商贾云集。明末城区有街巷 98 条，道光年间增加到 290 条。

就街道空间布局而言，许多街巷都与运河相连，或沿运河平行展开，或与运河垂直相交。有学者研究发现，运河城镇瓜州与西兴具有相似的街巷空间与运河空间；① 无锡清名桥街区以运河为中轴，南长街和南下塘街分列左右；天津杨柳青的河沿大街、估衣大街、猪市大街等沿运河北岸平行展开；山东张秋镇滨河长街有竹竿巷、纸店街、杂粮街、米市街、锅市等；江苏邵伯镇，商业街巷与运河垂直，以便货物在码头卸载后直接运入巷道。

---

① 徐永利，孙广华．论两座典型运河城镇对运河文化的空间演绎［J］．苏州科技学院学报：工程技术版，2012（3）．

就街巷的繁荣程度而言，很多城镇的商业街闻名全国。明清时期，苏州阊门、胥门、山塘街一带商贾云集；扬州是全国商品经济最为发达、商业最繁华、生活最奢侈的城市；① 杭州工商业繁荣，为东南江海重藩，是全国主要的丝织品市场，也是长江中下游重要的粮食输入地。

运河街巷是商业活跃区，是商人商帮的聚集地，往往遍布商业会馆。会馆是历史上旅居异地的同乡人共同捐资设立的，供同乡、同业聚会、娱乐、议事的场所。许多著名的商人会馆坐落于老街的显要位置，例如苏州阊门外为水陆冲要之区，阊门外山塘街建有全晋会馆、冈州会馆、岭南会馆、东齐会馆等；聊城大闸口、东关街附近是商业最繁华的区域，紧靠运河的东关双街有著名的山陕会馆、江西会馆、苏州会馆、武林会馆、太汾公所等“八大会馆”；济宁商业最繁华的地段位于城南运河两岸，南关纸坊街坐落有浙江会馆，城南门外福瑞街有安徽会馆、山西会馆、福建会馆，运河南岸济阳大街有三省会馆，运河南岸税务街有湖南会馆；扬州的东关街是老字号商铺最集中的地段，分布有山陕会馆、盐务会馆等；淮安运河老街分布有润州会馆、福建会馆、江宁会馆、新安会馆、江西会馆等。

运河城镇南北跨越不同的地理区，自然环境、经济发展水平、生活习俗各有不同，造就了各具地域特色的商业街巷。同时，位于运河沿线的共同特色，又使各种文化相互交流融合，表现为街巷的诸多共性。例如，一些商业老街地名往往见于多个地方。临清、淮安都有商业繁荣的中洲，临清中洲商业区“北至塔湾，南至头闸，绵亘数十里，市肆栉比，有肩摩毂击之势”②，南北主街道自北而南分别为锅市街、碗市街和马市街，与南北街相交的东西街巷如小市街、油篓巷、柴市街等，街巷两旁分布着皮货、鞋帽、杂货、纸张、瓷器、果品、海味、银钱、粮食、木材、估衣茶叶等店铺；淮安中洲位于大闸口以东，里运河和越河合抱的半岛，其周边有文庙等商业街巷。

---

① 邹逸麟．运河与扬州——共生共荣的关系［J］．中国名城，2008（1）．
② 民国《临清县志》8《经济志·商业》。

台儿庄、济宁、夏镇都有商业繁荣的顺河街及越河街，济宁的主要商业区位于城南运河码头及越河两岸，形成了二三平方公里的繁盛商业区，店铺林立，市肆栉比，“其居民之鳞集而托处者，不下数万家”，“其商贾之踵接而辐辏者，亦不下数万家”①；台儿庄顺河街北起丁字街南哨门，南至小南门，沿途遍布会馆码头，商业、饮食业兴盛。台儿庄越河街位于台儿庄闸越河北岸，长近300米，街巷与码头相通，是最繁荣的商业街。

德州、沧州、临清、济宁、张秋等都有竹竿巷，聚集着从事竹编业的商家。德州竹竿巷有20多个作坊，产品种类繁多，有日用品、农具、玩具等；济宁竹竿巷长约3里，沿运河发展，自编自售各种竹器，是济宁城最繁华的商业街；临清竹竿巷长约1000米，遍布竹木器加工的作坊70多家，产品有农器类、生活用品以及装饰品和儿童玩具。此外，聊城、淮安都有车水马龙的大闸口，聊城、苏州都有作为老街代表的东关街，等等。

运河的畅通促进了商业老街的兴起，当运河废弃后，沿线大多数城市都出现了不同程度的衰落，导致了商业老街的衰败。例如济宁，自运河衰落以后，航运搁滞，商业深受影响，“求如往岁盛时之十一何可得耶”②，“较曩时船运来，相去不啻霄壤”③；临清，自漕粮改折、河运停止后，往来商船大为减少，作为纺织品中转贸易市场的作用逐渐削弱，布店、绸缎店数量明显减少，其分布也由高度集中转为散见各街了。④ 由此可见，交通路线的变迁与城镇兴衰密切相关，运河畅通是城镇兴起与发展的重要条件，运河兴则城镇兴，运河衰则城镇衰。

二、商业老街与运河申遗

运河老街历史悠久，文化底蕴深厚，是一个城市商业和文化的重要标

① （清）杨定国：《义井巷创修石路记》，载道光《济宁直隶州志》卷四《建置志》。

② 赵逢昌．元明清山东运河经济带兴衰历史回顾［M］．//济宁运河文化研究（一）．济南：山东友谊出版社，2002：181.

③ 《济宁民国十年之商情》，《银行月刊》第二卷第二期，1922年2月。

④ 许檀．明清时期山东商品经济的发展［M］．北京：中国社会科学出版社，1998：118.

志，也是最能体现运河遗产文化的载体之一。目前运河申遗已经成功，给沿线城市带来了前所未有的机遇。

1. 老街保存了丰富的历史遗存，是运河文化遗产的重要载体

例如，扬州东关街集中了个园、华氏园、街南书屋、冬荣园等盐商住宅，成为四美酱园、三和酱菜、谢馥春香粉铺、潘广和五金店、陈同兴鞋子店、乾大昌纸店、庆丰茶食店、四流春茶社、周广兴帽子店、恒茂油麻店、顺泰南货店、恒泰祥颜色店，朱德记面粉店、樊顺兴伞店、曹顺兴箩匾老铺、孙铸臣漆器作坊、源泰祥糖坊、孙记玉器作坊、董厚和袜厂等众多商业老字号的发祥地；苏州山塘街号称“姑苏第一名街”，它紧傍山塘河，通过一座座石桥与另一侧的街道连接，街上店铺、住家鳞次栉比，房屋多为前门沿街，后门临河，有的还建成独特的过街楼；① 聊城的太平街、双街以及东关街是运河附近的最繁华的三条街巷，这里会馆集中、店铺林立、南腔北调夹杂其中，故民间有“金太平、银双街，铁打的小东关”的说法。

2. 运河申遗凸显老街了的价值，增强了对老街的关注

2006 年 5 月，京杭大运河被确定为全国重点文物保护单位，极大地促进了大运河的整体保护，为申请世界文化遗产打下了良好的基础。一些商业老街自然也就成为全国重点文物保护单位的一部分，文化遗产价值和商业价值凸显。运河申遗成功，成为世界级文化遗产，其价值无疑会得到进一步提升，这是一笔巨大的无形资产，会吸引全世界更多的眼球。在这样的光环笼罩下，对老街的认识与利用就需要提升到一个更高的层次，使商业街区真正成为体现城市特色的载体，成为城市的窗口和名片。

3. 老街体现了运河文化的特色，展现了浓厚的乡土风格

老街上风格不同的店坊以及民居建筑，再加上由桥、闸、码头、钞关、驿站、寺塔等众多文化遗产节点，造就了代表地域特色文化的运河景观，渗透着运河人家的原汁原味，反映了运河区域商品经济发展的脉络，这都是其他任何老街都无法简单模仿复制的，也是现代城市充满生机和活

---

① 王晓静．运河与苏州城市的发展［J］．淮阴师范学院学报，2008（1）．

力的重要表现。

总之，老街是商业的发祥地，是城市发展的历史见证，具有重要的运河风貌特色与历史价值。而孤立的老街，其文化旅游价值然大打折扣。因此借助运河申遗成功的东风，以运河游串联各个景点，将运河申遗与商业老街结合起来，厘清商业老街与运河申遗相辅相成、相互促进的关系，将有助于传承商业文脉，提升老街价值，丰富运河内涵、促进商业繁荣。

三、申遗背景下商业老街的保护与开发

大运河“代表了人类的迁徙和流动，代表了多维度的商品、思想、知识和价值的互惠和持续不断的交流，并代表了因此产生的文化在时间和空间上的交流与相互滋养”①。在申遗成功的大背景下，应抓住运河成为世界文化遗产的机遇，强化商业老街的建设，丰富商业老街的内涵。借助传统历史文化资源发展老街，对商业老街进行保护与开发。

第一，要坚持完整性与原真性的原则

商业老街是传承历史文脉、彰显地域文化、提升民众生活的重要载体。具有一定历史文化的传统商业街，往往代表了一个城市的地域文化特征。因此要充分恢复和体现其历史文化风貌，强调文脉的延续，将运河文化与商业街区相结合，挖掘出深层次的丰富多彩的历史文化，通过复原商业老街建筑原貌，恢复特色店铺、餐馆、老字号等，进一步提升了街区的商业文化氛围，提升商业街的知名度，进而提升城市形象，带动老街旅游经济的发展，以现代商业休闲、购物、文化体验与老街传统文化游览形成互补。

第二，商业老街开发要在运河空间格局下进行

运河是商业老街发展的基础，也是商业老街规划开发的框架，规划者应充分利用河道作为骨架，注意遗产点的运用，要最大限度地减少对运河历史遗存和风貌的破坏，切实保护好运河的物质和非物质文化遗产，使今

① 《保护世界文化和自然遗产公约》。

日的建设工程，成为明天世界文化遗产的重要组成部分。

第三，要将传统文化与现代商业相融合，处理好遗存保护与商业开发的关系

在当前快速城市化背景之下，应注意处理好运河文化保护和老街建设之间协调发展的关系，在文脉优势与地脉优势的基础上，发挥商脉优势。既要传承历史文脉，又要注入现代气息，提升沿运河城镇的环境品质和经济活力。应大力发展现代房地产业、文教卫产业、现代商贸业、信息服务业等，使老街的功能满足今天的多样化需求，从而达到得以保护、整治、更新的目的。

第四，突出地域文化特色和产业特色

最具本土文化特色的老街能够唤起人们的认同感和归属感，仿古与抄袭不但体现不了特色，反而会造成了千街一面的不良后果。因此现代城市商业步行街区的建设应因地制宜，结合地域历史文化特征，注重保护原有的历史特征和文脉，要让当地的老字号商店、传统手工艺、传统小吃在此得到复活，反映出地方特色与当地民情风貌，突出其历史文化的独特性和地理位置的特殊性。

总之，商业老街不仅是城市文化的沉淀，更是城市发展的驱动力，它见证了一个地区的发展和商业的兴衰，展现了独特的文化内涵。因此需要加强老街历史与遗存的研究，充分发挥老街地脉、文脉与商脉的优势，保持古运河沿线景观的完整性。老街的保护发展不能局限于眼前的利益，应以发展的眼光来保护运河，实现经济效益、社会效益和环境效益。

中国历史文化名街与近代澳门街区的保护经验借鉴

魏明孔①

一、历史文化街区的文化与经济

中国文化部、国家文物局组织的中国历史文化名街评选与推介活动，已经进行了四届，评选出了50条历史文化名街②。连续四届评选的社会影响远远超过了预期，这无疑是推动街域文化研究的重要契机。在我国具有一定传承和知名度高的街区数量可观，但并非都能成为历史文化名街，而被命名的是其中的佼佼者。对这些挂牌历史文化名街的保护、开发和利用，对于其他街区无疑具有重要的示范作用。历史文化名街除具有深厚的文化内涵外，还具有一定的经济内涵，而文化与经济具有双向互动性，因此本文就历史文化街区中的文化与经济的互动关系进行阐述。

---

① 魏明孔，中国社会科学院经济研究所研究员、博士生导师，中国社会科学院创新工程首席专家，中国历史文化名街评选与推介活动专家组专家。

② 50条历史文化名街分别是：北京国子监街、山西平遥南大街、哈尔滨中央广场、苏州平江路、黄山屯溪老街、福州三坊七巷、青岛八大关、青州昭德古街、海口骑楼老街、拉萨八廓街、苏州山塘街、上海多伦路、无锡清名桥、重庆瓷器口、天津五大道、北京烟袋斜街、漳州历史古街、齐齐哈尔罗西亚大街、扬州东关街、泉州中山路、山西祁县晋商老街、无锡惠山老街、上海徐汇区武康路、福建长汀店头街、潮州太平街义兴甲巷、黄山歙县渔梁街、贵州黔东南州黎平翘街、杭州清河坊、洛阳涧西工业遗产街区、云南大理州南诏古街、福建省厦门市中山路、安徽省黄山市休宁县万安老街、西藏自治区江孜县加日郊老街、四川省泸州合江县尧坝古街、陕西省榆林市米脂古城老街、山东省青岛小鱼山文化名人街区、江苏省南京市高淳县高淳老街、浙江省临海市紫阳街、吉林省长春市新民大街、广东省深圳市盐田区中英街、广东省广州市沙面街、上海市静安区陕西北路、河南省濮阳县古十字街、江西省铅山县河口明清古街、安徽省绩溪县龙川水街、广东省珠海市斗门镇斗门旧街、福建省石狮市永宁镇永宁老街、广东省梅县松口镇松口古街、江苏省泰兴市黄桥老街、四川省大邑县新场古镇上下正街。

“街”，东汉许慎《说文解字》的定义是：“四通道也”。这种四通八达的街道，具有文化、信息、经济等方面的辐射与示范功能。其中街域文化正是在“街”的基础上形成的。街域文化是社会生活中一个非常重要的内容，特别是近代以来随着城镇化的不断推进，街域文化的社会功能越来越大，这一点已经得到大家的共识。但是另一方面街域文化与经济的互动关系还没有得到足够的重视，这与其所处的重要地位和其所承载的重要功能不相匹配。

为此我们对四届中国历史文化名街进行历史考察、现实文化的田野调查、古今社会经济的动态研究，街域文化与街域经济的互动关系，进而对于街域文化和街域经济的概念提出见解，这除了具有重要的文化上的学术意义外，也有不可忽略的现实借鉴价值。通过对四届中国历史文化名街的跟踪考察，我们初步发现，街区文化与街区经济呈正相关性。即凡是街域文化发达之时，便是街域经济活跃之际；反之亦然。

街说明这里是商品尤其具有文化内涵的商品的集散地。历史文化名街的行业特征比较明显，从事文化艺术和商贸的人员多，商业街区整齐。历史文化名街既有地域性，又具有超地域性，或者说是地域性与超地域性共存。除了辐射功能外，还具有文化的荟萃性，即精神财富和物质财富的聚集之地。

街域文化和街域经济是一个全新的概念，但是其在历史上乃至今天仍然有不可替代的重要作用。历史文化街区的生产和商品，要尽量参考当地的历史传统，形成自己的品牌和名牌商品。正如专家指出的，当地百姓的安居乐业是历史文化街区活力的重要体现。历史文化街区的保护固然非常重要，这是没有疑义的，而积极改善基础设施，提高当地居民的生活质量，也是不可忽略的内容。

历史文化街区内经济比较繁荣，当地居民的消费档次相对比较高，这无疑对消费具有一定的引导意义。同时，由于经济比较繁荣，对于街区的基础建设比较重视，重视街区的长远规划，外部环境比较好，会吸引更多的人前来。另外，经济繁荣，必然会提高当地的教育水平进而带动居民文化素质的提高。

历史文化街区的文化与经济的互动关系，还表现在这里要有一定规模的当地居民的居住，如果当地居民过少，必然会使人气指数缺乏，历史文化街区的气息会降低乃至逐渐消失。当然，当地居民的居住的数量也不能过多，否则会影响到对文化街区的保护。

尽管历史文化街区与社会经济是一种互动关系，但是不能够完全以市场的价值取向对待，我们发现有些历史文化街区存在过度依赖市场，文化消费过度娱乐化的倾向。

这种正向的相互影响不仅体现在现实社会中，也可以在历史发展中找到足迹。从长时段、大背景下对历史文化名街的兴起、繁荣、发展变化进行考证，发现文化名街在历史上就有超现代意义的经济模式。

山西祁县晋商老街。祁县是我国历史上最早建立的县之一，其县龄超过2500年。明清时期，祁县商业达到了繁荣的程度，这里出现了学而优则商的新气象。晋商在明清时期创造性地发明了票号，使得祁县、平遥、太谷成为当时世界金融的中心，祁县晋商老街与今日美国的华尔街可相提并论。晋商讲究诚信，以义取利，知人善用，创新观念，终于做到了“汇通天下”，使得以祁县为中心的晋商成为当时世界的金融中心。晋商老街位于当年的祁县县城中心，这里有店铺70余家，星罗棋布，鳞次栉比，这里既有一般街道的当铺、粮行、木器行、货栈、旅店、茶庄等，也有晋商所特有的票号等。祁县晋商老街的繁华可见一斑。

无锡惠山老街，因寺成祠，因祠兴街。明清时期，形成了祠堂建筑相连、人口密集、店铺林立的街区格局。清末民初，古街的米市、布码头闻名于世。现在惠山老街的祠堂文化、园林文化、泉茶文化、名人文化，正是历史文化与社会经济互动的和谐统一。

上海徐汇区武康路是近代兴起的历史文化名街的一个代表。武康路是上海乃至全国最具欧陆风情的街区之一。这里的众多建筑是20世纪二三十年代的欧陆建筑风格，而当年参与设计的有公和洋行、赉安洋行、思九生洋行、德和洋行、中法实业公司等，参加设计施工的设计师包括邬达克、董大酉、奚福泉等，这本身就是街区与文化的交融，文化名街与发达社会经济的互动。

福建长汀店头街是一条传统的手工百业街。所谓店头，在客家语中就是“最好的集市商铺”的意思。店头街繁荣于明清时期，已经成为海上丝绸之路的重要组成部分。店头街的兴起是文化、经济、交通的有机结合体。

黄山歙县渔梁街是一个典型的商业交通性聚落，是徽商外出经商的往来必经之道。这里商业的街和交通的巷，有机构成了颇具特色的街巷空间。现在渔梁历史文化名街区有各级文物保护单位十三处，同时这里有店铺近百家，大多数兼有批发、贸易、转运、储存的功能，且带动渔梁四周成为交易集贸市场。

街区是人类精神文明和物质文明的结晶。街区体现的这种精神文明和物质文明之间是一种互动关系。

但是，这并不是说，在任何时候任何情况下均是如此。实际上。在不同时期却有不同的情况。因为街区尤其历史文化名街存在于城市（至少在镇）中，往往受到当地政府的政绩观乃至具有决策权官员的个人选择偏好的影响。20 世纪五六十年代，一些历史文化名街不被重视乃至惨遭破坏，至今令人痛心不已。至于“文化大革命”期间以“破四旧”为名，使包括历史文化街区在内的文化遗产的破坏触目惊心，实际上不啻是一次不要文化的大浩劫。实时在改革开放以来，情况也不尽一致。20 世纪 80 年代恢复生产、解决贫困是地方政府的当务之急，对于文化街区的保护难能顾及；20 世纪 90 年代，地方政府以提高 GDP 为目标，城镇建设和改造是政府工作中的重中之重，对历史文化街区的不重视乃至破坏都是比较严重的。

众所周知，梁思成毕生从事中国古代建筑的研究和建筑教育事业，系统地调查、整理、研究了中国古代建筑的历史和理论，是这一学科的开拓者和奠基者。他为我国尤其北京市的古城、名街以及古建筑保护呐喊了一辈子。建筑学大师梁思成故居却在“维修性拆除”中被夷为平地，引起了学术界和民众的高度关注。可见，对于历史文化街区的保护工作任重而道远。

总之，历史文化名街无疑拥有鲜明的历史文化特色、丰富的非物质文化遗产，并有其传承。作为一个具有深刻内涵，有其自身发展、衍化规律的文化生命体，在中华文明的殿堂中占有不可忽略的地位。街道是现代城市的最基本单位，历史信息最为聚集，文化底蕴最为丰富，城市魅力最为凸显。历史文化名街是繁忙的现代都市人散步的地方，是现代人与古代或下一代人对话和沟通的地方。这里的一个门墩、一副对联，一丛古墙上的绿苔，一棵古树，都是一个有趣的信息体，令人遐想不断，流连忘返。

二、近代澳门街区管理述论①

澳门作为我国的一个特别行政区，由于特殊的历史原因，形成了独特的多元文化，其中近代澳门对于街区的管理，具有明显的中西合璧的特色，保留下了一些历史文化名街。近代澳门对于街区的管理经验，今天对于我们仍然有一定的借鉴价值。

（一）系统规划

近代澳葡政府对于街区有系统的规划，规划非常严格，且在实践中受到严格监管。有关部门多次强调，街道建设工程一经绘明图则，并由权威工程机构核准实施，实际施工中不得与图纸有异。

街区工程要受到如下内容方面的严格验收：民间所有新建屋宇或拆旧重建或修整，勘定地界以及筑造是否坚固、有无妨碍卫生章程、门面墙是否合乎规定，其中包括街区公园等设施。

街区中的排水工程，反映该街区的安全，是衡量街区规划成功与否的标志之一。对于街区的排水工程，近代澳葡政府非常重视，这包括两个方面的内容，一是在街区工程规划和设计中将排水作为重要的内容之一；二是在日常管理中对于街区的排水系统也比较重视。如规定“在华人集中居住一带的地方之各渠，是由河边循现时所有及将来新开街道直入内地，其

---

① 本节主要根据汤开建、吴志良主编《〈澳门宪报〉中文资料辑录（1850—1911）》（澳门基金会，2009年）等有关资料。

与华居地方界域相连之屋宇，如是坐落斜地者，亦可将屋内自用之渠整出，与街渠相通接”。该工程费用归华人公益专款项下，开支列入政府正常支出。另外，澳葡政府多次要求改良街道与居民房屋管道沟通，以保证街区排水畅通。各街各渠工程未开办之前，必须先绘图纸并估计工程费用呈之澳葡政府，澳门总督在询明工程会后，核其费用，批准后，即可开办。凡没有排水系统或排水系统不合格者，不得施工。在街区及其桥梁之处，不允许居民在街道上地建造屋宇。领取准照为新建、重建或更改屋外式样工程之禀，由屋主出名具呈，须注明街名及街之活窄，附呈图则。图内详细指明正侧各面情形、外面式样。所做工程不是照所准之图者，一概拆去，重新照图再造。所需费用由屋主支付。

为了消防等安全考虑，凡在街区地面上或已有屋宇，或欲建造屋宇住家者，如各屋不能一律直接通向大街，则该屋地主须开辟巷路，让屋舍通风以合卫生，并利便消防等用。

通过规划并严格实施，澳门街区因地制宜，特色突出。

（二）重视日常管理

近代澳葡政府对于所辖范围内的街区，日常管理比较规范。其中，保持街区卫生是最基本的工作之一。早在19世纪，澳葡政府就设立洁净街道馆，是政府直属的机构之一。一般是通过《澳门宪报》刊登公告，招聘有关工作人员。在市政的正常开支中，包括支付清洁街区工人及其负责人的工资。

街区卫生是体现这里文明程度的基本尺度之一。近代澳葡政府对此比较重视，采取的一些做法值得肯定。为了提高效率，在19世纪就配备有洁净街道馆水车。鉴于澳门一些居民有将秽物倒弃街上的劣习，政府特将有关条例抄录晓示民众，以杜绝此习，保持街道清洁。凡澳门内所有不洁净、不合卫生之处必须尽改，而街道、公地、花园及现有之屋宇，也必须设法改良，凡新开辟的街道、公共场所、花园及房屋等，要符合卫生规则、美观大方、居住安逸、往来方便等硬性条件。

凡新建、重建、大修整向街屋之工程，必须用板围住。该板围距离该屋若干，由工程公所在准照内示明，违者罚银五元。在围板以外废弃物等，一概作为阻街之物，罚屋主银二元。

另外，临街居民的小工程，如洗抹搽灰水、油漆瓦面、墙壁，须于两边用木板斜上遮住该木板至少两米长，违者罚三元。如在街上修灰者一经完工，须将余残者搬去。其围板则限五日拆去，违者罚五元。

近代澳葡政府对于街区管理的细则，非常具体，反映了其对街区日常管理的重视。

（三）纳入法律程序

近代澳葡政府颁布一系列法律法规，将街区建设和管理内容纳入法制轨道。为了遏制有碍于往来街道，严禁铺店门口小贩在此摊摆贩卖；如敢抗违，即交该管衙门照例从严惩办。

在特殊日期内，凡有轮各车辆均不准在下列各街道往来，以免拥挤。如有不遵者，严行责罚。凡屋宇是坐落在现有大沟渠或后来新开大沟渠之街道者，其屋内须设小沟渠通出街外之大沟渠。凡屋内各出水之总汇处，须安置曲放水筒。凡屋宇有天井者，其天井要有水渠通落小沟渠，而小沟渠之水口必须安渠口石。凡屋宇系坐落在未有大沟渠之街道者，其屋内须设小沟渠通出街面。凡有院落相隔之屋宇与街离远者，其屋内须照上款所谕设小沟渠通到街外之大沟渠。如街无大沟渠，即通出街面。

因通沟渠或他事将街道挖掘，必须于完工之时仍旧将挖掘之处填回。否则罚银五元，另由工程公所饬工填做，勒令其人出工费。不论何人，不准在向街墙安置烟囱，违者罚银五元，并将烟囱拆去。凡有涂污或损坏外墙之灰水、油漆者罚银二元。不论何人、不论所因何故，概不准有阻碍街上明渠情事，犯者罚银十元。对于街道的排水工程也有严格的规定。

为了使广大居民人人皆知，凡街区处罚条例均在《澳门宪报》上以不同文字公开告示。

总之，近代澳葡政府对于街区建设和管理，纳入了法律轨道，法律完备，执法严格。

（四）公开招聘街区人员、招标建筑材料

近代澳葡政府对于招聘街区工作人员和建筑材料的采购，均公开面向社会，降低了成本，提高了效率。

洁净街道馆是19世纪澳门的重要机构之一，是保证澳门街区正常运行的机构。洁净街道馆的工作人员，一般是通过《澳门宪报》刊登公告，向社会公开招聘有关工作人员。在市政的正常开支中，支银给洁净街道头人、给扫地工人，并纳入政府正常开支。

建筑材料的质量及其价格是保证街区建筑的基本条件。对此，澳葡政府往往向社会公布信息，公开招标建筑材料。街区修建的材料，包括蛮石、白灰、红毛坭、青砖、瓦、阶砖、瓦栏杆、瓦水筒、过油瓦水筒、桷、板、各大小杉等，公开招标购买，价格透明，质量保证。今天澳门主要街道的铺路石是从葡萄牙运输而来的，从近代以来，就是公开招标而购买的。工程出投，招人承办。凡来投者，先交暗票。开票后，再当明喊，价平者得。其投得者，立即交出担保银，照投价，每百元以五元算。

另外，如澳门有关机构公开向有一定资质商人，招标承办燃点本澳城箱内外各处街灯，以一年为期。

（五）奖罚分明

近代澳葡政府对于街区管理，有法必依，处罚违法者，同时对于特别守法的典型，也给予必要的褒奖。

澳葡政府规定凡有临街的建筑物，如欲将其外面墙壁修整，或搽灰水，或打理洁净，需先于墙外用板遮障，方可开工；凡墙上、瓦面、窗口、天台、当街等处，毋得安置瓦盘及箱等物，除非安放停当，不会伤行街之人；凡污秽之物及各铺店残剩杂物，均不得放在瓦面及当街上公地；凡天台及巡廊，均不得灌水浇花，以免其水下泻溅着行人；凡在门口与窗口之前并近街之墙壁，或巡廊之上，或隔邻窗口等处，均不得张挂湿水布及晾衣服。若有违反，当事人会受到不同数额的经济处罚。

同时规定，不得在街上宰杀牲口剥皮；凡有死牲口及不中用之牲口，

不得遗弃在街头；凡遗堕街上的货物，须要打扫洁净，并不得将残剩之物及煤炭末倒弃街上；不得将飞禽、牲畜在街上行走；凡有挑担草灰坭粪及填地之沙坭等物，须要小心挑担，免污街道，不得碰碍行人；凡上落货物，如有遗坠街上，须要打扫洁净，如不扫净或及将残剩之物及煤炭灰倒弃街上者。同样对于违反者有严格具体的处罚条例。

无论何人如有因建屋或别项工之事，致将街道损坏。其所坏之街道，唯公局工程分所之工匠可任修整，但该人必须于其工程完工之前24小时内到公局分所报知，俾得派人修整。若不往报知者，罚银三元。至于修整之使费，仍归该人出。

除了上面的处罚外，澳葡政府对于街区保护有成绩者，则给予一定褒奖。如凼仔、过路湾各处街道及衙署，均属整齐洁净，受到澳葡政府的奖励。

三、基本结论

对街区尤其历史文化名街进行保护、利用和开发，是现代社会不可回避的一个课题，这种街区的历史传承性与现代社会赋予街区内涵之间的关系，使得历史文化名街保护成为一个系统工程，其文化底蕴、人文环境、经济因素等缺一不可。中国文化部、国家文物局组织的历史文化名街的评选和推介活动，无疑是一个良好的开始，而40家历史文化名街发起的历史文化名街保护同盟及其《杭州宣言》，反映了这些街区保护的自觉，对其他街区具有重要的示范乃至辐射意义。但是，时下一些地方政府拆迁旧街区的愿望很强烈，其中经济因素是最重要的原因之一。要杜绝对历史文化街区的拆迁或改造过度，必须要有一系列法律方面的规定，同时还得有法必依。这一方面可谓任重道远。历史是一面镜子，近代澳门对于街区的规划、建设、保护的措施，对于我们今天来说仍然具有借鉴价值。

区域交通、地域商人与商业老街之发展

——以黄山屯溪老街为中心的考察

梁仁志[①]

商业老街既承载着人们对一个城市繁华过往的美好记忆，也寄托着人们对这个城市未来发展的强烈渴望。由于岁月的无情洗礼，一条条曾经车水马龙、人声鼎沸的老街渐渐破败不堪，甚至消失。如何挽救或者让它们重拾辉煌？这是无数人正在思考的问题。

历史上的徽州[②]是执明清商界之牛耳的徽商的桑梓之邦，也是朱熹、戴震等众多大儒的集结之地，经济富庶，文化繁盛，故而留下了许多富有浓郁地域文化特色的商业老街。在已评选出的50条中国历史文化名街中，徽州就占了4条[③]。因而该地的商业老街颇具典型意义。本文以屯溪老街为中心，拟对商业老街相关问题进行讨论和反思。

一、商业街和商业老街

商业街与商业老街之间关系密切。国际著名咨询公司麦肯锡将“渊源的历史”作为商业街六大关键要素之一。[④] 刘菲认为：“挖掘商业街的历史

---

① 梁仁志，中国社会科学院历史研究所博士后，安徽师范大学历史与社会学院副教授、硕士生导师。

② 历史上的徽州大致包括今天安徽省的黄山市、绩溪县和江西省的婺源县等地。

③ 即黄山屯溪老街、歙县渔梁坝、休宁县万安老街和绩溪县龙川水街。中国文化部、国家文物局组织的中国历史文化名街评选与推介活动，已进行过四届，共评选出了50条中国历史文化名街。具体名单参见：http：//www. zhongguomingjie. com/。

④ 仲进．麦肯锡再造南京路［J］．商务周刊，2002（6）：53.

文脉，突出其历史文化底蕴，是商业街的品牌要素。忽略甚至在开发中摒弃商业街的传统、历史文脉，商业街就会失去长久发展的底气，也会使城市失去文化个性特征。"① 赖阳等也将"具有深厚的历史文化底蕴"作为世界著名商业街具备的四大特征之一，指出："缺少了悠久的历史文化积淀作为基础，商业街就不过是缺少灵魂的集市而已。"② 可见，具有历史底蕴是商业街的重要表征之一。而那些具有丰富历史底蕴的商业街多是从老街发展而来。

但现在的"商业街"概念不仅包括商业老街，还包括现代化商业街。如李学工认为："商业街，也称之为商店街，是随着城市发展而自然形成的零售商店集中和聚集的街市。"③ 陈莉等则认为："商业街就是由众多商店、餐饮店、服务店共同组成，按一定结构比例规律排列的商业繁华街道。是城市商业的缩影和精华，是一种多功能、多业种、多业态的商业集合体。"④ 同样是对"商业街"概念的界定，前者的"自然形成"包含了历史传承性，更多地指向商业老街；后者则完全没有涉及历史传承性，显然也可以指那些完全通过政府或房地产商主导而直接开发的崭新的现代化商业街。

对"商业街"概念认识的不统一，或者说"商业街"概念本身对"现代化商业街"和"商业老街"指向的不明晰，导致在以往的研究和开发中，学者和开发者过于强调商业街"商"的属性，多从商业系统构建的角度来讨论或进行规划和建设，而忽视了商业老街的历史传承性。一些专家更直言商业老街姓"商"。而事实上，商业老街不仅姓"商"，还姓"老"，它得有传统的建筑和传统的文化。也就是说，"商业"和"传统"对商业老街来说是缺一不可的，而且它们是紧密结合在一起的。从这个意义上说，我们认为，应该将"商业老街"独立于"商业街"之外（此时

① 刘菲．国外著名商业街比较与分析［J］．北京工商大学学报：社会科学版，2002（5）：25．

② 赖阳，黄爱光．世界著名商业街评价指标体系研究［J］．中国市场，2013（7）：84．

③ 李学工．商业街发展趋势与消费者行为分析［J］．商业经济文萃，2003（4）：40．

④ 陈莉，张光忠．商业街建设的战略、战术研究［J］．中南财经政法大学学报，2002（6）：109．

的“商业街”概念仅指现代化商业街），或者将“商业街”分为“现代化商业街”和“商业老街”两个部分来进行研究和规划。唯有如此才能廓清“商业街”概念的混乱局面，凸显出商业老街的历史传承性和现代化商业街的现代性，从而为商业街和商业老街的研究和发展扫清概念甚至观念上的障碍。

二、商业老街的典型——屯溪老街

屯溪老街是中国商业老街的典型代表。它位于安徽省黄山市屯溪区的中心地段，全长1220米，其中步行街895米，占地21.3万平方米。① 街面建筑大都是前店后坊、前店后仓、前店后住的格局，建筑风格既因袭宋代，又具有鲜明的明清徽派建筑特色：粉墙瓦黛，鳞次栉比的马头墙；雕梁画栋，砖、石、木三雕特色尽显，是目前中国保存最完整的具有宋、明、清时代建筑风格的步行商业街，被誉为是“活动着的《清明上河图》”。

屯溪老街的形成距今至少已有500多年的历史。刊行于明弘治四年（1491年）的《休宁县志》中就有“屯溪街，在县东南三十里”② 记载。康熙《休宁县志》载：“屯溪街，东三十里，镇长四里。”③ 表明清朝初年时屯溪老街就已颇具规模。作为一个有着数百年历史的老街，它并没有像中国绝大多数老街一样慢慢地衰落下去，而是古建筑保护和商业发展齐头并进，呈现出一派欣欣向荣之景和独特的文化魅力。

从20世纪70年代起，当地政府和群众就对屯溪老街的古建筑保护、商业和旅游开发等问题给予了高度重视，并开始了科学的规划；1995年3月，老街又被建设部作为“历史文化保护区”的保护规划、管理全国唯一

---

① 杨钊，陆林，王莉．历史文化街区的旅游开发——安徽屯溪老街实例研究［J］．安徽师范大学学报：人文社会科学版，2004（5）：526.

② 弘治《休宁县志》卷5《镇市》，中国国家图书馆藏。

③ 康熙《休宁县志》卷1《方舆·坊市》，《中国地方志丛书·华中地方·第九〇号·安徽省休宁县志》，台北：成文出版社有限公司，1970年，第204页。

的综合试点；① 2009 年 6 月，被文化部、国家文物局批准为首批“中国历史文化名街”。经过一系列努力，屯溪老街已经发展成为徽州特色文化旅游的重要目的地和黄山市乃至皖南的商业中心，是名副其实的集商业、文化、旅游为一体的著名的商业老街和皖南除黄山、九华山之外最重要的旅游名片之一。

三、区域交通、徽商与屯溪老街之兴盛

那么屯溪老街老而不朽、历久弥盛原因是什么呢？对这个问题的深入考察和反思，对于我们全面思考中国传统商业老街的保护问题，无疑具有极为重要的借鉴意义。

早在 20 世纪 80 年代，朱自煊就以亲身经历，从“整体保护”和“积极保护”两个方面谈了屯溪老街的保护措施。② 其后杨钊、吴必虎、章尚正、钱树伟、邵杨、马珂等分别从旅游开发、旅游景观整治、旅游者、旅游城市建筑文化遗产保护、旅游资源等不同角度对屯溪老街的保护和开发等问题进行了讨论。③ 然而上述讨论仅集中在古建筑保护、旅游开发等方面，对屯溪老街兴盛原因并未给出一个较为全面和深入的答案。关于其他商业街研究的现有成果也多集中在商业、旅游业及城市规划等方面，或者从商业街本身的构成要素进行分析。如冯四清就将商业街分为交通系统、建筑空间系统、商业系统、附属设施系统、绿化景观系统、环境文脉系统

---

① “国家历史文化保护区”并不同于“全国重点文物保护单位”，但屯溪老街因此试点被很多人误以为是“全国重点文物保护单位”，实属误解。参见：http：//baike. baidu. com/view/64660. htm。

② 朱自煊．屯溪老街历史地段的保护与更新规划［J］．城市规划，1987（1）：21－25，42.

③ 杨钊，等．历史文化街区的旅游开发——安徽屯溪老街实例研究［J］．安徽师范大学学报：人文社会科学版，2004（5）；吴必虎，等．传统商业街区旅游景观整治研究——以安徽屯溪老街为例［J］．规划师，2004（11）；章尚正，等．屯溪老街的地脉、文脉、商脉优势及其旅游开发［J］．安徽职业技术学院学报，2006（3）；钱树伟，等．历史街区旅游者地方依恋对购物行为的影响分析——以屯溪老街为例［J］．资源科学，2010（1）；邵杨，等．旅游城市建筑文化遗产保护视阈下的屯溪老街发展研究［J］．安徽农业大学学报：社会科学版，2012（5）；马珂，等．基于旅游资源视角的历史文化街区保护——以屯溪老街为例［J］．科技信息，2012（34）.

和社会空间系统等。[①] 李飞则从“基本构成要素的特征”和“绩效特征”两个方面总结出“永葆青春型商业街长期保持的特征”。[②] 这些成果对我们思考商业老街的兴盛原因颇具启发意义。但上述研究视角多局限于商业街本身的构成要素，而且缺乏历史的视角和比较的眼光。由于商业老街所具有的历史传承性，如果从一个长时段的历史脉络，站在一个更高的角度，来分析其兴衰演变之路径，对商业老街兴衰原因之认识会更加深刻。

从历史发展的角度来看，在陆路交通尚不发达的时代，水路交通颇为重要，而屯溪恰处于新安江、横江、率水河三江汇流之处，是一个优越的水埠码头，俗话说：“屯溪美，屯溪美，一半是街，一半是水。”遂成为徽州乃至皖南的物资集散中心，商业随之兴盛。由于商业的推动，紧靠码头的地方街市遂渐渐形成，并在宋代已初具规模，屯溪老街遂宣告诞生。到了明代，屯溪已经发展成为颇有影响的“一邑总市”，清代更发展成为远近闻名的“茶务都会”，近代人刘锦藻也说：“屯溪镇为茶市聚处，东下杭州，西达九江，北至芜湖，每岁输出可百万箱，而祁门红茶尤著。”[③] 因而从宋开始直至近代，屯溪老街不断发展，终至“市面为徽地之冠。”[④]

近代以降，陆路交通开始迅速发展，传统的水路交通优势不再。然而屯溪的交通优势却并未丧失，这得益于其陆路交通的迅速发展，进而成为“皖南公路网之中心点”。如1930年代京粤铁路所经过的安徽地区，“论交通，北段以芜湖为重心，南段以屯溪为重心”[⑤]。1935年时，屯溪已通车者有“芜屯汽车路，由屯溪达芜湖；屯景汽车路，由屯溪经万安、休宁、界首、黟县、祁门，以达江西之景德镇。境内长三十七公里，业已完成；屯淳汽车路，由屯溪循芜屯路至歙县，转徽杭路之本埠起，经深渡、街口

① 冯四清．商业街评价体系的构建［J］．合肥工业大学学报：自然科学版，2004（12）：1622－1626.

② 李飞．商业街缘何“老而不朽”？——一个永葆青春型商业街形成机理的研究框架［C］.//中国商业史学会、清华大学经济管理学院中国零售研究中心编．第九届中国零售论坛暨中国商业老街保护与发展研讨会会议交流资料汇编，2013：12.

③ 刘锦藻：《清续文献通考》卷313《舆地考九》。

④ 各省教育汇志·安徽［J］．东方杂志，1907，4（2）：212.

⑤ 铁道部财务司调查科．京粤线安徽段经济调查总报告书［D］.1930.

至浙江之淳昌，皖段长三七公里，各项工程，均已完竣，通行车运；殷屯汽车路，自屯溪起经太平、石埭、青阳、大通、贵池，至殷家汇，长二八零公里，为联络安庆至徽属之唯一干线，现全部工程，大致就绪”①。故而民国《安徽概览》中说屯溪“位于新安江上游率水北岸，为皖南第一巨镇。新安水运以此为中心，下达杭州，公路为省屯，芜屯，屯婺，徽杭各路交叉点，市面甚盛，徽属所产之茶，十之八集中于此，销行上海及各埠，外人称‘屯溪茶’”②。民国人贾宏宇说：“屯溪镇为皖南第一巨镇，新安江水运以此为中心，近年公路四通八达，商业称盛，素有‘小上海’之称。徽属货物出纳，以杭州为尾闾，沪宁为归宿，尤以茶叶，十分之八，集中于此，由新安江运至杭州，销行上海。市内往昔茶庄、茶号特多，抗战而还，工业内迁，工厂林立，商业极盛，形成东南唯一工商集中之场。”③

到20世纪三四十年代，因战乱导致大量人口和行政机关内迁，又进一步推动了屯溪的商业发展。“抗战以来，（屯溪）又未受戎马摧残，故沪杭一带富商大贾，多蝟集其间，工商业因益臻繁盛，为皖南之经济中心。省府更因大江为敌寇阻隔，设皖南行署于此，以就近指挥监督皖南行政。”④当时的安徽省厘税局、盐公堂、商会等商业机构均设在屯溪。此时的屯溪已是“工厂林立，货物咸集”⑤。廖清心在《游屯溪登白岳》中描绘到：“屯溪地处新安江上游，江面广阔，船只比别处泊得多，公路四通八达，杭州、徽州、绩溪、祁门，都有公路构通。市区占地很广，附近还包括了柏树，大桥对面的上下黎阳，对江的阳湖，十里之内又有高枧、隆阜、梅林、柏山等大村落，交通便利。因此自然而然成为景德镇瓷器、祁门红茶、徽州砚墨、沪杭一带洋广杂货，以及上江一带土产如木材、桐油、柏油之类的集散地。土产毛峰绿茶和祁门红茶齐名，并称‘祁红屯绿’。抗

---

① 安徽省芜屯公路沿线经济概况［J］. 安徽政务月刊，1935（6）：61-62.

② 民国《安徽概览》，民国三十三年（1944年）铅印本，第21页。

③ 贾宏宇. 乡土地理——皖南徽属五县［J］. 安徽政治，1945，8（2、3）：32.

④ 民国《安徽概览》，民国三十三年（1944年）铅印本，第21页。

⑤ 贾宏宇. 乡土地理——皖南徽属五县［J］. 安徽政治，1945，8（2、3）：32.

战期间第三战区长官司令部和皖南行署都搬来了，人口繁密，最盛时期十里方圆之内合计在十万以上。那时街上新屋林立，行人骈肩，成为东南区经济政治交通的枢纽。”①

安徽省民政厅在《安徽省芜屯公路沿线经济概况》一文中说：屯溪“昔以有新安江帆航之便，近复为皖南公路之枢纽，因交通之便利，遂致繁荣，不特为徽属首镇，亦为皖南茶之中心”②。新中国成立至今，屯溪在皖南的区位交通优势地位始终得以保持，故而为屯溪商业的繁荣提供了保证，也进而确保了屯溪老街的兴盛。

再从比较的眼光反观同在古徽州地区、位于练江边上的歙县渔梁镇渔梁老街。在水运时代，徽州的交通运输主要沿练江从渔梁启程，入新安江直达杭州等地，故而当时的渔梁老街商业繁荣盛极一时，号称“徽商之源”和“江南第一水街”。街后的水运设施渔梁坝也因而名噪四方。但进入陆路交通时代以后，连江水运渐渐没落，渔梁镇的陆路交通却未能及时发展起来，渔梁老街的物资集散功能不断丧失，商业遂一落千丈。今天的渔梁老街空留破败的古商铺和古民居，再也不见熙熙攘攘的商业繁忙景象，只能偶尔瞥见形单影只的游客匆匆而过。

除了区位交通优势外，徽商对屯溪老街之不断发展也起到了至关重要的作用。元末明初之时，就有婺源、歙县的徽商为方便土特产和食盐中转，在率水、横江汇聚为浙江的三江口附近建立栈房，屯聚货物。当时一位名叫程雄宗的徽商在屯溪老街兴建了47所店铺，为屯溪老街规模之奠定贡献颇大。清朝初年的老街已“镇长四里”。到了清末，屯溪茶商迅速崛起，茶号林立。如婺源茶商，“婺人经营商业，以茶号占多数。全邑营红绿茶号，大小三百余家。其中分内外两帮，内帮则在本邑开设茶号，外帮则在屯溪……设庄办茶”③。老街的规模遂不断得到扩展，形成了后来的局面。新中国成立以后直至今天，屯溪老街上最著名的传统店铺仍是徽商在经营或者是徽商店铺的延续，这些店铺也成了今天老街上最显著的商业特

---

① 廖清心．游屯溪登白岳［J］．旅行杂志，1949，32（2）：12.
② 安徽省芜屯公路沿线经济概况［J］．安徽政务月刊，1935（6）：63.
③ 婺源茶业之概观［J］．工商半月刊，1929，1（9－12）：7－8.

色和老街上徽州文化最重要载体之一。

可见，从水路到陆路，区位交通优势的始终保持，是屯溪商业和屯溪老街永续繁荣的重要法宝；徽商则将屯溪的区位交通优势直接转化为商业发展的动力，对屯溪老街的兴起和发展起了至关重要的作用。

在中国为数众多的商业街中，商业老街占据了很重要的一部分。商业老街不同于现代化商业街，它是“商业”和“传统”的有机结合，这就决定了商业老街不仅承载着商业功能，还承载着传统文化的传承功能；同时更决定了我们在思考商业老街相关问题的时候，不能仅仅局限于从商业因素的角度来考虑，还应从历史的角度予以观照。商业老街的形成和发展有其自身规律和历史脉络，如区位交通优势、地域商人的推动等，能否确保商业老街形成和发展的这些历史要素得以延续，是商业老街能否“永葆青春”的关键之所在。这是今后的商业老街研究者和开发者应当予以重视的问题。

扬州古城历史街区文化复兴及其旅游意义

金　川①　沈学峰②

一、扬州古城概述

扬州位于江苏省中部，长江下游北岸，江淮平原南端，是1982年国务院首批公布的历史文化名城。公元前486年，吴王夫差在蜀冈上筑邗城，在冈下开邗沟，成为扬州建城之始。隋代，京杭大运河的开通连接了黄河与长江两大流域，也奠定了古代扬州的重要交通枢纽地位。到了唐代，扬州成为东南地区最大都会和对外经济文化交流的四大港口之一。宋代开始扬州城区逐步向东南方向发展，到明清时期基本形成今天扬州老城区的格局。

现在的扬州古城区则是指：东至古运河、西至二道河、北至北护城河、南自古运河一线，用地面积约5.09平方公里。扬州的历史城区保存了古代扬州城的格局，目前城区建筑主要以清朝和民国初期建筑遗存为主。保存有东关街、东圈门、南河下等成片的历史文化街区。街区里分布有盐商园林、宗教遗址、会馆、老字号店铺等。

二、扬州古城历史街区

（一）建筑风貌

目前，扬州古城分布有600多条小巷，芍药巷、弥陀巷、金雀巷、安

---

① 金川，扬州市个园管理处主任，中国商业史学会盐业史专业委员会副会长、高级经济师。
② 沈学峰，扬州市个园管理处办公室副主任。

家巷……其间分布有数不清的名人故居、盐商园林以及小桥流水的景致，扬州由此博得巷城之誉。可以说这些悠久的小巷见证了扬州城的历史变迁。街是历史文化街区的主要道路，巷是街道两侧连接民宅与街道的主要道路。一条主要的街道两边连接着众多巷子形成一种鱼骨形的结构，在这些鱼骨状的街巷中遗存有古戏台、古祠堂、庙宇、会馆、园林等，保存着扬州古城的真实历史信息。扬州街巷有着独特的空间形态，主要有"回"字形、"井"字形、"A"字形等。出于安全考虑，扬州古城的街巷，巷巷相通又巷巷有别，使行走在其中的人们碰壁转弯，宛如置身于几百年前的古城之中。

（二）盐商遗存

扬州与盐业、盐商有着千丝万缕的关系。西汉初年吴王刘濞在这块属于他的领地上开凿邗沟支道，煮盐求富，扬州首次走向繁华。经历各个朝代，扬州一直是两淮盐业的交易中枢。到了清代，扬州因占漕运、盐务、河务三大要政之利，成为漕运枢纽和全国最大的盐业经销中心，扬州盐商的富庶也达到了鼎盛。"明代盐商百万者称上贾，二三十万称中贾。至清代，千万两者才称得上是上贾，百万以下者算小商。"① 盐商对于扬州的经济、文化、教育、民俗影响深远。在扬州老城街巷中至今保存有大量的盐商住宅，如位于韦家井 16 号的马氏街南书屋、地官第 12 号的丁氏盐商住宅、引市街的巴氏盐商故居等，此外由盐商建造的众多会馆、园林更是不胜枚举。这些建筑遗存气势非凡、布置考究精巧，历经沧桑变换依旧能让人感受到当年的奢豪与浪漫。

（三）市井风情

扬州老城区的街巷中不但散布盐商园林、会馆建筑、名人故居，至今依然是扬州人最重要的聚居区，那些居住在街巷中的普通人家为历史街区带来了活力与灵气。可以说扬州历史街区的生命就在这一家一户所表现出

① 朱宗宙．扬州盐商与十八世纪的中国社会［J］．扬州文化论丛（第十辑）：114.

的地道老扬州市井风情中得到了延续。在幽深的街巷，历经风雨的古石板或古石墩，墙头和屋顶随意而用心布置的花卉，沿街院墙上的精致花窗，雕刻门楼，还有在老井边淘米、洗衣的妇人，在小小店铺前嬉戏玩耍的孩童，偶尔传来小摊贩的吆喝声……街、巷、古井、小河共存的生活空间，居民传统的生活式样，这些无不暗示出古朴、厚重的历史，给每一个走街串巷的路人一种强烈的艺术美感。

（四）古城街区的保护

2001年，扬州举办了面向全体市民的《老城区控制性详细规划大纲》规划展示活动。在广泛听取文化、文物专家，相关部门和市民意见的基础上，按照“护其貌，显其颜，保其韵，铸其魂”的思路，对老城区实施保护工程。先后整治老城区街巷200多条，恢复建成了一批凸显明清古城风貌的名园、名景、名人住宅旅游景点。2001年古城东关街被评为“中国历史文化名街”，2003年推出了“古巷风情游”，扬州展示出了独具特色的古城老街风韵。

三、国内街区旅游开发模式

（一）商业旅游模式

商业旅游模式是在不破坏街区独特历史风貌的同时，使街巷空间增加餐饮、住宿、零售等商业功能，形成特色旅游空间和商业盈利模式。这种模式在业态选择时需要注重街区历史文化相协调，让游客在享受现代商业便捷同时，感受不同文化氛围。如北京王府井，1996年开始大规模扩建改造，中华老字号和时尚购物中心交相辉映，首都第一街焕发出新的活力；另外著名的上海新天地，在项目开发之前，这里是一片拥有近一个世纪历史的石库门里弄建筑。它是中西合璧的产物，更是代表了近代的上海历史文化。然而随着城市的不断发展，昔日风光显赫的石库门早已不能满足居住需求而渐渐淡出历史舞台。自1997年开始，改变原有居住，赋予新的商业经营价值，汇集众多的国际画廊、主题餐厅、咖啡酒吧、时装店，漫步其中，仿佛时光倒流，有如置身于20世纪二三十年代的上海，具有浓厚的海派文化风格，现已成为上海时尚文化新地标。

（二）主题旅游模式

主题旅游模式是依据街区历史文化脉络与建筑风貌，选择符合自身特色的游览主题，街区建筑设施与活动也以此主题展开。如杭州清河坊，在南宋时期，商铺林立、酒楼茶肆鳞次栉比，是杭城的政治文化中心和商贾云集之地。清河坊在开发建设和经营上，从街区的建筑物和装饰以及街区商铺的业态、店员服饰表现一种复古情怀，恢复如张小泉、胡庆余堂、王星记等百年老字号，成为杭州悠久历史和南宋文化的缩影。再如，南京1912街区毗邻总统府，民国时期这里聚集了一大批政要名人府邸。民国的建筑、社会风尚都带着中西合璧的味道。这让市民和游客在1912街区感受时尚、休闲的前沿文化，能够抒发怀旧情怀获得一份独特的历史经验。

（三）文化创意旅游模式

以原有的建筑空间为载体，导入新兴的文化创意产业，并与街区原来的历史文化风貌和文化要素有机结合，使旧有的街区面貌产生新的时尚魅力而焕发新的活力。这种模式的成功案例可以北京798艺术区、上海田子坊为代表。798艺术区所在地原是新中国成立之初建设的北京华北无线电联合器材厂。它曾经对国家的经济建设，特别是对电子工业的发展做出过卓越的贡献。798艺术区的厂房具有典型的包豪斯风格，简洁实用的建筑风格受到一些艺术家青睐，随着大批国内外知名艺术家和文化机构的进驻，该区逐渐发展成为画廊、艺术中心、艺术家工作室、设计公司、餐饮酒吧等各种空间的聚合，形成了具有国际化色彩的"SOHO式艺术聚落"，成为一种先锋意识和精英文化的代表而受到广泛关注。

四、扬州历史街区旅游发展现状

（一）综合选择的旅游模式

扬州历史街区旅游开发拥有不可复制的资源优势：深厚的历史文化底蕴，保存完整的街巷空间，遍布其中的名人故居、城市园林、古建筑遗迹，还有丰富多彩的老扬州民俗风情。综合考虑街区商业旅游与主题旅游开发模式，扬州对历史街区的旅游开发时，通过选择恰切的旅游主题，围绕旅游主题精心设计旅游线路，在有效保护历史文化街区建筑风貌和空间景观的基础上，将扬州传统文化的传承与旅游产业和文化创意产业进行良好的结合。在对原有的历史街区进行新的旅游打造同时，全面考虑与街区居民生活现状相协调的因素，进行整体规划，兼顾各方利益主体，力求通过旅游开发带动整个历史城区的协调发展和品质提升。

（二）东关街：中国历史文化名街

东关街东起于古运河，向西延伸至城区，自唐宋时期已成为扬州城的著名街道。东关街繁盛于明清，发展成为众多盐商居住的首选之地。东关街当时即是扬州水陆交通要道，街道两侧商家林立，是商业、手工业和宗教文化中心。近代工商业的兴起后，东关街又成为众多商业老字号的发祥地。除老字号店铺外，这里还集中有众多古迹文物，有扬州最早的盐商会馆山陕会馆、两淮盐运使司衙署盐务会馆；有康乾年间马曰琯、马曰璐兄弟的别墅街南书屋旧址，民国时期银行家胡仲涵的住宅；有明代的准提寺、明代道教建筑武当行宫，建于康熙五十三年（1714 年）的清真寺，在东关街西头有香火很旺的财神庙；还有明清以来的多座盐商园林。这些外观清秀雄壮的城市山水园林皆用料名贵考究，雕饰精妙绝伦，设计令人叹为观止。比如保存完好的中国四大名园之一的个园，以境界多变、深得园林技法精髓著称的逸圃，清末民初大型盐商住宅汪氏小苑，曾以分峰造石闻名的华氏园等。

东关街依托丰厚的历史遗存和严整的街巷，打造独特的盐商建筑观赏与扬州传统文化游。街区还引进特色商业，集中了扬州传统色彩浓厚的特色小吃、手工艺和商业老字号，如有开业于1817年的四美酱园、1830年的谢馥春香粉店，此外还有帽子店、油麻店、南货店等各色商铺。整治后的东关历史街区重现昔日的繁华，形成特色消费，成为了扬州的特色商业步行街。目前东关历史文化旅游被评为国家4A级景区。可以说，东关历史街区的旅游开发更增添了其文化艺术的魅力，吸引了海内外广大游客前来观光旅游。旅游开发与人居环境改善相得益彰，从而焕发出新的活力。

（三）南河下：会馆与古民居的博物馆

南河下是扬州的一条古街，因其在河堤之下，故称“河下”。它最早形成于明代中后期，至清代而达到鼎盛。由于紧邻运河，河下街聚集居住着大批盐商以及与运河密切相关的交通、运输行业人员。现在的南河下街区范围大致为北至广陵路，南至南河下中段及花园巷一线，东至徐凝门路，西至傅家甸、渡江路一线。

南河下特色之一是建有许多会馆。所谓“会馆”是指为客居外地的同乡人提供聚会、联络和居住的处所。会馆大多建于首都、省会和商业、手工业发达的城市。目前，南河下拥有湖南会馆、安徽会馆、湖北会馆、江西会馆、岭南会馆等。除了会馆外，南河下盐商住宅、扬州古民居云集。如晚晴第一名园何园；与何园相邻的平园；省级文物保护单位小盘；贾氏庭园、二分明月楼等著名的盐商住宅。此外，众多老宅故居也都聚集于此。

南河下以讲故事的方式将众多会馆、古宅景点串联起来，形成独特游览体验。游客在其中可以感受古巷的阡陌纵横，沧桑古朴的老宅、古井，苍翠粗大的百年老树，还有精美完整的砖刻门楼让人流连忘返。街区穿插的盐商宅第和会馆等景点以及文化创意产业，让静谧安详的老街显得既有情调又有韵味。而街区方兴未艾的民居客栈，更让人有了细细品味古运河畔夜间浪漫的机会。

五、总结与建议

综观国内外著名街区，不论是美国的第五大道、法国的香榭丽舍大街、日本的银座大街，还是国内北京王府井大街、上海南京路，无不成为城市旅游的必到之地。这些著名商业街对其所在城市的影响可以说远远超出了旅游的范畴。它们为一座城市乃至一个国家带来了广泛的声誉、巨大的客流量以及可观的经济收入。

目前，以东关街、东圈门、南河下为代表，极富扬州特色的“古城旅游”成为支撑扬州旅游发展的重要支柱。下一步，扬州古城历史街区旅游开发，可以借助现代化的表现手段，如数字信息化技术等，让街区的盐商建筑、园林、名流故居和传统文化有更加精彩的表现；同时通过情景演绎再现方式，再现盐商故事和扬州传统文化魅力。

另外，“扬州古城游”还应当从历史街区这个点，发展到扬州古城这个面。通过合理规划路线将临近而分散的街区串成整体。如通过“双东”区域的马家巷、观巷、薛家巷、马家巷等几条街道，实现东圈门和东关街两条街的串联，让游客分散在整个区域内，从而可以容纳更多游客。东关街、东圈门、南河下的发展，最终需要融入整个扬州古城文化和古城旅游的整体发展当中去，实现“双东”历史街区与南河下片区的两个最大的历史街区的联合，将扬州古城打造成为与丽江古城、平遥古城齐名的大景区。

参考文献

［1］王金详．扬州城老街巷［M］．扬州：广陵书社，2007.

［2］阮仪三，孙萌．我国历史街区保护与规划的若干问题研究［J］．城市规划，2001，25（10）.

［3］尹文．历史文化街区与扬州古城保护［J］．扬州职业大学学报，2001（6）.

论名品对名街的支撑

——以扬州东关街漆器为例

黄大昭①

扬州东关街是一条千年古街，2010年被评为“中国十大名街”之一。这条著名老街的产生和发展，离不开运河的码头和名特商品的支撑。考察它的历史和现状，可对老街的建设、名品的打造有所启迪。

一、东关街概览

东关街位于江苏省扬州市闸市区。其东口为环绕古扬州东城外隋唐古运河上的东关古渡，西口则与城中心南北干道国庆路交汇，与另一条古街彩衣街相接，全长1122米，拥有比较完整的明清建筑群及“鱼骨状”街巷体系。出东口可沿古运河北上南下，出西口向北百余步为两淮盐运使司衙门（今扬州市政府东大院），向南百余步为扬州北城墙（今北环城路盐阜路）和北护城河。从沿街巷道可通向众多的名胜名迹。

东关街因运河而成，已有1200多年历史。南北货物经东关古渡沿东关街进入城区。舟楫的便利和市民、客商的需求，催化出这条商贸古街。今运河功能虽转变，但街面繁华依旧，人文氛围浓郁。街内现有50多处名人故居、盐商大宅以及其他重要历史遗存。其中国家级文保单位2处，省级文保单位2处，市级文保单位21处，例如，个园、逸圃、汪氏小苑、广陵书院、仪董学堂、武当行宫、长乐客栈等。

---

① 黄大昭，扬州大学广陵学院教师。

东关街商家林立，行当俱全，其中不乏驰名中外的老字号。四美酱园开业于1817年，谢馥春香粉店开业于1830年，潘广和五金店开业于1862年，夏广盛豆腐店开业于1901年，陈同兴鞋子店开业于1909年，乾大昌纸店开业于1912年，震泰昌香粉店开业于1923年，张洪兴当铺开业于1936年，庆丰茶食店开业于1938年，四流春茶社开业于1940年，协丰南货店开业于1941年，凌大兴茶食店开业于1945年，富记当铺开业于1946年。还有周广兴帽子店、恒茂麻油店、顺泰南货店、恒泰祥颜色店、樊顺兴伞店、曹顺兴箩匾老铺、孙铸臣漆器作坊、源泰祥糖坊、孙记玉器作坊、朱德记面粉店以及众多的陆陈行、油米坊、鲜鱼行、八鲜行、瓜果行、竹木行等。这些老字号有的延续至今，有的重新开业，有的留有遗迹，有的以其他业态呈现。至2012年计有工商户232家，皆各有特色。

2010年，扬州东关街与苏州山塘街、无锡清名桥、重庆磁器口、上海多伦路、泉州市中山路、天津五大道、北京烟袋斜街、齐齐哈尔昂昂溪罗西亚大街等一起被评为国家级历史文化街区。

二、名特商品之显赫者：漆器

名街的细胞是名店，名店的细胞是名品。不过，名特商品有时在名店销售，也有时在其他店销售。在东关街诸多名特商品中，漆器是其中显赫者。销售商家最多，品种式样最丰。从制作技艺上讲，有雕漆、填漆、洋漆、螺钿镶嵌、紫檀周制等。从艺术题材上讲，有花卉、山水、园林、仕女、神佛、动物等。从成型品种上讲，小到杯垫、奁盒，大到衣箱、衣柜，甚至房屋整体装饰，应有尽有。

扬州漆器有着悠久的历史。早在西汉时，就有宝石镶嵌、金银屏贴漆器工艺，曾由江都公主刘细君沿丝绸之路携往西域乌孙诸国。至唐代，漆器生产进一步发展，列为重要贡品。鉴真和尚东渡时，就携有漆盒子盘三十具、螺钿经函五十口，从古运河上船，并将漆器工艺传到日本。鉴真的弟子思托、忍基制作的夹纻脱胎干漆鉴真造像至今仍供奉在招提寺经堂内，成为日本之传世国宝。明代出现百宝镶嵌、剔红雕漆等品种。清代扬州漆器更成为宫廷御品。皇家所用，小至碗、碟、盒、盘，大至御案、宝座、床榻，皆为扬州漆器。在宣统二年的南洋劝业会上，扬州漆器获金牌奖。民国四年的巴拿马万国博览会上，扬州漆器获一等银牌。

传统漆器主要靠作坊生产。这又分为四种形式：①内作，又称“本庄”，皆前店后作，生产内销产品。②外作，又称“洋庄”，生产外销产品。③连家作，又称“夫妻店”，即家庭作坊。④半产品加工，即与木工等作坊进行合作，由相关作坊初步制作成形，而由漆工作坊进行加工。民国初年，全扬州城有漆器作坊 20 余家，专业商店 3 家。抗战期间，漆器工艺被日寇破坏殆尽。至 1945 年仅生产小型漆器 50 余件。1955 年各漆器作坊合并成立漆器合作社，1964 年发展为国营扬州漆器厂，1982 年东关公社刻漆厂并入。今扬州漆器厂已成为全国漆器行业的龙头老大。

扬州漆器以生漆为载体，融绘画、雕刻、镶嵌等多种工艺于一体，其工艺受扬州气候条件影响，内容与扬州人文环境相关联，既具南派漆艺的隽秀精致，又具北派漆艺的雄浑润大，其不同品种为各地域各阶层人民乐意接受。其形制讲究章法，追求意境情趣，乃是文人雅意与高超技艺相结合的产物，承载和传递着地域文化信息。在东关街所有商品中，漆器是既便于携带，又具有收藏和纪念价值的。人们带走一片漆器，也就带走了许多扬州文化元素，例如，五亭风光、白塔晴云、琼花仙姿、栖灵佛影、个园竹声。

三、生产和销售

一般商品，店家多于厂家。而漆器生产，从来都是厂家多于店家。由于历史的积淀，扬州城区形成了一些集中生产销售漆器的街巷，如东关街、漆货巷、螺钿巷、大描金巷、小描金巷等。这些老街巷都延续了数百年。经过近年的旧城改造，大厂迁到郊外，小厂遍于城乡，销售点则主要集中在东关街及与之相连的花局里、工艺坊、东圈门，以及各旅游景点、

如今东关街的十余家漆器商店的产品来自一百多家工厂，所售产品有三千余种。小件如牙签盒、茶杯垫、抽纸盒，中件如衣柜、屏风，大件如

门格、楼梯。

漆器是古老的产品，但扬州漆器在发扬传统的同时又做到常制常新，向精致化、集约化、特色化方向发展。扬州漆器厂有四十余名设计人员，其中有蜚声中外的工艺大师，如梁国海、王国治等，他们挖掘传统，又不断引进海外先进工艺，有木坯部件、漆坯装髹、工艺装饰、输送包装等环节不断改进技术，不断提高标准化、系列化程度。

个性化制作是一个重要趋势，例如，1985 年 7 月，国家主席李先念访问美国，向里根总统赠送扬州漆器厂为之一专制的《玉堂春色》六屏风。此乃中国国家元首首次访美，赠品雍容华贵，显示大国风采。后来胡耀邦、李鹏等领导人出访，也常以扬州漆器作为国礼。今扬州火车站琼花和八怪漆器挂屏，澳门新华分社接待大厅《澳门胜景》地屏，盐城火车站有《麋鹿》、《丹顶鹤》挂屏，皆切合特殊需要。

除上述鸿篇巨制外，还可应客户要求制作个性化小件，价格可低至数十元，甚至十几元。例如，为一些单位或家庭定制，嵌上姓名。扬州大学某学科的研究生在毕业时赠送给导师纪念品，导师则通过东关街窗口请厂家定制漆器扇屏，正面点螺扬州标志性建筑图案五亭桥、白塔等。背面印师生姓名并刻“瘦西湖畔师生情，天南地北永相忆”诗句。

东关街的漆器销售还有一个怪现象，作为全国龙头老大的扬州漆器厂在东关街虽有销售窗口，但销售量远不如其他小店。这主要是价格因素。漆器厂的出厂价往往比其他小厂的二倍还多，而小厂的形制也不比大厂差多少，甚至完全相同。这并不是大厂欺小厂，而是小厂吃大厂。原来，漆器厂作为大规模的国企，不断创新产品，设计费用非常高昂。小厂看到新产品就进行仿制，无须设计成本。当然，如《玉堂春色》那样的大件，小厂是无法仿制的。

一个小厂生产的品种往往是单一的，而一家商铺往往集数家产品，所以一家商铺的品种往往多于一家小厂的品种，但东关街十余家漆器店品种的总和也没有扬州漆器厂一家多。扬州漆器厂现已生产数万个品种，它在东关街的零售虽拼不上其他店铺，但它的市场不仅在东关街上，更在东关街外。它更通过东关街的窗口了解消费者的需求，从而不断创新。扬州漆器厂始终引导着东关街以至全市、全国的漆器销售。

四、结论

老街是历史的沉淀物，现在往往转化为旅游景点。东关街既然列为国家级名街，我们应倍加珍惜，妥善保护。1987 年 10 月国际文物建筑与历史地段工作者协会（ICOMOS）第八次会议上通过了《保护历史城镇与城区华盛顿宪章》，提出“保护历史城镇必须是经济和社会发展政策与城镇各级计划不可分割的一部分”。1998 年 4 月，联合国教科文组织通过《保护和发展历史城市国际合作苏州宣言》，指出“在全球化和城市迅速转变的年代，城市本身的特殊性应集中体现在历史地区及其文化之中，城市发展的一个基本因素是历史地区的保护与延续”。旅游的基本要素有六：吃、住、行、娱、购、游。作为具有代表意义的扬州东关街，六要素齐全，而“购”乃是其核心。作为商业街，无“购”则失人气。根据东关街的历史和现状，我们不妨得出如下结论：

1. 老当益壮。名特产品在老街老店出售，本性是个“老”字。所谓“老”，即经过历史的考验，知名度超过一般商品。在老街设“购”的商品中，名特产品就成了支撑点。如果商品其他地方可买到，人们就没有必要跑到老街来了。正是名特产品才能吸引八方游客，支撑老街的繁荣。

2. 老而弥独。名特产品必须有个性，体现他处所无此街仅有的独特品格。

3. 老而弥广。名特产品要有历史的背景，大众的认可，同时应不断创新，与时俱进。上述《华盛顿宪章》也提到“要使这些地区适应现代生活”。弘扬优良传统，不断推陈出新，才能吸引游客常游常新。

4. 老而弥新。既要市场化运作，又要规范化管理。市场是看不见的手，是不以人的意志为转移的。同时也应有保护意识，维护知识产权。既要注意保护自己，又要注意不要侵犯他人。

5. 老而弥快。加快产品升级换代的步伐，适时设计商标。

上海七宝老街保护与开发中的经验与问题

谢　彩[①]　张永禄[②]

“十年看浦东，百年看外滩，千年看七宝。”来上海都会听上海人讲这么一句话。七宝何以与浦东、外滩相提并论？相比较而言，七宝的看头就在于其居于现代大城市里的江南古镇老街文化。七宝老街独特的文化，在不胜枚举的江南古镇文化一枝独秀。本文试图从老街开发和保护的角度来探讨七宝老街的成就与问题。

一、今昔七宝

较之于诸多动辄号称历史悠久的“千年古城”而言，上海作为城市的历史确实比较年轻，往前追溯也就不过几百年。最近十多年来，上海在打造国际旅游城市形象的时候，希望化解这个尴尬，希望能给游客提供多元化旅游体验。在这个思路主导下，上海找到了合适的定位：“十年看浦东，百年看外滩，千年看七宝。”

从这个意义上，七宝对于上海来说，确实是一个得天独厚、不可或缺的存在。

七宝老街位于上海市闵行区的中部的七宝古镇。它是离上海市区最近的一个古镇。根据政府部门主办的七宝官方网站[③]给的数据是：七宝距上海中心城区5公里。

① 谢彩，文学博士，上海政法学院中文系讲师。
② 张永禄，文学博士，上海政法学院中文系副教授。
③ 政府主办的七宝老街官网网址：http：//www. goqibao. com.

七宝老街商业街垂直于蒲汇塘，由蒲汇塘分为南、北大街，全长360米，东西宽约200米，占地约92亩。南大街以特色小吃为主，北大街以旅游工艺品、古玩、字画为主。街区成“非”字形布局，人称中国古代城镇规划史上的活化石。尚有多处古迹，其民居、商铺、桥梁仍保持典型的明清建筑风格，有临河水阁、吊脚楼、拱桥等。

“七宝”这个名字最初是与佛教有关。古镇七宝初见于后汉，形成于北宋。宋初，七宝寺迁入，镇以寺名。传说镇上有金字莲花经、神树、氽来钟、飞来佛、金鸡、玉筷、玉斧七件“宝”而得名，因棉纺织业的发展鼎盛于明清。从建镇至今，它已有1000多年的历史。

如今，“七宝”在上海人概念当中，已经不仅意味着一个街区或者一个古镇，而是一个成熟、发展势头强劲的商圈。七宝老街的功能定位清晰：它集游览、观光、餐饮、休闲为一体，属江南水乡历史风貌型旅游度假区。自2005年，七宝老街荣获上海“十大休闲街”荣誉称号以来，又连续被评为上海商业特色街、上海名牌区域等荣誉称号。

今天，当我们从上海地铁九号线七宝站出来，沿着七星路往七宝老街方向走去，沿途可以看到乐购、家乐福这些国际知名的大超市，还有华商时代广场、巴黎春天等中高端商业大楼、商贸广场在这个地方集聚。这里的乐购曾经还是全亚洲销售额最高的一家。

二、七宝老街开发和保护的经验

第一，形成合力——政府主导，专家指导，企业承担，居民参与

为保护历史文化遗产，发展旅游事业，七宝镇人民政府于2000年斥巨资对老街进行修复改造，整理历史文化，再现独特的人文景观与个性特色。

事实上，当时七宝已有1000多年历史。作为历史上的松郡重镇，在近半个世纪以来，神韵渐失，日趋衰落。

一个突出的问题就是如何把保持原貌、挖掘历史文化与导入现代设施有机统一起来。这个问题如果处置不当，极容易造成旅游功能与生活居住

功能的对立。

全国历史文化城保护专家委员会委员、上海同济大学阮仪三教授总结出三种保护与更新古镇（老街）的模式：①完全保护型。对于那些综合价值评价较高、具有较丰富的历史文化内涵、环境形态的完全性也相当高的古镇（老街），应该采取完全保护的措施，保护其生活环境、景观环境、规划布局结构、造型及色彩等。②局部保护型。③整体更新型。对环境形态破坏严重，或者历史价值不高，年代不悠久，风格不突出的老街，可以采取整体更新方法，使其尽快地跟上地区经济发展的进程。

每一种模式的选择都必须基于对老街的充分调研和性质论证。

七宝南北大街未修复之前，老街已经破烂不堪，80%属于危房。据当时的镇党委书记潘一鸣介绍，对于老街改造，是拆光重建，还是保留修复，开始争论不休。随后明确提出了“不推倒重建，不大拆大建”的原则要求，并把保留原貌、修旧加固作为具体实施的基调。同时，考虑到老街改造后的实际生活功能，适度采取了修旧与浪漫相结合的方式，对局部段落进行了必要的创意改造，增强景观效果，扩展休闲空间，充分体现以人为本的理念。

最终方案是修复、重建和新建三管齐下——修复了沿街两侧的民居以及解园厅、西花园等古迹，危房视情况进行不同程度修复；对于夹杂其间的现代建筑则予以拆除；新建的有钟楼广场和蒲汇塘桥以北的明清风格的商业建筑。①

基本原则明确以后，在总体规划上还需要对规划幅度、布局和格调进行研究。

由于七宝历史悠久，文化积淀丰厚，留记于方志和传诵于民间的文化内容丰富多彩。老街的一二期改造，着力挖掘、遴选，并采取多种表现手法，最大限度地集注、强化了老街改造的文化含量。比如，所有文化内容大到名人馆舍、钟楼再建，小到楹联、匾文，以及浮雕、壁画，都事出有

① 《2003闵行年鉴》在线版：http：//www. shmh. gov. cn/tempshmh/mhgl_ nj_ details. aspx? NJID = 1269&CatalogID = 1782&ContentID = 23829.

据，大俗大雅，无一游离七宝史志记述范围。

在处理依旧修复和创意改造的关系时，既坚持修旧为主，又注意挖掘历史文化的创意，对湮灭了的历史文化建筑，经过合理布局，着力进行创意性建造，以期重现部分历史景象。比如，在老街龙头位置，规划新建了一座钟楼，把七宝人牵肠挂肚的“氽来钟”找回来置于其中，使其成为七宝居民护佑的标志。

2000年9月28日，以修复蒲汇塘桥开始，七宝老街修复改造正式启动。2001年7月30日，一期改造基本结束。经装修招商，12月30日正式开街。2002年1月17日，二期修复改造工程启动，11月底结束。据时任闵行区区长的王洪泉描述，“经过两年零四十三天，终于在11月完成了七宝老街一期二期修复改造工程。区镇两级政府为此先后投入了1.6亿元”①。

修复后的七宝老街在大都市中保留了江南水乡特色，显现出新而又古朴的文化氛围，已为沪上胜景。目前已形成了“东有城隍庙、西有七宝老街”的品牌效应。

七宝老街的后续修复改造也顺利全面启动，后续工程分为四个改造地块，分别由四家单位投资改建，后续改造于2010年上海世博会前全部完工。

第二，准确定位，由老街“人气”带动周边地块“全面升级”

在改造之前，七宝老街因为位于外环以外，还存在交通不便的问题。仅仅用了不到十年时间，如今的七宝老街已今非昔比，周边的交通十分方便，2009年地铁九号线全线通车，拉动了七宝商圈的新一轮“全面升级”。

七宝站距离九号线沿线的徐家汇只有六站路。距离上海最大的交通集散地——虹桥交通枢纽只有1.5公里。七宝古镇这边常住有40万人。它还是一个三区交界，闵行、松江、青浦都能到。而它附近的虹桥枢纽的集散人数曾有过估算，一般一天是达到75万，高峰达到110万，这个客流量意味着商机。

---

① http：//news.163.com/09/0409/08/56EPVLS600011SM9.html.

七宝的商圈发展定位，有这样一组关键词：打造外环的徐家汇。

早在2009年，上海外环的房子，只有七宝的楼盘价格可以卖到每平方米1.5万元、1.6万元。其他外环的许多楼盘的价格都在下跌。

经过这几年发展，七宝还是成为外环比较稳定的消费市场，现在七宝的二手房均价都在两万五以上。房价的稳定，和七宝周边的配套设施的日益完善，以及未来的发展潜力不无关系。

从改造一条老街开始，进而形成一种“辐射效应”，七宝老街对周边商圈成功带动的成功经验包括准确定位。

十年前，与七宝所属的上海闵行区政府合作共同开发七宝商圈的第一家民营地产商大华集团，他们当时的考虑是要按照商业规律办事。商业规律是怎么样的？有客流才有消费力，有消费力商业才能经营存活。

在大华对七宝老街周边商圈进行开发之前，也曾经见识过很多的商业案例，发现做不起来的原因是，有很多区域不成熟，周边社区进驻人口也不多，消费力也不足。如果妄自尊大，消费力在哪里，没有足够的人流支撑，消费是经不起考验的。

反过来讲，七宝是具有消费力的。同时，也要对消费进行分层，不同的定位吸引的消费群体不一样。他们调研后发现，七宝最旺的商圈在漕宝路、七星路口，为什么？因为目前七宝消费集群消费习惯还是属于中偏下的，但这并不说明七宝没有高端人士。

十多年前，有很多高端商务人士，他们的消费习惯是往古北、徐家汇等，因此，大华集团在商圈开发的初期，对七宝的定位还是属于一个中档偏下的定位。他们在2003年时认为，当时的七宝没有大型商务集聚，看不出一点“徐家汇气质”，不代表这个区域没有产业氛围也不代表没有商务需求，也不代表未来没有这样的前景规划。

大华集团投资初期，华商时代广场是七宝的重点开发项目，镇、区政府都希望做好，希望体现形象，而大华方面按照商业规律来办事，在七宝做办公楼和商务楼没有走5A甲级线路。市场印证了他们的想法。2008年金融风暴，市场上受到冲击最大的是外资企业，还有和海外有很大业务交流的公司，他们的商务需求缩量很厉害，因此5A甲级写字楼的退租率很高，其销售也遇到了“瓶颈”，而大华面向的客户群是中小型国内自用的客户，实际上购买大华的办公楼的客户90%都是自用，投资客很少，这更进一步说明，七宝商圈具有一些商务办公需求，但是大量的都是中小型的企业，中小型的企业在金融危机调整过程当中，受到的冲击并不大。

而定位为中端路线的华商时代广场所在的这个区域里面，有定位高端的巴黎春天，也有定位中低端的家乐福等，有五星级酒店，也有经济型酒店，华商时代广场与之形成了一个错位经营。

可以说，正是民营资本在开发七宝商圈时的“错位经营”思路，令七宝商圈兼容并包，其目标消费群辐射低、中、高端消费。

成熟的商圈带动了周边的地产全面发展。尤其地铁九号线的运行线路确定要开设七宝站以后，越来越多的人愿意到七宝买房子。

第三，分清角色，搭好文化台，唱好经济戏，让文化传统和现代商业共生共荣

修复后的七宝老街以物美价廉的小吃作为主要卖点，老街内荟萃了20世纪50年代原汁原味的当地小吃，别具特色和风味，有七宝方糕、七宝羊肉等，深得游客的喜爱。

七宝老街在修复中，为了突现老街的历史文化底蕴，设立了“张充仁纪念馆”、“棉织坊”、“老行当”、“七宝老酒坊”、“七宝老当铺”、“七宝蟋蟀草堂”、“周氏微雕馆”、“七宝皮影馆”八大旅游景点。

七宝老街修复完毕，正式开放以后，四方人士慕名而至，尤其节庆假日，老街人流如织，日人流量达5万人次左右。以人均消费20元来估算，每天七宝老街的餐饮类店铺的营业额就超过百万元，一年则将近4亿元。

为提高文化软实力、丰富社区居民文化生活、增添文化气息，七宝古镇以举办民间文艺、民俗活动为特色。沪剧、越剧、皮影戏、街景演出常见于戏台、广场、街衢，江南色彩浓郁，受到热烈欢迎；除夕守岁撞钟、正月半、中元节、蟋蟀节、重阳节等民俗活动每年次第登场。

人气的兴旺，进而又吸引了更多的商业投资。包括银七星室内滑雪场，它总占地面积100800平方米，是上海目前唯一的一家室内滑雪场，也是亚洲目前最大的室内滑雪场。

三、七宝老街可持续发展中存在的问题

“十二五”期间，上海旅游发展的总体目标和定位是：将上海基本建成魅力独具、环境一流、集散便捷、服务完善、旅游产业体系健全、旅游产品丰富多样、旅游企业充满活力的世界著名旅游城市，打造国际都市观光旅游目的地、国际都市时尚购物目的地、国际都市商务会展目的地、国际都市文化旅游目的地、国际都市休闲度假目的地以及国际旅游集散地。①

那么，对应以上的发展目标，我们再回过头来看七宝老街以及围绕它发展起来的七宝商圈，它在购物、休闲这些功能方面，基本上契合了上述定位，但是，在可持续发展过程中，仍然存在一定的问题，尚且有较大的发展突破空间，包括以下几个方面：地域文化特性提炼与形象标识独特性有待升级、文化体验的多样性和辨识度有待强化、老街功能区规划和目标人群的细化和互补性有待进一步拓展等。

第一，地域文化特性提炼与形象标识独特性有待升级

七宝最初的取名是来自于佛教，但是事实上，如今去七宝老街的游客，大都奔着吃喝慕名前往，较少有人是以欣赏建筑（乃至带有朝圣性质）的心态去观赏寺庙及相关佛教建筑而去。这一点，从七宝老街一些收费的景点门可罗雀的冷清状况即可见一斑。从这个意义上说，七宝老街有点“名不副实”。并且从建筑价值来看，七宝老街保留的老建筑，其可观赏性也不是很高。鲜有建筑史上的经典之作。相比之下，国外很多教堂，国内一些寺庙，作为建筑本身，就有很高的艺术观赏性。可以说，在七宝老街的老建筑修葺过程中，地域的文化特性（异质性）稍嫌不够。

并且，七宝老街在改造过程中，“抱残守缺”与“推陈出新”同步进行，而在新建的一批建筑物当中，更多地考虑了其“功能”（商铺）层面，而相对地忽略了其“文化标识”层面，因此，新修的建筑当中，也鲜有具备强烈设计感的地标性建筑，尤其缺乏国际知名的建筑师个人风格的

---

① 中国网：http：//www.china.com.cn/city/2011－02/18/content_21948658.htm.

作品。

由于地域文化特性提炼不足，导致这样一种情形：老街固有建筑的特色不够突出，也缺乏在建筑理念与风格上独树一帜的知名新建筑。因此，七宝老街在形象标识的独特性方面，略显力不从心。相比之下，上海另一古镇朱家角的“建筑”牌打得比较成功。朱家角古镇引入文化艺术产业，依托于既有的一所老建筑修葺了知名建筑——人文艺术馆，这是古镇主打“文化牌”中的重要一步，并邀请上海油画雕塑院以朱家角为题材创作了一批反映朱家角的人文历史的油画，作为艺术馆开馆的基本馆藏，并邀请了吴冠中先生题写馆名。可以说，朱家角成功地实践了“艺术与建筑”的文化营销。

另外，七宝老街的定位当中，主打了“吃”这一张牌，以“美食街”自居，理所应当要有拿得出手的“代表作”。然而，就以最近这两年收视火爆的纪录片《舌尖上的中国》为例，它在第四集提到了上海菜以及以烹饪上海菜知名的小店，但是很遗憾，以美食著名的七宝老街，没有任何一家做餐饮的店铺入围。

同时，周边日益时尚化的七宝商圈还没有一家达到国际化标准的米琪林餐厅。

第二，文化体验的多样性和辨识度有待强化

上海旅游文化产业报告还专门指出一项“功能能级指标”——希望未来几年，国内游客人均停留天数4.3天、国内游客平均花费1175元、入境游客人均停留天数3.5天、入境游客人均花费857.78美元。①

这个能级指标较之于现有的数据，我们可看出它有一个明显的“野心”——希望未来来沪的游客，能够在上海多住一晚上。那么，这一晚上住在哪里？七宝老街及其周边商圈，是否能够以文化体验的多样性及独特性，吸引国内乃至境外游客，纯粹为了休闲（而非商务）目的，驻足于此？

① 《中国旅游报》在线版：http://www.ctnews.com.cn/zglyb/html/2011-02/16/content_16060.htm?div=-1.

在文化体验的多样性方面，七宝老街及其周边商圈的文化氛围不够浓，一方面体现在“硬件”——艺术场馆（博物馆、展览馆等）不足。事实上，老街的艺术场馆设计者应当有一种包容性——艺术生产者、居民、观光客都能够进来体验；虽然老街建筑有控制高度的限制，不像体量巨大的现代艺术馆，但是，展示内容可以多元化，比如摄影、国画、油画乃至先锋艺术家的各类型作品。如今艺术馆的定义已经宽泛，既可以看画，也可是公共交流空间，但作为艺术馆仍有它自身的特殊性。对于老街当地来说，需要用时间去沉淀它的功能和价值。对于老建筑来说，既需要进行功能转换，还要做一定修缮工作。在这个意义上，七宝老街在营造文化氛围方面，未来还是有可提升空间的。

在提供文化体验的多样性方面，七宝老街在吃、喝、玩、乐方面，所提供的“体验”的多样性还有待提升。目前，我们可参照国外的迪拜：政府以完全免税、外国人可优惠置产的方案，吸引世界各地的观光客、富商、地产大亨、各国知名企业前来消费与投资，让小小的迪拜，有条件容纳世界最大的购物中心、世界最高的建筑、世界最大的办公室、世界最大的高尔夫球场、世界最大规模的人造岛群、世界最大的迪拜乐园——比英国加法国的迪斯尼乐园大，从第一个玩到最后一个设施，在不排队、不睡觉的情况下，要花上两星期。

而七宝要想作为留下国内外游客在上海“多住一晚”的理由，在文化体验的多样性方面，一定要有所作为。

而在文化的辨识度方面，七宝老街也需要强化。七宝老街有没有一两项能够做到极致的“卖点”？应该说，中国许多商业老街固有的功能，如观光、购物、居住，七宝老街都有，可以说面面俱到。但是，根据业界有学者总结出的“旅游吸引力”的几项要素——建筑、民俗文化、宗教、饮食、餐饮、住宿、购物、节事，我们再来反观七宝老街现有的格局，发现它的问题就出在——在这些吸引力要素上“平均用力”，没有特别突出的某一项。

我们可以适当参考一下相关成功样本，如安徽庐江的汤池小镇。2013年9月，经过30位专家、100家媒体的评判，300家村镇激战，包括中央人民广播电台等近50家电台一起主办的“发现·2013中国最美村镇”评选活动，全国60强最终决出。综合腾讯专题页面及官网的票数，按照社会人士30%、专家学者35%、100家媒体35%的投票比分和权重，安徽汤池镇被评为“中国最美村镇”第一名。① 汤池主打中国传统文化牌，以一所投资过亿的特殊的公益学校作为重要“卖点”，回归中国古代书院传统，弘扬中国儒、道、佛经典文化，以中国古代文化经典诵读、学习为主，同时生活方式乃至礼仪全部返璞归真，发展有机家业，种菜不打农药，提倡素食……由此带动整个小镇的民风的良性化发展，成为小镇发展的典范，小镇因民风淳朴、管理先进，甚至成为一个“标本”，引起联合国官员的集体关注。当游客们说起汤池小镇，一定会联想到几组关键词：弟子规、四书五经、传统文化。这是汤池小镇区别于中国其他村镇的文化软实力。

未来的七宝老街在旅游上的吸引力，尤其是吸引境内外游客“多住一晚上”方面的吸引力，如果能够在辨识度上做文章，聚焦于它最具竞争力、找到与其他旅游景点相比有着高度异质性的一两个卖点，将其做到极致，相信未来在可持续发展过程中，一定还有发展空间。

第三，老街功能区规划和目标人群的细化和互补性有待进一步拓展等

七宝老街与其他江南古镇比如周庄、同里的同质化程度较高，无论是建筑还是它的商铺。老街的商铺主打产品为本地小吃和常见的旅游纪念品。事实上，七宝老街的商铺销售的许多产品，在全国许多旅游景点都似曾相识。这样的销售策略，意味着对目标消费群的定位稍显粗略，不够细化，缺乏具相应的针对性。

从这个意义上看，老街的功能区规划应当进一步拓展、细化。商业老街在保护和开发的过程中，恢复其固有的商业性质，凸显其历史商贸集市特点是必要的。那些老店、老字号所生产、经营的高度个性化、具备“不可复制”性的产品和服务，其存在尤为必要。而从产品、服务的多样性层面去考虑，那些新兴的店铺、服务业，如何与老字号相得益彰而不是显得突兀、不协调，这都是重要的课题。老街的功能区规划应该趋于合理化、

① 汤池镇人民政府官网：http：//www. tangchi. gov. cn//display. asp？ id =1336.

和谐化。

此外，七宝老街在拓展其“目标消费群”过程中，应当与时俱进，近年来，诸多旅游景点吸引力因素中所折射出来的名人效应或者说“粉丝经济”，也可以适当考虑。这也涉及对旅游目标人群的进一步细化。

周庄因陈逸飞一幅拍出天价的油画而出名（取景于周庄），吸引大量艺术爱好者蜂拥而至；乌镇有茅盾故居，并且还作为一线女星刘若英主演的偶像剧《似水年华》的主要取景地而引来大量粉丝们“朝圣”。

国外也有类似的案例：2002 年韩剧《冬季恋歌》剧中美轮美奂的外景（包括乡下景观），吸引亚洲（尤其是日本）大量粉丝组团前往，该剧的外景地于 2005 年一年给韩国带来了 100 亿韩元的旅游收入。①

而七宝老街目前尚且缺乏这样专门针对特定目标消费群的“粉丝经济”效应。可以说，七宝老街未来的发展战略中，对目标人群进行细化，并制定相应的发展对策是十分必要的。

此外，七宝目前缺乏在国内外有影响力的品牌演出团体。这样的团体对于提升老街的文化软实力、与老街既有文化格局实现“互补”有着特殊的重要性。

起名源于佛文化的七宝老街，宗教氛围缺乏，特色演出不足。外国人看教堂，看唱诗班的演出，而中国人逛老街看寺庙，同样也可以看中国传统音乐演奏。相比之下，朱家角在提升文化吸引力的策略当中，采纳奥斯卡音乐奖项获得者谭盾的创意，引进禅乐表演，吸引大量音乐爱好者以及佛教徒；湖北红安县的天台寺定期举办小沙弥乐队的佛乐演奏会，一些省、市级电视台甚至数次进行现场直播——这类文化“产品”，及其专业化的演出团体的良好发展态势，是打造游客忠诚度（会多次来旅游）、对旅游景点“旅游吸引力”提升的重要因素。

此外，七宝老街的地方剧演出没有形成气候，缺少有一定规格和档次的演出场馆（像苏州古镇千灯那样有固定场所每天定期表演苏州评弹）。与七宝有关的优质剧目（包括水上演出）没有形成独树一帜的风格，也缺

① 《新京报》在线版：http：//ent. sina. com. cn/v/j/2005 - 11 - 05/0131886664. html.

乏国内外知名的代表作。我们知道在庐山风景区的剧院，多年以来一直反反复复只放一部电影——《庐山恋》。而桂林的阳朔则是水上大型实景演出——“印象·刘三姐”数年来长演不衰。

概言之，目前发展势头可喜的上海七宝老街以周边的七宝商圈，未来尚有较大发展空间。我们理想中的七宝老街及七宝商圈，应当在城市功能上“全面升级”，提高其旅游吸引力和就业容纳力，与上海的城市发展密切相关；同时处理好产业结构以及服务配套设施等方面的问题，做好文化传承，真正做到“老而不朽”，青春永驻。

参考文献

[1]［美］阿奇 B. 卡罗尔，等．企业与社会——伦理与利益相关者管理［M］．黄煜平，等，译．北京：机械工业出版社，2004.

[2]［美］海茵茨·韦里克，哈罗德·孔茨，［中］马春光．管理学精要：国际化视角［M］．北京：机械工业出版社，2009.

[3]［美］乔治·斯蒂纳，约翰·斯蒂纳．企业、政府与社会［M］．张志强，王春香，译．北京：华夏出版社，2002.

[4] 郭红解．上海老街［J］．上海档案，1999（4）.

[5] 韩絮．历史街区旅游吸引力评价及提升策略研究［D］．南京：南京师范大学硕士论文库，2012（5）.

[6] 钱树伟，苏勤，祝玲丽．历史街区旅游者地方依恋对购物行为的影响分析——以屯溪老街为例［J］．资源科学，2010（1）.

[7] 阮仪三．论文化创意产业的城市基础［J］．同济大学学报：社科版，2005（1）.

[8] 阮仪三．文化遗产保护的原真性原则［J］．同济大学学报：社科版，2003（2）.

[9] 阮仪三，袁菲．再论江南水乡古镇的保护与合理发展［J］．城市

规划学刊，2011（5）.

［10］阮仪三．城市遗产保护与同济城市规划［J］．城市规划学刊，2012（6）.

［11］阮仪三．历史文化遗产保护的思考与理性回归［J］．上海城市规划，2011（4）.

［12］余向洋，沙润，胡善风，程森．基于旅游者行为的游客满意度实证研究——以屯溪老街为例［J］．消费经济，2008（4）.

万里茶道上的老街

张维东①

320多年前，一条纵贯中国南北，横跨欧亚大陆，连接东西方的黄金走廊和国际商贸文明之路开通了，这就是可与举世闻名的丝绸之路相媲美的古商道——万里茶道。

万里茶道，从流通的路线、市场和历史沿革来讲，应称之为中俄或中蒙俄万里茶道。它从中国福建崇安（现武夷山市）起，途经江西、湖南、湖北、河南、山西、河北、内蒙古、从伊林（现二连浩特）进入现蒙古国境内、沿阿尔泰军台，穿越沙漠戈壁，经库伦（现乌兰巴托）到达中俄边境的通商口岸买卖城与恰克图。茶路在俄罗斯境内继续延伸，从恰克图经乌兰乌德、伊尔库茨克、新西伯利亚、秋明、下诺夫哥罗德、莫斯科、圣彼得堡等几十个城市，又传入欧洲其他国家，使茶叶之路延长到13000余公里（其中福建省武夷山市下梅村至俄罗斯恰克图5200余公里；俄罗斯境内8100余公里），成为名副其实的“万里茶道”。万里茶道是伟大的，也是辉煌的，它是中蒙俄三国人民勤劳与智慧的结晶，它从经济、政治、文化、民族、宗教等方面留下了宝贵的物质财富与精神财富。

一、万里茶道的开通和繁荣，对于沿线城镇和商业街区的产生与发展发挥了巨大作用

万里茶道，不仅使茶叶的生产、加工、仓储、运输、贸易形成一个巨

① 张维东，山西省晋中市旅游局调研员。

大的产业链，而且庞大的人流、物流、资金流、信息流，也极大地推动了沿线经济的发展，正如马克思所说“商业的发展依赖于城市的发展，而城市的发展也要以商业的发展为条件”。就中国而言，万里茶道的开通和繁荣，对于沿线城镇和商业老街的产生与发展所发挥的作用，主要表现在以下几个方面：

第一，推动了茶及相关产业的发展

由于茶叶流通从国内走向国际，使得茶叶的种植，加工、包装、仓储、运输、贸易等各个环节都不断创新，不断提高，产业发展日趋完善。

由于历史上茶马互市格局的形成，不仅茶叶作为特殊的主打商品，而且其他生活日用品也大量流通，“南来盐、酒、糖、布、茶，北往骆驼、牛、羊、马”，包括粮油、皮毛、药材、陶瓷、铜器、铁器等都是大宗交易商品。物流必然产生资金流，钱庄、票号、典当行、镖局应运而生。运输业、建筑业，饮食服务业等随之发展，市场因此而不断繁荣。

第二，催生了沿线一座座新兴的城镇和繁华的商业老街

万里茶道沿线许多城镇和老街，可以说是因茶而生，因茶而盛，如中国福建崇阳下梅；江西铅山河口、九江；湖南安化、临湘羊楼司、聂家市；湖北蒲圻、崇阳、汉口、襄樊；河南南阳赊店、洛阳；山西泽州、潞安、高平、长治、祁县、太谷、平遥、介休、榆次、太原、忻州、原平、代州、杀虎口、大同、阳高、天镇；河北张家口；内蒙古多伦、海拉尔、满洲里、丰镇、集宁、呼和浩特、四子王旗、包头；蒙古乌里雅苏台、科布多、库伦、买卖城；俄罗斯恰克图、乌兰乌德、伊尔库茨克、下诺夫哥罗德乃至尼布楚和海参崴等一批城镇，它们的萌芽、发育、成长、发展与繁荣都程度不同地受到茶路的影响和推动。

第三，创新了经营管理制度

这条商道上闽、赣、徽、湘、鄂、豫、晋、冀、回、蒙等商帮不仅国内外贸易做得有声有色，而且用他们的聪明智慧，相互交流借鉴，不断培育了市场意识、竞争意识、风险意识，创立了先进的经营机制和管理体制，建立了配套的物流系统，为现代企业管理开创了先河。

第四，树立了文明的经商理念

茶商们恪守中华传统，坚持诚以待人，严守商业道德，塑造了经商有道、做人有德、利以义制等价值观。尽管也有少数不法奸商出现，但绝大部分商人以做“善贾”、“良贾”为荣，以做儒商、智商为雅，以诚实守信为尊，为中国商业文明增光添彩。

第五，推动了民族文化交流

商人在茶叶贸易的过程中，同时也扮演了文化交流使者的角色。除茶叶之外，笔墨、纸张、账簿、图书、字画等也属于大宗商品之列。此外，对于民俗、戏曲、文学、诗歌、绘画、收藏、医学等方面都起了促进和推动作用，使岭南文化、湘楚文化、中原文化、秦晋文化、游牧文化相互交流，民族感情得以沟通，既增进了友谊，也有利于扩大贸易。

二、晋商对万里茶道沿线城镇和商业街区的产生与发展功不可没

万里茶道上有众多的商帮在经营者，没有他们的参与，就没有万里茶道的形成与发展。晋商在万里茶道上的地位和作用是公认的。

晋商不仅是万里茶道的开拓者，同时也是经营主导者。据民国《崇安县志》记载“康熙十九年（1680 年），山西茶帮经江西铅山，过分水关，来到下梅和赤石，设栈收购，建厂制茶。”衷幹《茶市杂咏》记：“清初茶叶均系西客经营，由江西转河南运销关外，西客者，山西商人也。每家资本约二三十万至百万，货物往返络绎不绝，首春客至，由行东河口欢迎。到地将款及所购茶单，点交行东，茶事毕，始结算别去。”据有学者考证，祁县渠家是晋商中最早（康熙十九年）涉足武夷山的家族之一。“大盛魁”乾隆、嘉庆年间，其分号“三玉川”在武夷山已有茶山 5000 亩和茶场 7 座。榆次常家九世的“万”字辈也从雍正、乾隆年间进入下梅茶市，与下梅邹家联手，后成为茶叶对外贸易世家。清道光年间，江西河口镇有茶行 48 家，“西客”居多。外地客商兴建的会馆达 19 家，其中有山西会馆，遗址现仍存在。山西茶商每家资本在数十万，甚至上百万两。年贸易金额

“不下百万金”。山西票号在此还设立了20多家分号，经营借贷汇兑业务，“蔚泰厚”等四家业务较大。九江也是晋商茶叶采购基地之一，光绪八年（1882年）九江有茶庄344家。晋商的茶庄及票号为数众多。晋商在湖南安化采购茶叶的历史要早于太平天国运动。据湖南史料记载，乾隆年间（1736—1795年）晋陕茶商购“茶引”后，就地加工成7个品种的散尖茶。其间山西曲沃茶商曾到安化买茶。祁县乔家“大德诚”商号嘉庆末年“来安办黑茶”，其下属的分号“三合公”茶庄指导，与边江村刘姓茶人一起，制成千两茶。湘鄂接壤的临湘、蒲圻、崇阳一带更是晋商的经营基地。据叶瑞庭《纯浦随笔》记载：康熙年间有山西客商，每岁至临湘县羊楼司一带买茶。据戴啸州《湖北羊楼洞之茶叶》一文记述，“清咸丰年间，晋皖茶商往湘经商，该地为必经之路。茶商见该地适于种茶，始指导土人，教栽培及制造红绿茶之方法。经营茶庄者，年七八十家，有砖茶厂十余家。统由山西帮经营”。晋商相继在羊楼司、聂家市、羊楼洞设庄办厂，收购制造砖茶。汉口是山西商人的大本营，经营项目十分庞杂，主要有茶叶、烟叶、布匹、药材、丝绸、瓷器、竹木和桐油等。顺治初年，山陕商人就在汉口建起了关帝庙。康熙二十二年（1683年）开始在原关帝庙的基础上兴建山陕会馆。武汉汉口既是晋商转运茶叶的中心，也是金融交易中心。据《汉口山陕西会馆志》（光绪二十二年）记载，山陕商帮此时在汉口已汇集了上千家商号。汉口18家票号中，有17家是山西财东开设的，其中平遥帮8家、祁县帮6家、太谷帮3家。近代，有的票号还在武汉入股投资铁路、造船、榨油厂、水泥厂等项目。在襄樊，山西商帮以经营当铺、票号、钱庄、茶庄等为主，多是殷实巨贾。山陕会馆侧有一条大同街，是山西大同人的居住区，并置有不少房地产。在水陆码头河南赊店镇，明代山西人移民至此，开埠立市。茶道开通后，榆次常家、祁县乔家等的大德玉、大泉玉、大升玉、盒茶社、兴隆茂、蒲茶社茶庄；平遥蔚盛长、蔚盛厚等票号；祁县戴家开设的广盛镖局地位举足轻重。山西尤其是晋中一带乃晋商故里，茶商之都，茶庄总部。茶商、票号东家在总号运筹帷幄，掌控全局，决胜千里，生意做得波澜壮阔，北上走“西口”，出“东口”跨草原，穿戈壁，无不留下晋商的足迹。

晋商的茶贸易活动对茶道沿线城镇和商业老街的产生与发展产生了直接影响，发挥了重要作用。他们有胆有识、眼光长远、思想开放，为了自身商业的发达，所到之处积极改善当地环境，参与城镇建设，捐助公益事业，被称为商业拓荒者。历史上我国华北、东北、西北、蒙古草原某些城镇和商业街区的开拓，都与晋商在那里的发展有着极为密切的关系，诸如各地流传的民谚："先有复盛公，后有包头城"、"先有曹家号，后有朝阳县"、"先有晋益老，后有西宁城"、"先有祥泰隆，后有定远营"……都充分说明发达的晋商促进了当地城镇建设和街市繁荣。晋商对买卖城（今蒙古国苏赫巴托以北阿丹布拉克镇，与俄国恰克图互为口岸）的开发与建设，贡献是巨大的，经费商人自筹，式样仿制山西，东西一条横街，南北分东、中、西三条巷子，四周用圆木围城。城里兴盛时有 120 多家商号，晋商居多，用不长的时间造就了一座偌大的国际贸易城。

晋商留给我们的不仅是物质财富，更宝贵是精神财富——伟大的晋商精神。他们不畏艰难险阻，勇于开疆拓土的胆量和英雄气概；能经营，善管理的创新精神和聪明智慧；诚信为本，以义制利的经商理念和商业道德；以人为本，助人为乐的善事义举和道德情怀；民族交往，和睦相处的文化影响和人文精神，真正实现了茶通天下、货通天下、汇通天下、德通天下。他们留下的物质与精神财富，在国内外产生了广泛的影响，并作为文化遗产广为传承。

三、万里茶道老街的保护与利用

万里茶道沿线目前保留了一部分老街，有的在城市中，有的在古镇内，从南到北主要有：福建武夷山市下梅村当溪老街。江西铅山县石塘镇老街；河口镇老街（一堡街、二堡街、狮江街）；湖南省安化县黄沙坪茶市；江南镇老街；洞市老街；临湘市聂家市镇老街。湖北省赤壁市羊楼洞石板街；新店镇老街；武汉市兰陵路、洞庭街、黄陂路；沙洋县石牌镇老街；襄阳古城及老街。河南省社旗县赊店镇老街。山西省晋城市泽州拦车镇老街；晋中市榆次、太谷、祁县、平遥古城及老街；太原市清徐县徐沟镇老街；朔州市右玉县杀虎堡；山阴县新、旧广武堡；大同市老街；天镇县新平堡。张家口堡子里。内蒙古呼和浩特市九久街；包头市乔家金街；多伦山西会馆附近老街等。

现在，这些老街陆续被命名为世界文化遗产、国家历史文化名城、名镇、名村、名街，受到了不同程度的保护与利用，并成为这些城市与地区的形象标志，得以不断传承与发展。许多老街依然是著名的商业闹市，一派繁荣景象。

但是，老街的保护与利用也存在一些不容忽视的问题。①城市中的老街区地盘越来越小，挤在高楼大厦之中，古风古韵大不如前。有的老街中间夹着一些新建筑，不古不今，不伦不类。②乡镇中的老街普遍缺乏保护，没有规划，缺少资金，乱拆乱建，处于濒危。③政策法规不健全，也不具体，某些方面存在无法可依，执法不严，违法难究，违法不究的问题。④有的地方政府和有的领导对保护工作存在认识不到位，在职不作为，有时乱作为，因私胡作为的情况。⑤从事保护工作的专业技术人员严重不足，时间和精力不够，无暇顾及此项工作。⑥宣传教育不够，群众普遍缺乏保护意识和法律意识。

中国是茶文化的发祥地，是万里茶道的源头。大力倡导万里茶道沿线文化资源以及古城老街的保护与利用，是一项非常重要的工作，当务之急要从以下方面做起：

第一，由国家文物局牵头，相关省、市、自治区共同参与，成立万里茶道文化资源保护与利用工作委员会，完善法规配套政策，编制保护规划，设立专项资金，深入基层检查督促，扎扎实实开展工作，有效进行资源的保护、挖掘、研究、整理、传播等工作。

第二，成立万里茶道文化研究院，组织全国各地对此有研究的专家学者，多学科、多角度进行专题研究，定期召开研讨会，提高研究的水平和质量，加快保护与利用的步伐。

第三，在万里茶道沿线的节点城市或者老街建立若干个万里茶道文化博物馆，把传播万里茶道文化资源与当地历史文化相结合，广泛进行宣传教育。

第四，万里茶道沿线城市定期举办市长论坛，加强交流与合作，共同推动万里茶道文化资源的保护与利用工作。

第五，中蒙俄三国，统一规划，整合资源，共同向联合国教科文组织文化遗产委员会申报，将万里茶路列入世界文化遗产。

万里茶道作为一条伟大的国际商贸之路，沿途留下大量弥足珍贵的物质与文化的遗存，习近平主席在俄罗斯国际关系学院发表演讲时，对万里茶道给予了高度评价。我们相信，万里茶道文化资源的保护与利用工作会得到各级政府的高度重视，工作推动会更加有力有效。

◎北京商街

北京特色商业街发展研究

韩凝春① 胡 昕②

北京是中华古都、历史文化名城，也是我国重要的特大型消费城市，具有发达的商脉和深厚的商业文化底蕴。北京特色商业街是北京商业千百年流淌不息的生命之河，是古都商业文化的象征，是现代商业文明的载体，是北京商业跨越式发展的缩影，也是北京国际商贸中心建设的重要标志。

自21世纪以来，随着北京商业发展规模和效益的提升，北京在坚持商业的规范化、国际化、现代化建设的同时，突出强调特色化、品牌化建设。作为北京特色商业发展的关键环节，重点加强特色商业街建设。经过十余年的发展建设，北京现已初步形成以26条市级特色商业街为代表，市、区（县）两级特色商业街有序发展，文化体验、产业交易两类特色商业街协同发展的特色商业街建设格局。

一、北京特色商业街发展基本情况

（一）北京市级特色商业街发展经历了三个阶段

2000年以来，北京特色商业街建设经历了三个发展阶段。2000—2005年为第一阶段，自2000年原北京市商委提出培育、发展北京特色商业街的战略构想以来，市商务主管部门先后出台了一系列政策文件，特别是发布

① 韩凝春，北京财贸职业学院商业研究所副研究员。
② 胡昕，北京财贸职业学院商业研究所副研究员。

了《北京市发展特色商业街办法（试行）》和《北京市发展特色商业街区（市场）管理办法》，对特色商业街建设、组织管理、申报命名等做出具体规定。先后培育、发展了东直门餐饮街（簋街）、马连道茶叶街、十里河家居建材街和莱太花卉街4条特色商业街，改造提升了海淀图书城、南新仓、琉璃厂、潘家园等特色商业街区。2006—2008年为第二阶段，为配合奥运服务，北京全面开展了重点商业街提升改造工程。烟袋斜街、南新仓、南锣鼓巷、古玩城、红桥市场、潘家园旧货市场、秀水街市场、世贸天阶、观音堂画廊街8条既体现古都风貌又兼具现代化大都市时尚元素的特色商业街被列为市级项目。政府商业主管部门还出台了《北京市商业街区改造资金管理实施办法的补充意见》、《特色商业街（特色市场）改造提升技术要求》等文件，对北京特色商业街建设予以重点支持。奥运期间，北京一批特色商业街成为国内外宾客购物消费的必选之地，高质量、高水平完成了奥运服务工作，以良好的面貌、优质的服务、优美的环境、优良的秩序得到广泛的赞誉。奥运会后至今为第三阶段，北京市政府紧紧围绕“人文北京”和“特色商务”理念，继续推动北京特色商业街的培育和发展。在进一步推进特色商业街改造、建设的同时，特别强调增强特色商业街的品牌特色和吸引力，强调加强已改造升级的特色商业街软环境建设，鼓励发展具有餐饮、休闲功能的特色商业街。

（二）北京形成市、区两级特色商业街发展序列

经过十余年规范建设、改造提升和特色发展，通过“完善功能配套、打造总体形象”，至2012年年底，北京已建成26条市级特色商业街。分别为：南锣鼓巷、南新仓、红桥市场、前门大街、鲜鱼口、烟袋斜街、大栅栏街、大栅栏西街、护国寺街、琉璃厂、世贸天阶、北京古玩城、秀水街、观音堂画廊街、雅宝路、蓝色港湾、酷车小镇、高碑店古典家具街、潘家园旧货市场、北京台湾街、簋街、什刹海茶艺酒吧街、马连道茶叶街、十里河家居建材街、莱太花卉街、海淀图书城。

同时，在北京市大力发展特色商业街的基础上，市、区（县）两级政府分别出台了一系列特色商业街发展相关政策，促进市、区两级特色商业

街有序发展。在26条市级特色商业街建设同时，诸如西城区西四婚纱街、东城区东四银街、丰台区方庄特色餐饮街、朝阳区三里屯酒吧街等一批特色商业街异彩纷呈，共同构建了北京特色商业街建设体系，形成地域商业品牌效应。

表1　北京市中心城区重点培育的商业街

西城	西四婚纱街	丰台	方庄特色餐饮街
	二七剧场路餐饮街		千禧街
	牛街清真餐饮特色街		万丰路餐饮街
	新街口乐器街		南苑民俗商业文化会馆
	陟山门商业街		宛平老字号特色商业街
	金树街		莲花池文化休闲街
东城	台湾会馆商务区	海淀	阜成路精品美食街
	五道营文化休闲街		五棵松商业街
	沙子口文化用品特色街		畅春园食街
	金宝街		香山特色购物街
	隆福寺	朝阳	三里屯酒吧街
	银街		

（三）北京特色商业街文化体验、产业交易两大主题特色鲜明

从功能定位看，北京特色商业街主要体现文化体验、产业交易两大主题。以26条市级特色商业街为例，前门大街、大栅栏、烟袋斜街、南新仓、南锣鼓巷、鲜鱼口、世贸天阶、蓝色港湾、什刹海茶艺酒吧街、南锣鼓巷等均属于文化体验型特色商业街，分别呈现出不同的文化体验特色，如大栅栏、烟袋斜街等京味建筑和京味老字号聚集的商业街，集中体现了北京历史文化和传统京商文化；世贸天阶、蓝色港湾等商业街则聚集时尚元素，展现现代化、国际化都市魅力的现代时尚风情。南锣鼓巷更是被美国《时代》周刊评选为25处地道的“亚洲体验”之一。而北京古玩城（古玩）、红桥市场（珍珠）、潘家园旧货市场（旧货）、秀水街市场（丝绸）、马连道茶叶街（茶叶）、雅宝路（服装）、观音堂画廊街（字画）、

高碑店古典家具街（古家具）等属于产业交易型特色商业街，此类街区以某一产业或产品为主要交易品，特色鲜明，产业集中度高，规模优势明显，在专业交易领域具有国内及国际影响。

二、北京特色商业街建设主要成效

在原有基础上，经过十余年发展建设，北京形成了特色鲜明、主题突出、功能完善的特色商业街发展格局，其成效主要表现在以下六个方面：

（一）展现京城风格独特的商业文化

北京特色商业街，或与古都风貌紧密结合，展现北京深厚历史文化底蕴；或时尚元素丰富，现代气息浓厚，充分展现北京国际化大都市形象；或集中体现现代人休闲生活方式；或集中传达独特的专业品类文化，每条街都以独特的文化内涵为载体，立足特色定位，展现出不同内涵的商业文化。特色商业街已成为展示北京独特商业文化的窗口和符号，成为展示北京城市形象、历史传承、商业文明和现代化水平的城市名片。

（二）服务奥运　传播北京商业品牌

2008 年北京奥运期间，北京特色商业街以良好的面貌、优质的服务、优美的环境、优良的秩序成为奥运商业服务接待最集中的区域，得到了广泛好评和赞誉。近百批次的外国政要光临特色街区，仅秀水街、红桥市场就接待外国政要 80 余次。国际奥委会主席罗格的夫人曾“六次光顾秀水街”，拉脱维亚总统“三逛红桥”，特色商业街成为展示中华文化、传播友谊、增进交流的重要平台。

据统计，奥运期间秀水市场、红桥市场等 50 家奥运重点商业单位共接待来自 160 多个国家和地区近 30 万人次的奥运宾客，其中包括奥委会官员、各国政要、各国奥运代表团成员、运动员以及媒体记者等，消费金额超过 1.5 亿元。

（三）有效带动区域社会经济发展

北京特色商业街的发展创造了显著的社会经济价值，有效促进了区域社会经济的发展提升。如东城区的红桥市场，珍珠销量占全球产量的1/7，在奥运期间接待宾客人次和交易额在所有指定购物接待单位中位列第一；西城的马连道茶叶街从仅有一家茶叶加工厂发展成为我国三大茶叶集散地之一，云集国内外茶企业1400多家、茶商万余人，交易品种涵盖“六大茶类”3000余种，年销售额超过20亿元，成为我国北方地区最大的茶叶交易中心。

（四）有力推进了京商文化的传承和创新

特色商业街的发展不仅是寻求差异化、特色化经营的产物，更是体现和推动与所提供文化服务一脉相承的地域商业文化的传承与创新，特别是文化体验型商业街更彰显出这一特点。如南新仓文化休闲街以600年“皇家粮仓”为特色，将文化、休闲两大类业态结合起来，将600年的仓廒体验文化与现代生活方式紧密结合起来。其中上演600年历史的厅堂版昆曲《牡丹亭》观众反响热烈，被列为向2008年奥运代表团和国际宾客重点推介的北京新派传统文化项目。

（五）有力促进了北京特色主题交易街区建设

以专业商品交易为主的产业交易型商业街，注重产业功能配套，形成了特色主题交易区，取得了良好的成效。如北京潘家园旧货市场主要围绕“旧货”主题不断发展，延伸产业链，扩大功能，集购物、旅游、鉴赏、休闲、娱乐、服务为一体，逐渐发展成为能够满足中外宾客需要的古玩艺术品的交易中心、信息中心、拍卖中心、资金结算中心和具有国际化水平的国际民间文化交流中心。红桥市场作为我国规模最大的珍珠零售、批发市场之一，交易产品涵盖大量珍珠衍生品，并延伸到从设计、加工到包装的所有环节，带动了珍珠相关产业的发展，形成了独具特色的“珍珠”主题交易区，被誉为“北京永不落幕的珠宝博览会”。

（六）有力拉动了城市旅游消费

北京特色商业街建设有力地推动了商旅结合，发挥了“以商促旅”的作用，促进了城市旅游的发展。近年来，各条特色商业街以其独特的文化内涵和特色定位受到各方青睐，成为吸引中外宾客和北京市民购物、休闲、旅游、消费的首选场所。特色商业街借助文化购物节活动，如什刹海文化旅游节、大栅栏旅游购物节、马连道国际茶文化节等，加快促进商业、旅游、文化等融合，带动区域内商业、餐饮、住宿、景区销售整体增长。2011 年南锣鼓巷客流突破 400 万人次，实现销售收入 4 亿多元；前门大街日均客流量 15 万人次，年营业额约 10 亿元；大栅栏街年交易额达 5 亿元。特色商业街成为延伸产业链条、加快旅游业发展的重要途径之一。

三、北京特色商业街建设基本经验

商业街的形成源于历史积淀，但短短十余年间北京特色商业街建设取得了突出成效，主要是政府支持引导、奥运商机推动等因素共同作用的结果。

（一）政府支持和引导是北京特色商业街迅速发展的重要推力

北京特色商业街建设离不开政府的支持和引导。2001 年，《北京市“十五”时期商业发展规划》明确提出：“培育十街，即培育十条左右各具经营特色的商业街（区）”，正式开启了北京发展特色商业街的历程。将培育、发展北京特色商业街纳入北京市商业发展规划，宏观上促进了北京特色商业街建设。

同时，政府还对北京特色商业街发展的空间布局提出了战略指引。2003 年制定的商贸流通规划总体思路中就提出以“优化核心、延伸两轴、发展新城、强化特色”为主要内容的空间发展战略。其中强化特色：①强化与重点城市功能区特点相适应的特色商业；②发展特色商业街（区），培育和发展一批特色鲜明、独具魅力的商业街；③大力发展有潜力、有特色专业市场。在此精神指导下，陆续重点规范、培育、发展东直门餐饮街（簋街）、马连道茶叶街、秀水街、潘家园旧货市场等一批特色商业街，成为京城商业独特的发展景观。

为推动北京特色商业街的发展，政府商业主管部门持续通过政策对特色商业街建设和管理进行规范。如 2001 年出台《北京市发展特色商业街办法（试行）》（京商发（规）［2001］63 号），重点对特色商业街建设方式（应采取政策引导和市场化运作相结合）、特色商业街选址应遵循的原则、特色商业街建设应符合的要求、经营应遵守的规定以及组织管理、申报命名等方面提出了要求，有效地促进并规范了特色商业街的建设和发展。2005 年出台《北京市发展特色商业街区（市场）管理办法》，有效促进了王府井、西单、大栅栏等主要商业中心和城八区重点特色街区的改造提升。2007 年印发了《北京市商业街区改造资金管理实施办法的补充意见》，确定了对列入市级重点改造计划的特色商业街支持额度，使资金支持的方向、内容和额度更具科学性。

奥运会之后，政府又紧紧围绕“人文北京”和“特色商务”理念，继续推动北京特色商业街的培育和发展。在《北京市流通业发展分类指导目录（2009 年）》中明确提出：鼓励北京原有特色商业街的改造与提升，突出特色商业街的特色优势，增强特色商业街的品牌凝聚力，培育、形成北京商业特色。由此进一步促进了北京特色商业街在街区整体风貌、功能配套、业态调整、特色经营、提升服务等方面的重点提升改造，构成了目前北京特色商业街的基本框架。2011 年，《北京市人民政府关于印发北京市加快国际商贸中心建设意见的通知》中提出：加快特色街区建设，提高特色企业集中度。在加强现有特色街区升级完善的基础上，新培育一批具有北京特色、享誉国内外的知名商业街和餐饮街，累计达到 26 条，引导特色产品和服务聚集。《北京市“十二五”时期商业服务业发展规划》进一步提出：继续推进特色商业街建设，提升北京特色商业街知名度和影响力，提升特色商业街对周边商圈的区域带动力。利用中心城核心区、文保区有效整合历史、文化、空间资源，促进特色零售、餐饮酒吧、休闲会所、展览演艺等文化体验特色商业集聚，形成代表北京人文时尚品质的商业集群。

在这些政策的引导下，北京市开展了特色商业街培育发展和升级改造工程。促使北京特色商业街建设不断推进，特色商业街的地位和价值得到确立和提升。

（二）奥运服务为北京特色商业街发展提供了绝佳契机

《北京市商业服务业迎奥运三年行动计划》（2005 年 7 月—2008 年 7 月）提出，加强培育和引导，陆续推出、完善什刹海茶艺酒吧街、琉璃厂文化街、北京古玩城、秀水市场、潘家园旧货市场、红桥市场等 10 个左右全市性特色商业街区（市场）和朝阳公园国际风情街、大都酒吧街等 15 个左右区域性特色商业街区（市场）。为做好奥运服务工作，从 2007 年起，北京市将特色商业街作为奥运期间的主要商业接待和服务场所，对全市 30 余条正在建设和已形成一定基础的特色商业街、特色市场进行调查、梳理、分析，筛选出经营特色突出、具有一定规模的街区，集中力量实施改造，有效促进一批特色商业街的整体形象提升。

奥运期间，南锣鼓巷、南新仓、什刹海—烟袋斜街、红桥市场、潘家园旧货市场、世贸天阶、秀水街市场、北京古玩城、观音堂画廊街、东直门餐饮街、大栅栏商业街等特色商业街成为国外宾客购物消费首选之地，接待了来自世界各地的大量宾客，高质量、高水平地完成了服务工作，得到了广泛的赞誉。据统计，2008 年 8 月 1 日—27 日，秀水市场、红桥市场、当代商城、老舍茶馆等 50 家奥运重点商业单位共接待来自 160 多个国家和地区近 30 万人次的奥运宾客，消费金额超过 1.5 亿元。8 月 28 日—9 月 16 日，秀水市场、红桥市场、新东安市场、西单大悦城等 20 多家残奥会重点商业单位接待近 3 万人次的残奥宾客，消费金额近 800 万元。

奥运会为特色商业街带来了新的生机，大量客流为特色商业街实现了新的销售高峰，同时也大大提升了各商业街的知名度。尤其是重要外宾接待，在世界面前展示了北京商业风采。特色商业街成为传承北京商业文化、展示现代商业发展成果的窗口。

（三）坚持特色、深化特色是北京特色商业街发展的关键要素

特色商业街的形成与发展并非一朝一夕，有其特定的成长规律和独特的发展基因。从北京特色商业街功能特色和发展历程来看，需要把握特色商业街原有特色的文化基因，找准定位，坚持特色，只有这样商业街才有新的活力。完全脱离地域文化特色或经济基础，凭空打造“特色概念”而建造的商业街，则缺乏文化内涵吸引力，难以得到社会和市场的认可。

有780多年历史的琉璃厂大街，从明朝初期开始就享有“九市精华萃一衢”的美誉。繁华的市井和便利的条件促使其成为“京都雅游之所”，随后逐渐发展成为京城最大的书市，形成了人文荟萃的文化街市，包括了与文化相关的笔墨纸砚，古玩书画等。在历史积淀基础上，目前琉璃厂已发展成为聚集着包括艺术品鉴赏业及相关艺术品创作、艺术技术研发、艺术品博览业、古玩艺术品交易业、传统手工艺制造业、城市文化旅游业、文化娱乐业7类主导产业的文化创意产业集聚区，商脉、文脉一脉相承。

北京高碑店是个千年古村，元朝时是漕运码头，皇粮商品集散地，曾盛极一时，历史源远，底蕴深厚。北京高碑店古典家具街历经数十年的发展，从十几家的工匠加工发展到现在的400余家品牌商户，从家具修复和收藏深化到古家具的设计制作与展示，有特色，有文化，有品位，有内涵，现已形成全长1800米，占地16万平方米的特色商业街。高碑店古典家具文化产业以文化为支撑，经营理念已从家具向家居转化，产品向艺术品发展，家居的设计、酒店的装饰、道具的配置等，均已进入高碑店古典家具街经营之中。

（四）市场化机制是北京特色商业街发展的内在动力

为了有效调动社会各界对发展特色商业街的积极性和充分开发、利用社会资源，北京市各级政府采用市场化机制，通过市场化运作，筹措社会资金，引进专业管理机构管理和推广特色商业街。

首先，在特色商业街建设和提升改造项目中，通过市场化运作，多渠道筹集建设资金。如前门大街修缮整治、观音堂画廊街建设等均采用政府

资金引导，引进主力经营企业投资建设的模式，有效筹措了建设资金，也提高了商业街建设运营效率。其次，灵活运用市场机制，引入或成立专业的运营机构协助商业街的后续管理。如前门大街成立北京天街控股集团有限公司（2011 年 8 月更名为北京天街控股集团有限公司），成为一家具备专业房地产开发、销售以及物业管理的国有资本开发经营企业，集中承担前门大街的建设、运营、物业管理等职能。而且，特色商业街本身的运营发展，也是基于市场，实行优胜劣汰制，适应首都居民和主流消费客群消费结构变化趋势，不断调整商业业态和店铺品牌，使街区发展日益成熟。

（五）品牌塑造宣传推广为北京特色商业街发展提供推力

品牌的塑造与推广是将特色商业街推向市场、促进街区繁荣的重要手段。利用节假日促销、大型展会等活动，通过主流新闻媒体、网站和电子商务平台加大宣传推介力度，有效提高了特色商业街的知名度和美誉度。

南新仓文化休闲街的发展，在很大程度上就得益于成功的品牌塑造与宣传推广。该街管理方积极参与北京十大商业品牌评选等活动，吸引中央电视台、北京电视台等多家国内电视台及国内、境外主流平面媒体，扩大了南新仓品牌的知名度。为了扩大品牌效应，南新仓商贸有限公司还投入数百万元资金，精心策划制作画册、邮册、消费指南和部分旅游纪念品，拍摄街区宣传片，在报纸、杂志、广播、电视、网络、公交车体、邮政广告等数十家媒体上大力宣传造势，有效地推广了南新仓品牌形象。

表 2　北京特色商业街开展的知名活动

名称	活动名称
南新仓文化休闲街	南新仓美食节 、南新仓文化节
红桥市场	北京国际珍珠文化节
大栅栏街	大栅栏老字号旅游购物街，塑造“北京大栅栏”品牌
前门大街	前门历史文化节、天街年市
马连道茶叶街	马连道国际茶文化节（12 届不同主题的马连道茶文化节）
蓝色港湾	蓝色港湾灯光节、“蓝色港湾”时尚消费节

续表

名称	活动名称
世贸天阶	结合法定节假日的活动（春节、情人节、五一劳动节、六一儿童节、周年庆、十一国庆节、万圣节、圣诞节、新年），室内外大型车展、品牌发布、产品展示、慈善晚会、公益活动、时尚派对、消费品展会、亲子互动游园会、演唱会、艺术创作展等
北京台湾街	台湾美食节、观光文化节
雅宝路	2010 年雅宝路国际服装节
十里河家居建材街	开街庆典

四、北京特色商业街建设面临的主要问题

通过对 26 条市级商业街的调查研究，发现当前北京特色商业街建设中还面临定位调整、管理模式复杂、配套设施相对滞后等问题，一定程度上制约了商业街的进一步发展。

（一）一些特色商业街不适应市场环境和消费需求变化面临转型

特色商业街的发展方向与功能定位不是一成不变的，商业街所处区域或市场环境发生变化，特色产业的商业模式或消费需求发生变化对特色商业街都会产生重大影响。

如中国海淀图书城创建之初是以图书、文化用品经营为主，其他业态为辅的文化特色商业街区。随着 2007 年海淀区对中关村西区新的功能定位，图书城部分零售业态和相关业种已不适应区域经济发展的需要，同时由于图书城商户相对杂乱，其核心竞争力逐步散失。而且，近年来传统图书产业受网上图书销售冲击，网购图书已逐渐成为越来越多消费者的采购方式，对实体书店形成分流。为此，海淀图书城的图书、文化用品经营特色已不明显，面临调整、转型。

（二）现有管理模式复杂多样，对商业街运营有一定制约

综观 26 条市级特色商业街采用的管理模式，大体存在四种：①街道办

事处管理模式，如南锣鼓巷、簋街、护国寺街等；②公司管理模式，如南新仓文化休闲街、世贸天阶、北京古玩城、红桥市场等；③管委会模式，如前门大街、莱太花卉街等；④综合行政管理模式，如大栅栏街涉及多部门协同管理。

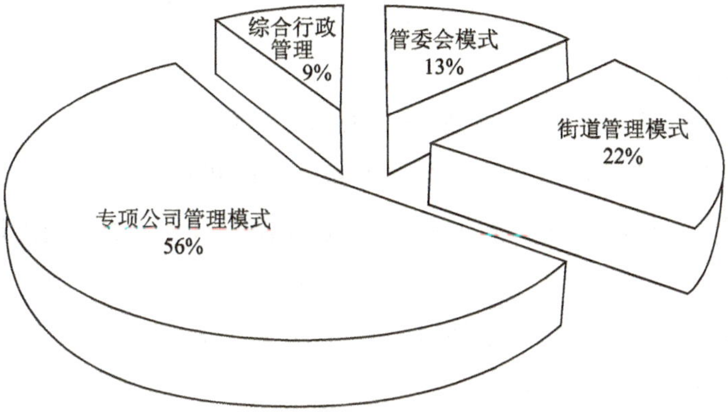

图1　北京市级特色商业街管理模式分布情况

1. 街道办事处管理模式

街道办事处管理模式主要是指依托各区县政府街道办事处，成立商业街管理办公室，对街区道路、公共设施、户外广告、卫生绿化等进行综合管理。该模式的优点是针对性强，解决问题速度快。但存在委托职能易受行政划分限制，区域外情况不易控制和管理的情况。如南锣鼓巷商业街就提出，因为南锣鼓巷与北锣鼓巷行政管理区域划分明显，存在管理权限问题，建议打破行政区划，达到商业无界限。

2. 公司管理模式

公司管理模式主要是指除社会治安由政府直接管理之外，其他诸如市容、环卫、市场秩序、公共设施的管理都交给专业公司。由特色街项目单位公司对整条街区的市容环境、公共设施、治安交通秩序、公共物业等具体事务进行协调和日常管理。该模式的优势在于：政府没有专门就某一街区设置跨部门的综合管理机构，节约了政府公共资源，保证了政府公共产品的均等化供给。更为重要的是，这种管理模式最大限度地赋予了企业对商业街区进行整体策划、整体招商、整体管理、整体服务，使得商业街区在专业性机构的管理下运作和发展，保证了商业街区的定位、运行符合商业发展规律，产生良好的经济效益，同时，也极大地调动了企业履行社会责任的积极性，产生良好的社会效益。但是引进专业管理公司来对商业街区进行管理，在法律上需要解决一个授权问题。管理公司要对商业片区进行整体策划和运作，也需要得到各产权单位的支持和配合。

3. 管委会模式

管委会模式主要是指由政府各机关部门抽调人员，实行合署办公，综合执法管理。成立由宣传、技监、工商、物价和辖区负责人参加的管委会，对所负责区域进行管理的模式。该管理模式与政府委托制类似，由政府主导，但政府和街区经营者之间的关系更为直接，避免了对专门管理办的委托，直接由政府工作人员管理，同时保留了合署办公的优点。

4. 综合行政管理模式

综合行政管理模式主要是指由街区办牵头，由公安、城管、工商、卫生四大主要职能部门参与。如大栅栏尝试建立的“1 +4”式街区秩序管理模式，配套建立定期例会制度、定期联查制度、重点难点反馈互通制度等，将街区管理常态化、制度化、规范化，进一步提升商业街区管理服务水平。该模式最大的弊病就是多头管理，产权又不归属入驻办事机构，容易出现扯皮现象。

（三）配套设施建设相对滞后，商业街的发展客观上受限

通过对26条市级特色商业街的调研，反映出部分商业街还面临配套设施建设滞后的问题。集中体现在交通、停车位和市政设施等方面。

1. 交通问题

特色商业街所面临的交通问题大体可分为以下四个方面：①街道狭小造成的交通拥挤，尤其是地处黄金地段和客流量大的商业街，如新南仓、簋街、潘家园、观音堂、马连道；②街道内流动商贩较多影响交通，造成交通不畅，如南锣鼓巷；③所处地区公交和出租车少引起的交通不便，如雅宝路；④道路已有损坏需要修缮而造成的临时交通管制，如高碑店。

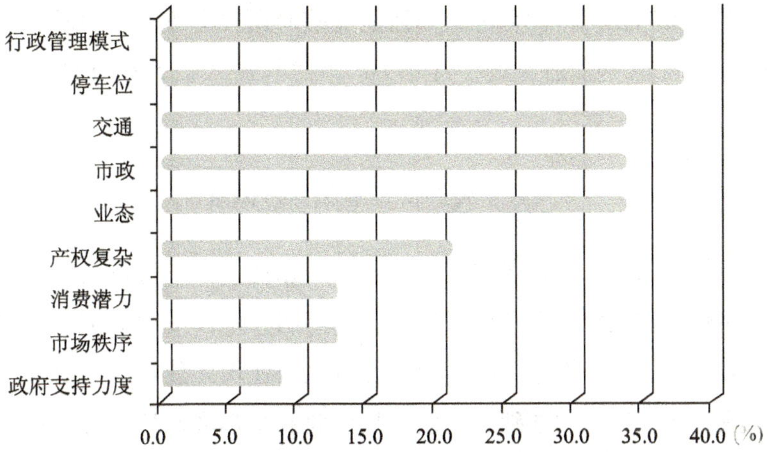

图 2　特色商业街目前存在的问题点

2. 停车位问题

什刹海、南锣鼓巷、雅宝路、烟袋斜街、世贸天阶、簋街、琉璃厂、大栅栏、大栅栏西街均提出停车方面存在问题，主要是供需不匹配，有的甚至没有停车位，造成停车难和乱停车现象。

3. 市政设施落后、老化问题

目前存在市政设施落后、老化等问题，亟待改进。如簋街市政管线老化、厨余垃圾清运困难；大栅栏排水设施有待改进；莱太花卉街缺乏供暖设施，也不具备常温冷库。

五、持续推进北京特色商业街建设的建议

在北京国际商贸中心建设的新时期，持续推进北京特色商业街建设是重要的举措之一。北京十几年的特色商业街发展中，政府引导确实起到了极大的推动作用，随着全市特色商业街发展的基本格局已经形成，发展模式应有所调整，逐步由依赖政府推动转变为按市场规律发展，市场化运作应成为今后特色商业街发展的核心指导思想。政府主管部门有必要逐步调

整商业资金投入的数量和方式，将资金重点投入到如何更有效地帮助特色商业街进行市场化运作和管理，如何建立政府调控的机制和手段，为特色商业街发展营造一个适宜的“生态场”，使其进入良性循环的成熟发展轨道。

（一）建立健全特色商业街评价标准和评价体系

与国际、国内一些知名的特色商业街区相比，北京特色商业街在发展品质上还有一定差距，个别街区特色不够鲜明，不同类别的街区发展模式差异较大。为进一步推进国际商贸中心特色商业街区建设，建议在国内外特色商业街比较研究的基础上，建立特色商业街标准及评价考核体系，科学评价、规范引导特色商业街区的发展。

在此基础上，建议实行特色商业街资质考核认证制度，强化特色商业街改造扶持资金管理制度，将资金使用情况和改造成效综合考虑，纳入考核体系，作为政府继续或再次投入扶持资金依据。这也是今后政府监管特色街和资质考核的基础。

同时，还应根据特色商业街发展规划和商业街特色，结合特色商业街标准和评价考核体系，研究制定并发布《特色商业街指导目录》（包括业态准入机制、商铺店面风格、服务质量等），对特色商业街的经营业态、街面形象、基础设施保障、商业环境、服务水平予以引导和规范。由特色商业街主管机构监督执行，采用多种途径，向地区商户宣传地区整体发展思路，引导商户内部的产业调整，实现合理规划建设街区。市区政府可将各特色商业街对《特色商业街指导目录》的实施情况纳入考核评价体系中，作为重要考核指标。

今后政府应在评价体系的基础上，加强对特色商业街监督管理，建立长期动态监督机制。运用先进技术构建商业街动态检测系统，实施特色商业街区人员流量监测和人群聚集风险监测预警系统，及时准确掌握商业街区相关动态数据，保障街区环境安全有序。协助特色商业街建立业态监督机制，制定科学的评比标准，定期对区域内企业的服务水平、经营状况进行评比，并通过媒体向消费者公布。

（二）重质轻量、逐步建立退出淘汰机制

当前北京特色商业街区建设已形成规模，一个像北京这样的特大型消费城市确实应该有一批体现不同特色，能代表首都，也代表中华商业形象的特色街区，但特色商业街并非越多越好，多则特色不显。我们认为从国际经验来看，特色商业街发展的关键在于是否真正形成特色，形成特色商业氛围，形成特色品牌形象。建议今后在发展特色街上应本着“成熟一条发展一条”的原则，以质量为准绳，重质量轻数量，对于不符合标准的应该引进淘汰机制，优胜劣汰。

对于已命名的发展不尽理想或不适应市场环境和消费需求变化的市级特色街，应在评价体系建立的基础上，促使其调整转型，调整不能达到标准的，可以取消市级特色商业街称号。只有建立起动态而灵活的退出淘汰机制，才能持续保持北京特色商业街的品质和水准，才能达到世界城市的要求，满足人们不断增长和变化的消费需要。

（三）采用管委会和公司共同管理的模式

分析现有管理模式优长，今后商业街区管理宜采用管委会和运营管理公司共同管理的模式。管委会模式由政府直接主导，利于从商业规划、招商建设、宣传推广等各个方面对商业街实行一整套管理，简化政府审批程序的同时又能实现专项统一服务。公司式管理符合市场化运作的发展方向，同时按照市场规律进行商业街区的整体营销、宣传推广和运营管理更有长久的生命力，与管委会互相配合可以取长补短，发挥最大管理效力。

（四）推进产业交易型商业街区建设，集中打造专业产业交易中心区

为了更好地突出该类型特色商业街区的特色，提升发展常用交易型商业街区，建议引导其向专业产业交易中心区方向发展，积极建设虚拟化现代交易平台、有形实体交易中心和现代交易集聚区。实现商流物流分离，积极营造现代商务交易氛围，引导物流功能外移，将传统的市场业态逐渐升级改造成高水准的现代交易中心，集成产业链上、下游资源，提供优质

产品和专业服务，推动特色市场产业层级提升，并带动发展关联产业，提升区域产业层次，形成螺旋上升效应，做大做强特色商业街区，最终形成国内知名的特色专业产品的产业交易高地和商业服务高地，提升北京特色商业的辐射力和集聚力。

如马连道茶叶街在茶叶批发贸易基础上，应发展茶文化、茶商务、茶服务、茶演艺等高附加值产业，引进茶产业总部、高档酒店和商务酒店、连锁品牌餐饮等高端业态，建立适合自身条件和周边发展环境、具有产业深度和宽度、高端引领的产业体系和服务业态。潘家园在现有基础上，应发展艺术品类特色商业区，涵盖各地的艺术大师工作室，收藏家办的收藏展，经纪公司，古玩字画评估、鉴定机构，国际拍卖、交流交易机构，古玩字画金融融资，产品设计研发机构等，形成以艺术品交易为特色的交易中心区，带动区域形成新的增长点。

（五）加快整合区域资源，推进特色商业片区的形成

当前商业街区的发展，在一定程度上受限于空间资源和多头管理。今后应加快整合区域资源，打破行政区划界限，转向以空间和区域进行整体规划，推动形成完整复合、良性循环的特色商业片区，推动区域内各商业街互通互利。

文化体验型商业街，依靠近源的地域文化，可与周边临近特色商业街协同规划，统筹管理，充分发挥北京京味文化特质，打造传统文化体验与现代时尚休闲特色消费密切结合的文化体验型特色商业片区。如大栅栏—琉璃厂—天桥、什刹海—烟袋斜街、南锣鼓巷—五道营等区域，均有条件在原有文化体验型特色商业街的基础上，以点带面、连线成片、蔓生发展，形成北京城市文化体验商业区，集中体现北京特色商业文化品质。

产业交易型商业街，地域相近且产业关联，也可采用资源整合的方式。比如潘家园地区的北京古玩城、潘家园旧货市场、天雅古玩城都地处潘家园商圈且经营内容相近。建议对该片区域进行统一规划，形成整体配套系统，开发公共服务支撑平台，实现整体打造开发。以有效整合配套资源，利于提高效率，整体推动该片区域的知名度和品牌塑造。

（六）加强宣传运作，将特色商业街推广纳入城市营销体系

继续大力推动特色商业街品牌建设和营销宣传推广工作，并将其融入城市营销体系，推行“政府搭台，企业唱戏”的宣传模式，有效实行整体组团营销，继续开展和创新“北京购物季”等市级活动，增强特色商业街整体实力。比如，将大栅栏旅游购物节与北京国际旅游购物节相结合，扩大宣传效应。在开展宣传活动的同时，今后应充分调动商街企业的积极性，引入市场化机制，逐步让企业多唱主角，真正推动企业成为建设、管理、宣传的主体，进入良性循环发展轨道。

特色商业街是集中展示首都国际化大都市形象和现代流通发展成果的窗口，也是北京国际商贸中心建设的重要领域。今后，希望北京继续加强特色商业街建设，进一步调整完善特色街功能，提升其品质，使其成为拉动和促进居民消费的最重要的集中示范区，成为吸引知名企业与特色商品的品牌聚集区，大力推动首都经济发展，促进北京国际商贸中心的繁荣建设。

王府井历史文化的保护与发展

李　军①

作为一个城市的价值综合体，中国商业老街既是古代商业活动组成的典型代表，又是具有丰富文化内涵的信息载体，还是城市功能体的一个有机组成部分。中国商业老街不仅是一段凝固的历史，它在人们的现实生活中仍发挥着作用，在当今的城市变迁过程中仍然繁荣和复兴。

素有“中华商业第一街”、“百年金街”美誉的王府井大街，拥有700余年的建街史和100余年的商业发展史，它浓缩了百年的沧桑变幻，留下了丰厚的历史文化遗产和鲜明的商业烙印。它时时刻刻折射出一种光彩的文化气息，显示着一个城市的人文特色，展现着一个都市的精神风貌。

王府井大街犹如一座博物馆，它不仅拥有东安市场、同升和、盛锡福、瑞蚨祥、东来顺、全聚德等百年老号，汇聚博大精深的商业文明；还拥有北京百货大楼、东方新天地、北京APM、乐天银泰百货等商业新贵，散发魅力金街的时尚气息；更拥有新华书店、外文书店、涵芬楼、文物书店、三联等实体书店，彰显古老金街的文化情结。长期以来，我们始终致力于传承和弘扬王府井的文脉、商脉，在努力提升王府井步行街商业化程度发展的同时，探索传统商业老街保护与发展的新模式。

一、王府井商业步行街的历史和特色

王府井地区的历史可追溯到700多年前的辽、金时代。最初的王府井

① 李军，北京市王府井地区建设管理办公室副主任。

不过是一个不知名的村落，后历经元、明、清三朝，地理初具规模，人烟逐渐稠密。1903 年，清政府将八旗兵练兵场改建为东安市场，自此，王府井开启了迈向世界名街的征程。

自东安市场建立，王府井历经百年，始终是商贾云集、顾客盈门，其发展始终代表和引领了国人的消费和生活方式。民国时代，王府井形成了北京最具国际化特质的商业区，逐渐成为北京商业舞台的中心。新中国成立以后，王府井商业不断丰富完善，进一步成为代表北京，乃至全国消费趋势的商业地标，是国人心目中的消费圣地。今天，王府井已经发展成为品牌集聚、商品丰富、游人如织、扬名世界的商业街，成为首都北京的商业名片。

王府井不仅是购物者的天堂，也是各种文化的汇聚之地。回顾王府井的发展史，可以清楚地看到，围绕着商业的发展，积淀了丰厚的文化遗产，形成了鲜明的老街特色：

1. 汇集了老北京的商蕴精华

据不完全统计，20 世纪三四十年代，王府井老字号就有 20 余家。这些老字号，都以店训、店规等形式确定自己的经营理念和经营方针，集中体现了老北京的商蕴精华，有些老字号，如东来顺、全聚德，至今还保持着旺盛的生命力。

2. 引领消费文化潮流

1908 年建成的吉祥戏院是北京内城的第一家戏院；1917 年建立的清华园浴池，是当时北京城里规模最大、设备最全、服务项目最完善的一流浴堂；1927 年，“中原公司”开业，成为当时北京最大的新式百货商店……此外，在东安市场，有当时刚刚传入中国的台球馆；在亨得利，能买到从欧美各国进口的留声机……

3. 集中体现北京的市井文化

东安市场建于 1903 年，是北京开辟最早、名声最大的小商品市场，包括了大大小小的商店和商摊，经营吃、穿、玩、乐、用等各业，包罗万象，应有尽有。体现老北京生活特色的日用器具、市井风情都能在东安市场买到、看到。

二、王府井商业步行街的保护与发展

1993年，以王府井的第一个中外合作项目新东安市场的建设为标志，王府井进入了大规模开发建设时期。自1998年起，遵循“统一、人本、文化、简洁”的原则，在王府井建管办的统一组织下，1999年一期工程竣工，完成了王府井大街市政改造和街景整治工程；2000年二期工程竣工，工程内容主要包括王府井主街至灯市西口、金鱼胡同、东安门大街三条道路的市政道路改造工程，沿街门脸装修、外立面清洗工程及王府井天主教堂整修工程；2002年三期工程竣工，工程内容包括皇城根遗址公园工程、大型建筑的美化和夜景照明工程及菖蒲河公园工程；2007年四期工程启动，工程内容包括王府井西街道路打通完善路网规划工程和王府井主街街景完善和整治工程。至此，王府井商业步行街逐步发展成为集购物、办公、娱乐、休闲、商旅、服务为一体的商业汇聚之地。在这四期改造建设中，秉承着“商业与文化结合、传统与现代结合、民族与国际结合”的改造原则，王府井商业步行街既挖掘和保持了原有的历史文化内涵，又具备了国际一流现代化商街的风范。

（一）建筑风貌的保护与更新

对于北京这样一座历史文化名城，不发展就没有生命力，而借口城市发展不去保护那些有重要历史文化价值的建筑，甚至去破坏它，将会给这座城市造成不可挽回的损失。有鉴于此，在王府井商业街的改造建设中，在发展和完善现代化城市功能的同时，王府井的建设者和管理者们对如何保留它的历史文化风貌做了充分的考虑和翔实的安排。

旧建筑、小门店是商业街的文化载体，没有它们就没有商业街的灵魂。于是，在老街改造过程中，对步行街东、西两侧部分地段中的小店面并没有推倒重建，而是在体现连续性、整体感的淡雅、柔和主调中，保持各店的独特风格，进行重新设计装修。一层檐口取齐，沿街设计落地玻璃橱窗，统一规格、统一色彩，既保持大街的整体风格，又兼顾单体门店的不同需求；在对百货大楼的改造装修过程中，安装了自动滚梯，增加了现代化商业设施，但大楼外观的整体风格，包括外立面的色彩仍保持原样，做到“修旧如旧”，使王府井大街上的标志性建筑长留在人们心中。

（二）历史遗迹的保护和利用

任何商业街区的形成，都有其历史的缘由和大众逐渐认可的过程。王府井大街上的历史文化遗迹是人们认识王府井历史、人文和文化传统的重要尺度和心中抹不去的“情结”。王府井的天主教堂、古人类文化遗址，都是其中的典型代表。在王府井大街的整治改造中，都采取适当的方式加以保护，并向世人展示，再现王府井悠久的历史文化。特别是王府井的“井”，是王府井改造建设中保护历史遗迹的典范之一。1998 年 10 月，在碧春茶庄与恒富盛工艺首饰店之间的便道上，这口井的遗迹被发现，人们追溯其历史渊源，而且为了保护“古井”不被破坏，将煤气管道东移 1.6 米，将井按原状保留下来并进行了象征性的恢复与开发，井口处做一精美标志，辅以文字说明，介绍古井的来历，讲述王府井的故事。

（三）商街文化的提炼和再创造

文化是商业街得以保护、传承和发展的基础和依据，是商业街的灵魂和精华。在王府井商业老街的文化建设中，遵循了一条重要原则是对商业街的文化特征进行提炼和再创造，形成新的商街文化，使之与其他街区有明显的风格区别。在王府井改造建设过程中，通过标徽、牌匾、名人题匾、雕塑、博物馆和纪念馆、舞台剧等有形的和无形的艺术形式，对商业街的历史文化进行提炼和再创造。

标徽。商业街的标徽是商业街个性的重要表现形式，是商业街形象的抽象浓缩。王府井的标徽就是由“王府井”三个汉字叠合而成，既体现了北京街道的特征，又有“井”的含义，通过在地面、小品、建筑和商品包装上反复使用，强化人们的认识。

牌匾。王府井南口是商业街的主入口。客观上需要有一个明显的识别标志，以增加商业街的可识别性。在对牌楼、塔柱等多种形式比较后，最终确定使用中国传统的匾额作为王府井南口的识别物。整个铜匾重达3吨，中央纵向排列“王府井”三个贴金大字。牌匾采取了浮雕与传统牌匾结合的手法，将反映东安市场、全聚德、盛锡福、百货大楼、工美大厦、中国照相馆等王府井12家老字号和名店内容的浮雕作为牌匾的底纹。特别值得一提的是，在2011年第二届北京王府井国际品牌节中，我们把送给与会嘉宾的礼物定为了真丝丝巾，而丝巾上的图案，正是整个牌匾的图案。借此，王府井的牌匾借着嘉宾的手传到了五湖四海。

名人题匾。书画艺术是我国传统的艺术珍宝之一，它借助于点线的结构及笔法、墨法的巧妙运用，表达丰富的情思，创造深邃的意境，给人以美的享受。走在改造后的王府井大街上，我们可以看到张希广创作的景泰蓝《东安市景图》、宋庆龄题写的“新中国儿童用品商店”、郭沫若题写的“外文书店”、王光英题写的“盛锡福”、启功题写的“王府井食品商场”等诸多商店门前的名家题匾，让人体味着传统与现代的美妙结合。

雕塑。人们的社会文化价值观、行为模式、生活方式都是在一定的文化背景下形成的，商业街的购物环境也必须适合已成型的文化形态，以满足人们的情感需求。矗立在新东安门前的三组雕塑——“拉洋车”、“三弦”、“剃头”，正是抚慰了人们对老东安市场的怀旧之情；而在老字号同升和门前设计的“童趣”雕塑，用夸张的手法刻画了“儿童试鞋”的情景，又呼应了老字号的气氛。如今，这四组雕塑也随着第三届北京王府井国际品牌节的礼物——笔筒而名扬四海。

博物馆和纪念馆。人类在不断地创造着文明，文明却无法永生——这是永恒的法则。但是，我们仍然可以通过某个途径去寻找这些文明的踪迹，这个途径就是博物馆。而企业博物馆最大的功能就是历史和文化的传承。2011年百货大楼张秉贵纪念馆开馆，这是北京市第一座商业系统劳动模范纪念馆，纪念馆展出了50余件实物及大量照片。百货大楼张秉贵纪念馆用真实再现的手法，记录并弘扬了张秉贵为顾客服务的“一团火”精神。

舞台剧。百年金街不仅见证了历史的沧桑变幻，浓缩了北京的岁月变迁，承载了北京的人文底蕴，更为艺术家们提供了丰富的创作素材和广阔的创作空间。由国家大剧院与东城区联合推出的大型原创话剧《王府井》，正是对王府井历史文化、民族精神的深刻解读。自2011年4月首演以来，话剧《王府井》至今已演出5轮60余场，创造了几乎100%上座率的票房神话。为什么它能带来如此大的轰动效应呢？套用话剧中的一句话："这儿，是梦开始的地方。"这个梦不是别的梦，是百年商街复兴的梦，是传统商业区崛起的梦，是在历史文化中追寻现代和时尚的梦。如今的王府井正借着改造建设、品牌建设的契机，圆一曲时尚之梦。

（四）老字号的传承和发展

老字号是商业老街上的宝贵财富。长久以来，在人们的心中得到了广泛的认同，其品牌有着很好的口碑和知名度，散发着历史的魅力。他们的存在，正是商业老街商魂之所在，也是商业老街保持生机和活力的源泉之一。在王府井商业街的改造中，王府井的建设者和管理者们充分考虑了原有老字号企业的自身利益，采用回迁与整修并举的方式，将商街改造可能带给老字号企业的损失降为最低。

在王府井大街改造期间，为保证老字号盛锡福经营不间断，王府井的建设者们特意将其门市经营移至韶九胡同。1999年，大街一期改造竣工开街，盛锡福回迁到建华皮货南侧。新址重张的王府井盛锡福，用老店一幅幅历史图片讲述着自己百年的故事，用一个微缩古朴的店铺开创着"帽业专家"的新辉煌。在王府井改造期间，除了盛锡福，王府井的建设者们还为东华服装、大明眼镜、王府井医药、红光照相等诸多老字号建立了临建店。2012年，大明眼镜、东华服装、王府井医药商店、北京红光照相器材4家老字号回迁北京饭店二期后陆续开业，软硬件条件大幅提升，如大明眼镜王府井旗舰店总经营面积扩大到4000平方米，引进知名品牌10多个，经营规模和服务水平全面提升。

在保留传统老字号的同时，改造后的王府井商业步行街还吸引了其他地方的老字号在此开设新店。总店坐落于前门大街的瑞蚨祥，就是选择在王府井大街一期改造竣工的1999年落户金街，开设分号。于是，瑞蚨祥这一百年老店，在王府井金街焕发了新的活力。2013年6月，中华老字号张一元王府井店也在北京饭店二期内开业。至此，王府井现有老字号39家，拥有近四成的北京老字号，经营范围涵盖食品加工、商业、服务业等6大行业。老字号已在王府井形成了集聚态势。

（五）文化活动的传播和影响

“伟大的街道造就伟大的城市”，商业街已成为城市重要的形象窗口。作为东城区、北京市乃至全中国商业文化的活化石，王府井步行街上的各类文化活动一直是这条百年老街对外宣传和提升形象的商业名片。特别是改造后的王府井大街，每年举办的各类文化活动不下百余次，彰显着改造后王府井步行街的活力和魅力。各类活动的层出不穷也极大地提升了王府井的国际影响力。其中，国际交流活动占10%，国家级、省部级、区级主导的区域性推广活动占30%，商家的品牌活动占60%。首届世界旅游城市博览会、法国文化节等活动加强了国际间的文化交流；首届非物质文化遗产展等活动展示了老字号的技艺传承；一系列的新书签售活动更散发了王府井的文化气息。这些活动的成功策划、举办，汇聚了人气、商气，营造了良好的商业氛围，为驻区企业的繁荣发展搭建平台，进一步提升了王府井的知名度和影响力。尤其是2010—2012年，成功策划举办了三届北京王府井国际品牌节，呈现了立意高、目标实、规格高、影响大、反响好的特点，受到各方的瞩目和高度评价，获得了圆满成功，建立了国际商业品牌传播、交流和开展国际商贸合作的高端平台，向世界展示了新东城国际化、现代化的新形象，进一步扩大了王府井的品牌效应。由此可见，文化活动在促进王府井经济发展、塑造王府井整体形象、推进王府井品牌建设中发挥着不可替代的作用，使得王府井的商脉有魂、文韵有根。

（六）商业品牌的聚集和升级

从城市发展的经验来看，商业街区往往是城市经济发展的发动机。一个具有广泛影响力、知名度的商业街，对投资者、项目落地和高端品牌具有强大的吸纳效应，能够逐渐形成品牌商品、品牌企业的聚集，最终形成

“名品—名店—名街—名区”的良性互动，推动区域经济的快速发展。王府井商业老街也不例外。早在20世纪二三十年代，王府井地区就已经成为近代新兴行业及品牌的中心聚集区。据《北平市商会会员录》统计，当时王府井地区有新记西服行、鑫昌祥西服店、陈振昌西服店、陈森泰西服店、徐顺昌西服店等西服业店铺22家；车业27家（还不包括美国人开的经营别克牌汽车的公梾、经营福特牌汽车的美丰）；新药业14家，如金安氏大药店、华安大药房等；照相业12家，如同生等，体现了“全、新、高、雅”的特点。改造后的王府井大街，品牌建设工作又有了新进展。据统计，截至2013年9月30日，王府井地区珠宝类品牌共有101个、腕表类品牌共有59个、服装类品牌347个、化妆品品牌65个、名车品牌15个、高端酒店品牌15个、老字号品牌39个、餐饮品牌160个、便捷超市和食品部7个，其中，腕表、服装、化妆品的品牌国际化程度较高，国际品牌占比超过七成（70.9%），实现了珠宝、腕表、时装、化妆品、餐饮、老字号等品类的汇聚。此外，王府井地区还开办了45家旗舰店，其中包括7家珠宝旗舰店、13家腕表旗舰店、14家时装旗舰店、1家化妆品旗舰店、7家名车旗舰店、2家电子产品旗舰店和1家眼镜旗舰店。如今的王府井商业老街，正借着品牌建设的契机，朝着集购物、商务、餐饮、文化、娱乐、旅游、休闲于一体的世界名街方向阔步前行。

三、王府井商业步行街保护与发展过程中的几点启示

（一）高瞻远瞩，规划先行

王府井商业老街的保护与发展表明，商业街改造建设必须规划先行。规划是前提，是基础，是关键。根据东城区总规对王府井商业发展带的定位，未来的王府井将加快功能聚集，注意挖掘文化、空间的两大引擎作用，力争做到文化休闲与商业消费相结合、环境改造与配套完善相结合、地上利用与地下开发相结合；同时，积极与金宝街、银街、崇外大街、祈年大街等区域联动发展，逐步实现王府井商业发展带在空间上的南北贯通，在资源上的有效整合，在功能上的合理分工，在布局上的连贯一致，

将王府井商业发展带建设成为环境宜人、业态丰富、功能完备、特色鲜明、世界闻名的大型商业街区。在地下空间开发利用中，以地铁8号线建设为契机，科学合理地推进王府井地下空间开发利用，将地铁口引入商业街，使地下商业街与地下交通设施、地下停车场以及商圈内成熟的大型商业设施有机结合，提高现有地下空间使用效率，在王府井形成集商业、交通、人防于一体的综合化、系统化地下空间。

（二）商脉文韵，相辅相成

在商业老街的保护与发展中，要处理好文化传承与经济发展的关系。商业老街的改造建设还要注重保护和继承老街的历史、人文和文化传统，将无形的文脉与有形的商业改造有机结合，从而留住老街的记忆，延续老街的历史，传承老街的文化，发展老街的特色，彰显老街的魅力。一方面，在中国商业老街的保护与发展中，对于具有地方特色的传统老字号，应进行政策倾斜，对其扶持；在保留传统老字号的同时，吸引其他地方的老字号在此开设新店，以聚集而形成规模。另一方面，可在传统商业老街上开展丰富多彩的文化宣传活动，吸引人流，活跃商业氛围。

（三）创优服务，商之根本

优质服务是商业老街的立街之本，直接关系到商业街的形象，关系到它的生存和发展。1978年，“一团火精神”成为了北京百货大楼的金字招牌；2001年，“全国百城万店无假货示范街”标牌矗立在王府井北口，使得“提高服务质量，维护消费者权益”的观念在王府井大街深入人心；2011年，随着上百个厂商在《工美大厦诚信价格公约》上郑重签字，使得工美大厦成为王府井地区第一家商品不打折商场，它打破了“需打折才能促销”的怪圈，也是对“真品真情”经营理念的诠释……可见，优质服务是商业老街的发展之本。而服务要成为商业街的优势和特点，除了每一个企业要塑造、培育和维护自己的品牌、推行特色经营外，还要突出整条商业街服务的整体性、系统性和功能性。

如果说建筑是空间的艺术，那么，商业老街就是时间的艺术。一个没有旧建筑，没有传统特色的商业老街，如同一个没有记忆的人一样，不知道自己来自何方，也不知道自己将去往何处。将一条老商街的传统氛围和历史韵味保护、传承并发展下去，需要全社会付出巨大的艰辛和努力。

古韵前门　焕发青春

——前门历史文化展示区保护与发展

葛俊凯[①]

一、前门历史文化展示区的基本情况

前门历史文化展示区位于北京城的中轴线南段，正阳门外，连通享誉世界的故宫、天安门广场、天坛，这个区域西起著名的前门大街（包含大街两侧所有商业建筑），东至新革路，北起前三门大街前门月亮湾、前门东大街，南至两广路珠市口东大街，占地面积约 1 平方公里，规划建筑面积 100 多万平方米。

这里古都风貌韵味浓郁，历史文化资源丰富，商业旅游配套完善，具有京城核心区位的巨大吸引力。自明清以来，前门地区一直是北京建筑文化、商贾文化、梨园文化、会馆文化、民俗文化积淀最为深厚的特色历史街区，是北京历史文化的精粹，是城市发展的记忆。

2002 年，前门鲜鱼口—草厂三至十条地区被市政府列为旧城 25 片历史文化保护区之一；2008 年，前门商业区被认定为市级文化创意产业集聚区；2010 年，前门地区被确定为历史文化展示区。

二、前门历史文化展示区的修缮保护成果

自 2003 年以来，在北京市委、市政府领导下，东城区委、区政府坚定

---

① 葛俊凯，前门大街管委会主任。

不移、坚持不懈地推进前门地区修缮整治工程，坚决贯彻“保护风貌、改善民生、疏解人口、发展产业”四位一体的保护模式和“四个百分之百”的原则，即以百分之百高度负责的态度保护历史文化名城，百分之百地抢救保护有价值的文物与建筑，百分之百地抢救保护老字号和非物质文化遗产，百分之百地保护历史文化街区和胡同肌理，投资130亿元，进行了600年来前门地区最大规模、最全面、最彻底的修缮整治工程，取得了重大阶段性成果：

改善民生，提升品质，实现区域现代化。通过解危排险，搬迁并妥善安置居民近1.7万户，企业534家，腾空院落600余个，成为京城最大规模可用于产业发展的四合院群落。市政基础设施明显提升，“四横三纵”的区域路网体系基本完成，近40条公交线路在这里交汇，3条地铁线将在此穿行，核心区内规模最大、智能化水平最高的地下停车场在此迎接八方来客，现在地下停车场一期工程近500个车位已经投入使用。

保护风貌，传承文化，实现修旧如故、整体保护。我们完成了鲜鱼口—草厂三至十条重点历史文化保护区的修缮，整体风貌和胡同肌理得以严格保护；完成了阳平会馆戏楼和汀州会馆等市、区级文物的抢救保护工作；前门大街于2008年8月奥运会开幕的前一日正式开街，恢复了20世纪二三十年代的建筑风格，恢复了标志性建筑六柱五间五牌楼、白石御路、铛铛车等人文景观，前门大街景观规划设计荣获第二届中国环境艺术奖（综合类）最佳范例奖，2011年，被评为“人文北京新八景”之一。

发展产业，专业运营，实现传统与时尚、民族与国际的充分融合。2009年9月28日，前门大街盛装开市，103家商户开业，成为民族品牌商业步行街。2010年被评为“中国著名商业街”；2010年12月27日，台湾文化商务区建设完成，近百家原汁原味的台湾商户进驻，成为京台经济、政治、文化交流的重要平台；2011年5月8日，与前门大街同样具有近600年历史的鲜鱼口街重张开业，定位为“京味特色、美食经典—鲜鱼口老字号美食街”，成为展示古都文化、京商文化的重要窗口。自2007年起，我们在全国率先建立了老字号扶持资金，每年补贴1000万元，原生地老字号全部回迁，街区老字号企业已经聚集38家，鲜鱼口街被命名为全国

第一条“中华老字号商业街”；刘老根大舞台自2009年5月开业以来持续火爆，2010年8月，本山传媒集团将“刘老根大舞台”北京剧场拓展为本山传媒（北京）影视演艺基地。我们还举办了“前门历史文化节”、“天街年市”、“天街上元灯会”等一系列民族文化活动，举办了“泰国文化风情节”、“北京国际旅游节”等一系列具有国际影响力的大型活动。前门大街每天都在吸引着世界的目光，平均每天迎接着13万人次的客流。

2012年1月22日农历除夕，时任中共中央总书记、国家主席胡锦涛到前门大街看望慰问基层干部群众，同大家共迎新春佳节。这是对前门大街修缮整治工程的最高检验和评价，是对东城区传承文化、保护历史文化名城的最高肯定，我们备受鼓舞。

2013年，东城区将前门项目主体北京天街控股集团有限公司和北京东方文化资产经营公司进行整合，两大国企强强联手成立北京天街集团有限公司，东城区“文化航母”正式启航。天街集团引入了曾经参与了上海新天地、大悦城、蓝色港湾等商业地产项目运营的盈石资产管理公司，成立北京天街盈石商业管理有限公司，对前门商业区开始了专业化运营。

三、前门商业区的发展思路

“十二五”期间，前门历史文化展示区作为北京市“一轴一带多园区”的重要节点和重要板块，作为新东城区“一轴两带五区”整体发展格局的重要组成部分，我们要全面完成前门地区修缮整治工程，全面复兴前门历史文化，全面完成招商工作，实现持续繁荣，在前门历史文化展示区形成西部前门特色商业区、中部文化产业集聚区、东部老北京文化体验区等产业空间布局。

前门商业区经过四年的市场培育，适应商业发展规律，进入了新的培育阶段，下一阶段我们的设想是继续坚持“以文化为灵魂，以中华民族优秀品牌为主体，以著名国际品牌为亮点，追求文化高品位、经济高收益、社会高效益、管理高水平的综合性文化商业街区”的总体战略构想，按照“文化型旅游、体验式消费、定制式服务、多维度发展”的方向，实现向文化体验式消费街区成功转型。

根据实际情况，结合产业发展，将前门商业区分为北、中、南三个主题区，即“文化旅游主题区”、“ 文化创意主题区” 及“城市生活主题区”。三大主题区辐射全客层消费群，各区段客流可自成一体、各自循环，也可形成交互式循环，使南北客流融会贯通，形成纵向客流导入、横向客流交互，引导客流形成阶梯式体验消费。

（一）前门商业区北段——文化旅游主题区

“逛前门，看北京，体验中国游。”该区域包括前门大街北段，鲜鱼口老字号美食街以及前门大街以东、鲜鱼口街以北的所有地块，规划商业面积 13.5 万平方米。该区域最能呈现前门建筑文化的精华，是老字号最为集中的区域，汇集了广和查楼、广和剧场和天乐园等著名剧场，曾经是京剧表演艺术家的摇篮。这里交通十分便利，是公交、地铁的重要换乘枢纽，还是前门地下停车场的重要出入口。

该区域具备了展示前门特有文化、发展体验旅游的独特优势，把这个区域打造成为“文化体验最佳之地、时尚旅游必到之地、中西美食荟萃之地、美好回忆留恋之地”，未来的目标客群是国内外体验京城文化的目的旅游客群和本地深度文化体验客群。

1. 传统老字号

该区域将聚集约 40 家老字号，这些老字号除了具有现有的商业功能外，我们还将引导其拓展文化展示功能，尽可能地增加其与游客互动体验的项目，通过独有的体验，提升其商业价值，传播其文化魅力。例如，全聚德和便宜坊烤鸭文化体验区、盛锡福冠帽文化博物馆、红星二锅头白酒文化博物馆、稻香村和吴裕泰制作工艺体验馆、大北照相体验馆等。

2. 传统文化体验

建成后的前门历史文化博物馆成为进入前门的第一站，让游客全面了解前门的文化和发展历程；在其南侧是按传统风貌和规制恢复的广和查楼和广和剧场，让游客体验京剧等戏曲表演艺术的魅力；百年天乐园集戏楼、酒楼、茶楼为一体，以满足现代戏剧和曲艺爱好者的视听享受。

3. 品牌体验馆

前门向来是传统与时尚、民族与国际的完美融合之地，该区域将引进备受国内外游客欢迎的杜莎夫人蜡像馆、三星体验店、联想“五感”体验店以及其他的艺术和科技体验馆，增加文化旅游的丰富性，满足不同客群的需求。

4. 文化特色酒店、美食体验

该区域将建成两个精品酒店，这两个酒店都可以近望天安门城楼、正阳门城楼、前门箭楼和老北京火车站，充分融入老北京最典型的传统建筑之中。游客居住的是最现代的酒店，感受的是传统的文化。同时，还能体验最具代表的全聚德挂炉烤鸭、便宜坊焖炉烤鸭、老北京小吃等中餐，与M餐厅等国际顶级西餐，进行舌尖艺术的碰撞与共融。

（二）前门商业区中段——文化创意主题区

“创意时尚，台湾风情。”该区域包括台湾文化商务区、前门大街中段及前门大街二街区域，规划商业面积4.8万平方米。该区域处于前门商业区的脊梁位置，既是克服步行商业街200米疲劳效应的关键所在，也是衔接南北客流的重要区域。其中二街是连接前门大街与台湾文化商务区的关键所在。

该区域适合引进以台湾文创精华为主，以国内外创意设计机构、文化交流机构和创意精品店为亮点，是充分融合“创意文化、艺术交流、品质生活、台湾情调”的文化创意体验区，充分吸引台胞客群和高品质白领人群、新兴艺术家群体，达到迅速提升商业空间价值的作用，提升前门商业区整体项目品质。

1. 台湾文化商务区

目前已形成了台湾文化商务区的概念，吸引了部分台湾文化创意企业和厂商入驻，初步建立起京台经济、文化交流平台和窗口的形象。我们将继续打造大陆最具台湾特色的文化交流平台和创意生活街区，其中沿大江胡同两侧形成以台湾特色艺术和创意设计为主体的商业生活空间，汇集台湾优秀设计师和艺术家的产品；四合院群落用于形成艺术、文化圈子交流中心，引入台湾特色咖啡馆、名人餐吧、酒吧、书吧、淘宝馆等，打造台湾艺术情调体验区；以邓丽君生活馆为核心引入台湾著名音乐人主题吧、电台主题酒吧、咖啡屋、茶馆，形成特色文化消费圈；紧邻前门东路地块引入艺术画廊、文化交流机构、名人工作室，同时配套主题餐厅，形成文化交流聚集地；台湾地下老街及周边阿里山广场汇集原汁原味的台湾小吃和伴手礼，举办台湾夜市，形成台湾民俗文化体验区。

2. 新兴艺术、文化体验

在前门大街中段和二街，特别是二街打造当代新兴艺术文化交流的窗口、展示空间的首选平台。引进国内外优秀的艺术机构、艺术基金会、文化创意公司、设计师品牌店、个性化定制店等，形成设计与展示、交流与消费的文化创意街区，与台湾文化商务区文化创意体验功能相呼应，实现前门大街南段与北段业态的衔接，及前门大街与台湾商务区业态的过渡。

（三）前门商业区南段——城市生活主题区

“都市生活，品质休闲。”该区域北起刘老根大舞台，南接两广路，西连前门大街，东临前门东路，分布在前门商业区阳平会馆路两侧，建筑面积7.1万平方米。

该区域紧邻城市主干道两广路，是前门地区地下停车场的主入口之一，未来地铁7号线和8号线将在此设立换乘站，因此交通条件非常便利。该区域单体建筑面积相对较大，又可互相连通，因此，该区域以时尚家庭为主要消费群体，聚集品质生活馆、文化主题早教机构、主题餐厅、品质生活配套服务及休闲娱乐等综合业态。同时结合动线的不同尺度，实现人、景共享的视觉体验，拓展户外开放功能空间，引领城市家庭消费潮流，成为“社交聚会、品质休闲、家庭购物及娱乐的主题秀场”，成为体验式消费、城市时尚化生活的最佳区域。

全球最佳商旅文化体验地
——南锣鼓巷的传承与发展[①]

南锣鼓巷商业街区是由一条南北主街（南锣鼓巷）和东西两边各八条胡同组成的、呈“非”字形排列的古建街区。从十余年前“中戏”带动下的自发形成，到近年来政府不断加大基础设施投入，在各级政府关怀、扶持下，南锣鼓巷已经成为北京最富地方特色的胡同旅游商业街之一，在国际、国内具有非同凡响的知名度，吸引着世界各地和国内成千上万的旅游者纷至沓来，也成为北京最具时尚元素的文化聚集地之一，为北京的商业文化游事业做出了积极的贡献。

一、街区历史沿革、地方特色和历史文化价值

（一）街区历史沿革

南锣鼓巷北起鼓楼东大街，南至地安门东大街，全长786米，宽8米。据考证，南锣鼓巷及周边区域与元大都同期建成，距今已有740多年的历史。

南锣鼓巷周边区域元代属昭回坊，明代属昭回坊、靖恭坊，清代乾隆年间属镶黄旗管辖的中西、灵中坊，光绪末年至宣统年间归属于内左三区；民国时期为内五区；当代属东城区交道口街道办事处。南锣鼓巷是历代达官显贵居住之地，历史遗存丰富，汇集自元朝以来不同时代风格的建筑风格，构成了独具特色的历史人文景观。南锣鼓巷得名于南北低中间高

① 本文由北京市东城区交道口街道办事处提供。

的“罗锅”形地势变化，所以称罗锅巷。乾隆十五年（1750 年）绘制的《京城全图》改称“锣鼓巷”。

（二）街区地方特色

在历史上，明清两代南锣鼓巷及其周边地区为皇室服务的机构较多，传统非物质文化遗产的原真性和完整性较好。东城历史上居民多为当时的“权贵富贾”，与西城的“依爵赐宅”的分封制相比，家族的代际传承更加稳定，家族的定居性更强，流动性较弱，形成了具有地方根植性的“宅院文化”。国家话剧院、中央戏剧学院、北京儿童艺术剧院、北京市美术家协会等一批文化艺术机构是当代文化艺术的代表，北京最早的“小资”文化就发源于南锣鼓巷的静吧中，并逐渐发展衍生出先锋艺术的流派，对当代艺术发展起到了重要的促进作用。近年来发展起来的文化创意产业，共同构筑了南锣鼓巷历史文化与现代文化的融合。

目前，南锣鼓巷地区仍居住着 2 万多的原住民，老北京胡同、四合院里的生活方式和居住方式形成了南锣鼓巷的人文情怀，胡同里的邻里文化、语言文化、胡同文化等民俗风情依然存在，儿童嬉戏、邻里互助、下棋聊天等日常生活场景随处可见，南锣鼓巷的故事至今还在生生不息地延续着。

（三）街区历史文化价值

1. 南锣鼓巷与元大都同龄

据考证，南锣鼓巷地区与元大都同期建成，至今已有 740 多年的历史。元大都在建造时沿袭了《周礼·考工记》中都城建制的思想：“匠人营国，方九里，旁三门，国中九经九纬，经涂九轨，左祖右社，面朝后市，市朝一夫。”在元大都“左祖右社，面朝后市”的城市格局中，南锣鼓巷是“后市”的组成部分。

2. 南锣鼓巷是古城民居的活化石

以南锣鼓巷为轴线，其两侧各均匀分布着 8 条平行胡同，呈“鱼骨状”，即民间所说的“蜈蚣”形。因此，南锣鼓巷也被称为“蜈蚣巷”，是北京市目前唯一保存着元代“鱼骨状”胡同肌理的民居区。在南锣鼓巷地区，保留下来的更多的是民国时期的建筑与规制的宅院邸府，各式的门墩、抱鼓石、上马石、门楼、影壁，幽静的胡同街巷，共同构成了胡同、四合院的灿烂文化。

3. 南锣鼓巷是城市历史的活档案

南锣鼓巷740多年时空，如城市档案般记载着北京城发展的历史，也记载着历史上发生的重大事件，洪承畴、僧格林沁、荣禄、婉容、冯国璋、蒋介石、詹天佑、茅盾、齐白石等都曾在此居住。时至今日，南锣鼓巷名人故居、文化单位集聚，分别有1处国家级、11处市级、10处区级文物保护单位，形成了独特的历史人文景观。南锣鼓巷民间自发形成的民俗文化兴盛，并且表现为广大民众喜闻乐见的形式，如民间文艺、器乐、游艺与竞技、手工艺、美术、节事庆典等。目前，传统手工艺、传统竞技、传统娱乐表演和其他民俗技艺或爱好在周边居民中相对普及，这种“活文物”体现了地方文脉与特色，也是弥足珍贵的非物质文化遗产。

二、南锣鼓巷发展现状

（一）街区风貌实现了有效保护

南锣鼓巷至今仍保留着元大都时期的里坊制建筑格局和胡同肌理，沿街还保留一些清末、民国初年的传统建筑，遗存着部分人文景观。通过改造提升，按照“修旧如旧”的原则，运用挖补等技术手段，重新恢复了老墙、老门楼，对不符合古都风貌的店铺外立面、牌匾、门窗等逐户制订方案进行重新修复。2004年以前，各种投资人在南锣鼓巷改造院落44个，搬迁住户390户。2005—2007年，实施玉河风貌保护工程，拆除院落80个，搬迁住户693户。2008—2011年，利用政策支持，按照“微循环”模式，在南锣鼓巷主街及两侧搬迁住户22户，置换面积500多平方米，居民居住环境得到极大改善，也促进了街区风貌景观的提升，实现了历史文化风貌保护与现代文化休闲产业的协调。

（二）街区商业业态得到进一步调整和优化

目前，南锣鼓巷地区集聚文化创意类商户 290 家，其中服装服饰店 79 家、创意礼品店 64 家、酒吧咖啡馆 45 家、文化餐吧 67 家、客栈会所 20 家、小剧场和书吧等其他业态 15 家，基本形成了文化休闲产业集聚态势，包括咂摸、秦唐府 7 号院、过客、肚脐眼、创可贴、蓬蒿剧场等在社会上都具有很高的知名度。2010 年，南锣鼓巷客流量累计达到 300 万人次，年销售总收入突破 3 亿元，带动就业 1000 余人。2011 年，南锣鼓巷客流量突破 400 万人次，实现销售收入 4.1 亿元。以销售创意文化衫的“创可贴－8”，年销售收入达到 400 万元以上，在海外设立了专卖店；以四合院住宿为主的秦唐府 7 号院，住宿的客房半年以后才能预订到；以展卖社区居民手工艺品的社区工艺坊，开业仅两个月就已实现销售收入 7 万元，社区居民每年房租收入可达到 2000 万元以上，真正享受到街区发展的成果。

（三）消费环境和公共服务设施得到明显改善

改造南锣鼓巷南口恒祥居停车场，留设了残疾人旅游团队车位；沿街增加了无障碍设施；改造提升公共厕所；对符合条件的商户实施刷卡消费无障碍工程；设置自行车存放处等。通过实施一系列改造提升工程，促进了消费环境的改善和公共服务设施的完善。

（四）街区管理服务水平和商户经营管理技能实现有效提升

通过建立街区管理、安全生产等专项制度，进一步加强了对街区的执法检查，设立消费者投诉站，协调解决了消费者与商家的纠纷，维持了良好的经营管理秩序；编印政策法规读本，召开商户、居民培训会，服务人员的英语、销售、手语等技能得到了进一步提高；充分发挥南锣鼓巷商会和南锣鼓巷社会工作站的作用，加强商户的自我管理。

通过改造提升，南锣鼓巷在注重恢复历史文化风貌的同时，活跃了街区经济，极大改善了居民的生活条件，实现了历史文化资源的有效利用与人文环境的和谐发展。南锣鼓巷的快速发展，也赢得了社会的认同。2007

年，南锣鼓巷被北京市民评选为“北京市十佳街巷胡同”；2008 年奥运期间，澳大利亚 21 世纪创新国际评价中心根据对参加北京奥运观光活动的世界游客抽样追踪调查与媒体确认结果显示，南锣鼓巷被认为“全球游客最喜爱的中国四大特色商业街”之一；2008 年，南锣鼓巷获得了“第三届中国创意产业年度大奖”和“中国文化产业学院奖”；2009 年 12 月，被国家旅游局评定为 3A 景区；2010 年 2 月被评为“北京请您来过年——最受喜爱的十大购物街区”称号，8 月被评为“新京味旅游十大名片”，11 月被评选为“北京市特色美食街”，并荣获第十四届联合国“国际花园城市与社区全球决赛”可持续发展项目金奖。南锣鼓巷以北京风情、胡同文化、创意小店、休闲街区为特色，成为国内外游客旅游体验的必选之地。2011 年，荣获由联合国人居署亚太办事处、亚洲人居环境协会和日本福冈市政府联合举办的“2011 亚洲都市景观奖”，在北京电视台第五届“北京影响力”评选中获得“影响百姓生活十大品牌奖。

（五）成为北京最具特色的胡同旅游商业街之一

2008 年奥运期间，南锣鼓巷中外宾客云集，日客流量达到万人，成为众多奥运官员、运动员、工作人员和游客的必游之地。据国际新锐评价机构——澳大利亚 21 世纪创新国际评价中心，根据对参加北京奥运观光活动的世界游客抽样追踪调查与媒体确认结果显示，南锣鼓巷与琉璃厂、什刹海和大栅栏共同被认为“全球游客最喜爱的中国四大特色商业街”。国际奥委会主席罗格的夫人——安娜·罗格女士更是两次参观体验，给予了高度称赞。美国副总统拜登、德国总理默克尔、日本首相麻生太郎夫人、泰国公主诗琳通也都先后来到南锣鼓巷参观游览。

2009 年 11 月，南锣鼓巷被美国《时代》周刊杂志推荐为亚洲必去的 25 处风情体验地之一。南锣鼓巷以其独特的历史文化与现代休闲的人文魅力，成为国际政要、国内相关领域专家、国内外宾客必选的北京特色商业体验地之一。

三、商业街近年来改造提升的主要做法与措施

自2006年起，交道口街道办事处依托南锣鼓巷资源优势，着力打造集文化、商业、商务、休闲、旅游、居住等功能为一体的历史文化生态街区，进一步促进了南锣鼓巷的繁荣与发展，实现了老城区的复兴。

（一）找准问题根源

发展空间狭小，土地资源有限；市政设施有待完善，居民生活环境亟须改善；历史建筑的失修、商业的推进使整体风貌和历史文化价值贬损等。这些问题多年来一直困扰着南锣鼓巷的建设与发展，其核心问题就是如何处理好街道历史风貌保护、产业发展与居民生活水平提高三大需求之间的矛盾，也成为街道亟待破解的一道历史性难题。

（二）确定发展战略

针对问题，街道确定了南锣鼓巷未来建设发展的三项战略：①积极保护战略。将积极保护观融入对历史文化资源的三个保护层次中，包括元代城市肌理、街巷格局的完整性和原真性保护，重要历史遗存的保护，非物质文化遗产的保护。②文化兴街战略。打造文化创意集群，发展文化产业，走"以文兴街"路线，发展文化事业，丰富社区文化生活，发展文化生态，组织多样化文化链。③和谐惠民战略。将安定和谐、居民幸福提升到社会稳定的高度，坚持执政过程的和谐，坚持建设和谐社区的目标，坚持发展的根本目的是为民。

（三）明确发展定位

街道坚持规划先行原则，先后与北京大学共同编制了《南锣鼓巷保护与发展》和《交道口街道社区发展规划》，在分析南锣鼓巷现状的基础上，制定了近、中、远期建设发展规划，确定了南锣鼓巷建设发展的形象定位是：大都之心、元生胡同、民居风情、创意空间。大都之心标明了南锣鼓

巷作为元大都几何中心的重要区位地标的意义，元生胡同体现了城市肌理与格局的历史价值，民居风情蕴含着北京典型传统四合院民居的怀旧情怀，创意空间则展示着传统文化与创意文化的结合与提升。

（四）科学组织实施

2006—2012年，南锣鼓巷重点加强了环境整治建设，共投资5亿多元，先后实施了市政道路铺装、雨污管线改造、煤改电、院落修缮、胡同整治、电力线入地、信息安全监控、火灾自动报警喷淋、商业街提升改造、业态优化、历史文化挖潜等10多项工程，街区品质得到明显提升。

1. 科学保护，着力推进风貌保护工程

一是科学编制规划。街道在组织编制《南锣鼓巷保护与发展规划（2006—2020年）》和《交道口街道社区发展规划》的基础上，还聘请专业设计单位编制了《南锣鼓巷景观优化整治方案》、《南锣鼓巷绿化美化设计方案》、《南锣鼓巷景观风貌控制规划》以及胡同整治等多项专项规划，做到专业规划、专业设计、专家论证、专业施工，保障了规划与实施有效衔接。

二是加大胡同整治力度。2007年，街道在南锣鼓巷两侧确定了16条胡同的整治任务，对胡同外立面进行了保护性修缮。投资1.2亿元，完成了16条胡同的架空线入地工程，全面解决了南锣鼓巷地区空中飞线交织问题，街区景观实现明显转变。2007—2008年，投资600万元，先后对南锣鼓巷两侧16条胡同进行了整治，共整修外立面3万平方米，对胡同内所有门楼、旧砖墙等历史文化元素，以“修旧如故”的传统工艺手法进行了恢复，并更换、修缮了胡同内的所有门窗安装了仿古路灯。改造后的胡同墙体整洁，门楼富有特色，门窗与墙体相协调，整体风貌统一，空中不再有乱拉的电线，地面平整，渗水性好，夜间胡同不仅能保证车辆行人的通行，整齐美观的仿古路灯还成为了胡同内的一道风景线。

三是推进景观优化整治工程。2006年，投资1000多万元，完成了南锣鼓巷雨污管线改造和路面铺装工程；2007年9月—2008年6月，投资600万元，按照《南锣鼓巷景观优化整治方案》的要求，拆除沿街两侧及二楼平台上违法建设530平方米，整修外立面75处，粉刷墙面7400平方米，清理不合格牌匾120块，设计更新牌匾31块，清除破旧遮阳棚50处，更新改建雨搭41处，修缮街巷两侧全部院落及商铺门前台阶278处，设计制作报箱、奶箱21处、仿古垃圾箱100个，修饰外挂电表遮挡10处，恢复建设“悬山”式牌楼、民国北京水准点、万庆当铺、财神庙等4处文化景观；2008年6月，投资2500多万元，完成了南锣鼓巷主街架空线入地工程。通过一系列提升改造，南锣鼓巷环境景观发生明显变化。

2. 突出特色，有序推进商业环境建设

一是积极推进产业结构调整。街道按照“打造品牌、丰富品种、提高品级、提升品位”的原则，以文化创意产业为导向，逐步加强了对商业街业态的调整，制定了《南锣鼓巷商业街业态调整资金使用办法》及实施细则，设立了1300万元的业态补助专项资金和1200万元的房屋置换配套资金。通过置换、调整、限制、更新、招商等方式，先后对70余家商户进行优化调整，严格限制小商店、小吃店、小五金等不符合南锣鼓巷产业发展规划的业态，鼓励符合街区定位的商务休闲、文化旅游、艺术品交易、文化创意等产业的导入，逐步构成了较为合理的业态结构比例，文化休闲产业初步形成。

二是推进公共服务设施升级。自2007年10月，在南锣鼓巷积极推进了“刷卡消费无障碍”工程，完成了具备安装条件的60余家，均可受理内卡和外卡。投资200万元，先后完成了100户商家防火报警喷淋系统工程，2处厕所的升级改造工程，10处无障碍设施改造建设和1处停车场整修建设，进一步提升了公共服务设施水平，保障了奥运期间的服务接待工作。

三是强化商业街管理。街道发挥属地职责，成立联合整治小组，组建了南锣鼓巷消防队、治安巡逻队和交通巡逻队，加强对日常交通、治安、防火、环境建设秩序等方面的管理，进一步规范了商家的经营管理秩序；编印发放《南锣鼓巷特色商业街法律法规宣传读本》和《南锣鼓巷居民和商户管理服务培训手册》2000余册，加强了对商家的法律法规宣传，进一步提高了商家的遵纪守法意识；会同南锣鼓巷商会，组织商家和居民参加了政策法规、手语交流、英语口语等多次次培训，总计培训700人次，培训率均达到90%以上；规范商家中英文双语标识13处；深入开展了“南锣鼓巷文明诚信示范店”评选活动，进一步调动了商户文明经商的积极性，促进了商户文明素质的提高和法律意识的增强。

3. 深入挖掘，不断提升街区文化品质

一是深入挖掘历史文化。南锣鼓巷地区历史遗存丰富，文化底蕴十分深厚。街道与有关历史学家，共同研究挖掘了辖区内的历史文化，编纂完成了100万字的《交道口街道历史文献资料集》；出版发行了10万字的《南锣鼓巷史话》，分门别类地记录了南锣鼓巷的历史变迁；编印出版了《走进南锣鼓巷》画册，进一步宣传和弘扬了街区历史文化。

二是不断打造品牌文化活动。街道在每年春季举办南锣鼓巷戏剧节，夏季举办南锣鼓巷消夏节，秋季举办南锣鼓巷胡同节。自2008年起先后参加了3次中国（北京）国际文化创意产业博览会和北京国际旅游博览会，自2009年起每年举办“南锣鼓巷保护与发展论坛”。积极开展南锣鼓巷“十大美食、十大特色店、十大景观”评选活动，进一步展示了历史文化街区的魅力，也吸引了全国一大批文化创意者的加入，使南锣鼓巷成为了文化创意者的聚集地。

四、特色街建设的主要体会

（一）必须坚持规划先行、保护优先的原则

规划是龙头，街道与北京大学研究编制了《南锣鼓巷保护与发展规划》和《交道口街道社区发展规划》，有效指导了南锣鼓巷古都风貌保护、产业发展和提高居民生活水平三大方面的建设。同时将保护原则放在第一位，即在建设中优先保护胡同、四合院以及历史遗存，保障风貌保护的良好环境。当风貌保护工作与产业发展等经济工作发展冲突时，优先考虑风貌保护工作，确保南锣鼓巷的可持续发展。

（二）必须强调社区居民和社会力量的参与过程

街道在推进南锣鼓巷风貌保护、产业发展和改善居民生活环境的过程

中，充分发挥社区居民、沿街商家和社会力量的参与，改变过去街道自我为主、全包全揽的做法。在进行多项改造提升项目过程中，实施了“街区规划进社区行动”，向社区居民和沿街商家宣传、讲解《南锣鼓巷保护与发展规划》，取得了社区居民和商家的认同和支持；在进行沿街景观整治过程中，与商家共同商议整治设计方案，倾听商家的意见和建议，确保了整治过程的和谐；充分发挥社会力量参与南锣鼓巷建设的作用，街道与北京远洋地产公司合作，运用远洋地产公司公益基金，为街区整治了3个院落、1条小巷和3处绿化景观，在残奥会期间还捐赠了方便残疾人游客乘坐的电瓶车。

（三）文化产业发展应因地制宜、兼容并举

当前，文化产业正在成为一个新兴的、热门的产业，但如果不加以分析，超出现实基础条件盲目发展、盲目投入，必将以失败告终。能否实事求是、因地制宜是文化产业发展的关键。南锣鼓巷是历史文化保护区，不适合发展二产，近年来在自发基础上，通过政府有效引导，形成与地域文化相融合的休闲文化产业发展集聚区。目前，南锣鼓巷的产业包括餐饮娱乐、休闲旅游、文化艺术、动漫游戏等产业，既有传统文化也有现代文明，既有中国文化也有西方文化，还有各种各样的人群，形成了文化形态的多样性和文化休闲消费的多元性。正因如此，因地制宜，独具魅力和特色，有别于其他街区。今后的南锣鼓巷将继续打造自身特色，形成宜商、宜游、宜居、宜休、宜学、宜娱的品质街区。

（四）文化也是一种生态

南锣鼓巷的文化生态从产生到发展，不断涵养、进化着，具有多样性和丰富性，弥足珍贵，需要很好地保护。如不积极加以有效的保护、任意的破坏、无序的发展，将像生态环境一样遭到报复——社会谴责、历史唾骂；如不弘扬积极向上的文化精神，将会造成社会公德的丧失、不良风气的形成；如不保留适量的原住居民，也会失去老北京文化的底蕴和风情；如不节约、集约利用各种文化资源，搞好文化生态定位，保护好文物和非

物质文化遗产，也必将造成生态文化的缺失。有机更新、循环发展，像爱护自然环境一样爱护文化生态环境，建设文化资源节约型、友好型生态文化，是南锣鼓巷构建高品质文化的现实选择。

提升簋街餐饮经营水平
打造京城饮食文化特色商业街①

东直门内特色餐饮街，东起北二环，西至北新桥，全长约1500米。被北京人习惯性地称为簋街，是北京最早成型并保持持续发展的特色食街。2009年11月，《北京日报》发布了北京市民评选出的东城十大文化名片，簋街作为其中之一，以新派京味餐饮文化的特色，为广大北京市民熟知与认同。

簋街的发展从形成到现在已有十几年的历史，其间经历了餐饮结构调整，非典风暴、小龙虾风波等多种因素的洗礼，始终保持旺盛的生命力，并呈持续高速发展。一直以来被誉为京城餐饮时尚风格的风向标。

一、簋街的形成与发展现状

东直门内大街（以下简称东内大街）全长1500米，东西走向。此前，东内大街一直是作为一条交通次干道，人流量不大，计划经济时代作为区域型商业中心（北新桥地区）的边缘地区，商业基础设施相对薄弱，以面向周边居民的区域型服务为主，改革开放以后，商业的发展逐渐形成了市场化的特点，但以较低级的原始商业业态为主。1995年前，东直门内大街在沿街北侧便道上，贯穿东西，建有规模较大的农贸市场，拥有200多摊位，经营蔬菜、粮油及日用品，当时被称为市场一条街。1995年，农贸市场拆除，政府鼓励沿街居住房商业化经营，东内大街逐渐形成了局部的餐

---

① 本文由北京市东城区北新桥街道办事处提供。

饮密集经营，出现了许多以经营火锅、家常菜为主的餐饮店，并以昼夜服务扬名。当时较著名的餐饮企业包括现已撤出本街的金鼎轩、郭林家常菜、巴西烤肉、居德林，以及目前仍活跃于本街的晓林餐厅（现晓林火锅）、东兴楼、羊蝎子酒楼等。东城区政府因势利导，制定鼓励性政策发展东内大街的餐饮经营，并对整条街制定了较全面的发展规划。2000 年，簋街的餐饮设施数量达接近 80 家，被北京市商委正式命名为北京市第一条特色餐饮街，形成簋街的第一个发展高峰期。随后经过 2002 年街区基础设施的完善与改造，簋街的餐饮经营品牌与特色有了新的调整。2005 年为了迎接 2008 年北京奥运会，区政府又对簋街的餐饮店外装饰风格开展了规范性改造，使簋街的街貌发生了巨大的变化。

二、商业街改造和建设

（一）实施综合整治工程，提升特色商业街硬件水平

自 2008 年以来，以“时尚、传统、文化、品牌”为设计理念，开展了簋街综合整治工程，对大街两侧 315 家商户及院落进行建筑外立面改造、公共设施改造、店铺广告牌匾风格规范、街道绿化美化、指引标识标志系统建设、小型景观工程建设等，共疏通居民院下水管道 300 多米，市政管线 690 米，翻新步道 3800 平方米，整修步道 2200 平方米，设置餐饮街标志物——铜雕“伯簋”，对餐饮企业厨余垃圾及居民生活垃圾进行分类收集，从源头解决了厨余泔水污染环境的问题，营造出整洁、优美、和谐、有序的特色商业街环境。

（二）创新工作模式，提升特色商业街管理服务水平

一是成立簋街饮食服务协会，实现商家自我管理。2000 年，成立簋街管理委员会，下设办公室，负责簋街服务管理工作。2003 年，按照“政府参与、商家自我管理”的工作思路，簋街管理委员会正式更名为簋街饮食服务协会，并制定了《东城区簋街饮食服务协会章程》，明确了协会的性质、宗旨和任务。簋街饮食服务协会成员由非公党支部、团委、工会、民

政、城管、工商、公安、劳动、计生、卫生、工商联分会等组成，商家会员36家。协会职责包括：①发挥政府和商户之间的桥梁纽带作用，做好双向服务，一方面按照业务主管部门要求，积极参与地区发展规划，协助做好服务管理工作；另一方面当好商家的参谋助手，为商家排忧解难，向有关部门反映商家的意见和建议。②创造条件与同行业组织建立联系，举办各种业务交流活动，共同研讨适合簋街发展的经营方向和经营项目。③举办各种培训活动，打造簋街品牌，提高簋街餐饮整体水平。

二是从细节操作入手，规范簋街餐饮服务规范标准。由簋街饮食服务协会会同区质监局、卫生局、商务局共同制定《簋街地区餐饮服务质量标准》，规定了包括倒茶斟酒动作、主宾服务顺序、第一道冷热菜的出菜时间、上菜顺序、菜品码放等服务细节在内的7大类100余项标准，通过分批分段、进店现场讲解等培训方法对所有餐饮企业员工进行培训，使全街98家风格、规模、档次各异的餐饮企业在餐饮服务方面形成整齐划一的规范"动作"，大幅提升了簋街餐饮服务水平。

三是加强流动人口管理，实现劳动关系和谐。由于餐饮服务业的用工特点，簋街的流动人口员工多且成分复杂。据统计，簋街98家餐饮企业共聘用流动人口员工6000余人，人员来自全国28个省市地区，且流动性大。因此，在簋街日常管理工作中特别强化流动人口服务管理，以服务促和谐。①组建行业工会，发挥桥梁纽带作用。2007年，区委、区政府在簋街成立餐饮工会联合会，并召开簋街餐饮业第一届职代会。目前，行业工会覆盖面已扩大到簋街全部餐饮企业。②加大维权力度，监督规范用工。组织簋街全部餐饮商家签订《簋街餐饮业集体合同》、《工资协议书》和《女职工特殊权益保护专项集体合同》；建立企业劳动用工信誉等级评价工作体系，实现企业档案计算机管理，督促簋街商家与员工签订劳动合同、按时交纳社会保险。目前，簋街所有受聘员工参保率达100%，劳动合同签订率达100%。③开展基础信息调查，实现"以业管人"。将簋街作为基础信息采集的重点区域之一，开展流动人口和出租房屋底数调查；明确用工单位管理责任，强调"底数清、情况明、来有登记、走有注销"。

三、簋街发展思路

（一）逐步调整定位，面向更广域的目标消费对象

随着簋街品牌的广泛传播，簋街已经不再只是北京人的簋街，正逐步走出北京，面向全国。适时地调整消费者定位将是簋街未来的发展方向。特别是着眼于美食东城、美食旅游的定位目标，从这一角度出发，对簋街的整体经营方向进行逐步有序的调整。

（二）细分目标市场，树立核心卖点

商业发展规律表明，当居民居住范围不断向城市周边扩大、地扩大拥有相对宽裕的生活空间达到一定时间积累后，又会重新向往昔日大都市的繁荣嘈杂的生活经历，怀旧的向往更加强烈。簋街作为具有浓郁北京特色的特色街，风格特点要予以发扬光大，核心定位要满足本地消费者的消费需求。同时充满本地特色的消费环境，也是吸引外来消费者的核心卖点。

因此，在继续突出簋街餐饮特色的同时，适度地挖掘簋街的文化内涵，塑造浓郁的京城特色，并通过适度的包装与传播，将极大地扩大簋街的品牌影响力。北新桥的传说，簋街的名字的由来、标志物的功能性作用（镇鬼），簋街成长的历史，都是可以深入挖掘的话题。

（三）提高餐饮服务综合水平，改善整体街貌

目前的簋街餐饮经营企业，多数在内部环境上有较大的提升，但也存在普遍落后的环节，特别是在硬件水平上尚存在不足。包括用餐环境的嘈杂与拥挤、卫生设施的简陋、餐饮店外的异物摆放与杂乱等都直接影响着簋街的整体街貌与服务水平的提升。如何做到簋街餐饮店个性化的突出与总体的有序，将是对今后簋街发展的考验。

新的在旧的中　时尚在历史中

——南新仓的昨天和今天

杨　波①

南新仓，位于北京市东城区平安大街东端，东四十条桥西南，为明、清两代京都储藏粮米的皇家粮仓之一。它于明永乐七年（1409 年）在元代北太仓的基础上始建，至今已有 600 多年历史。目前，南新仓已成为全国仅有、北京现存规模最大、现状保存最为完好的皇家仓廒和见证京都史、漕运史、仓储史仅存的历史实物，具有极高的文物价值。从 2003 年开始，北京一商集团公司、北京市百货公司和香江国际发展有限公司合作开发南新仓国际大厦，并对约 4000 平方米已具有 600 多年历史的明清两代皇家粮仓——南新仓进行大规模整饬修缮，使这些古仓恢复了历史风貌。对 4000 平方米的旧院落和非文物旧仓库进行整体改造，使之成为与文物古仓风格一致的仿古建筑群落，营造出独具特色的南新仓文化休闲天地，成为具有独特皇城风味的北京文化休闲特色商业街。

一、600 年明清皇家粮仓历史回溯

以仓储粮在我国历史悠久。早在汉代就开始大规模地以仓储粮，如陕西华县的华仓。历代对粮仓的设置非常重视，一般根据等级高低将粮仓划分为义仓、常平仓和官仓三种。建于天子脚下的京师官仓，便比其他地方的官仓多了一层皇室的意义，因而拥有了“皇家粮仓”的尊称。南新仓就

① 杨波，北京南新仓商贸有限公司总经理。

属于“皇家粮仓”的典型代表。

南新仓作为历史的产物，有其悠久的历史渊源。元代以来修浚南北大运河，在京都大规模地构建粮仓，把江南的漕米、物资大量运往京城的各个仓廒，并妥善储存、管理、使用。这不仅成为当时统治阶级巩固政权、确保资源供给的主要形式，而且成为其之后明、清两代王朝维系京师民生大计的关键。南新仓就是在这样的历史条件下产生、发展、壮大的。直至今天，它依然顽强地守望在昔日皇城之东沿。

（一）明朝

公元1421年，明成祖朱棣迁都北京。明永乐时，北京已发展成为极为繁华的都市。北运的漕粮常常近400万石，数倍于元代。元朝建立的粮仓已远远不能满足京师储粮的需要，于是明朝开始在元仓的基础上大规模增建粮仓，并于明正统三年在东城裱褙胡同设立总督仓场公署。南新仓就是在这个时期修建而成的。

南新仓建于永乐七年（1409年），是在元代北太仓的基础上建立起来的。明代北京设军卫，专司守卫仓储军粮，只供军需，纳入官仓（即中心仓）统一管理。南新仓为中心仓，管辖8个卫仓，分别是府军卫仓、燕山左卫仓、彭城卫仓、龙骧卫仓、龙虎卫仓、永清卫仓、今吾左卫仓和济州卫仓。这些卫仓均归属南新仓统一调配。

明朝，京师共有包括南新仓在内的7座官仓，它们均集中在东城朝阳门附近。北侧有海运仓、北新仓，中部有南新仓、旧太仓、兴平仓和富新仓，南侧有禄米仓。它们共同担负着京师储粮的重任，在南粮北运的过程中起着重要的作用。

（二）清朝

在清代，作为首都的北京是全国的贸易中心。康熙三十五年（1696年）疏浚通惠河，自此以后，通惠河水量充足，航运能力大增。次年，为了使漕粮自大通桥（今东便门外）水运至东直门、朝阳门一带京师诸仓，又疏浚护城河。从此，入东直门、朝阳门一带南新仓、兴平仓、禄米仓、旧太仓等的漕粮，可用驳船自大通桥向北沿内城东侧护城河直接浮运，大大方便了漕粮的运输。

清代的京仓都是在元、明旧物基础上改造而成的。清初，共计有8京仓，南新仓为其中之一。到清代乾隆年间，京仓在明代7座官仓的基础上，又扩建了万安仓（今朝阳门外北护城河边）、太平仓（今朝阳门外南护城河边）、裕丰仓和储济仓（今东直门外通惠河北岸）、本裕仓和丰益仓（今德胜门外）6座仓，数量上达到13座，被称为“京师十三仓”。而通州还有中（通州旧城南门内）、西（通州新城南门内）2座仓。因此京、通二仓的总和达到了15仓。清代的京、通二仓是封建社会京师太仓制度最为成熟的典型，在规模上、技术上和制度上都达到了顶峰。

清中叶以后，政治腐败，财政陷入极度困难，贪污之风盛行，储量日益减少。至道光年间，南新仓储量比清初少了许多。到清光绪三十一年（1905年）漕运制度彻底废止，由征粮改为征银。京城和通州的官仓也就逐渐闲起来或改作他用。

二、南新仓仓廒的建筑结构

在古代，仓是总称，廒是储粮库房。明朝时期南新仓的仓廒，在构造上，以廒为储藏单位，每3间为一廒，后改为一廒5间。廒门挂匾额，标明某卫某号。每廒面阔约23.8米，进深为17.6米，高约7.5米，前后出檐。由于是京师储粮重地，在外观上，南新仓与城墙一样按军事标准建造，全部用大城砖砌成，保证其坚固耐用。仓房亦为砖砌，五花山墙，围墙厚达1.3~1.5米，廒架结构基本采用独棵圆木的中国传统木架结构，巨大而珍贵的木料产自四川、湖南、湖北、江西、浙江、山西等地，圆木直径在30~60厘米，结构十分稳固。屋顶悬山合瓦清水脊顶，前有罩门。

廒砖产自山东临清县，大城砖每块长约45.5厘米，宽约22.5厘米，高约11.5厘米，重约25公斤。仓院墙砖要小，每块长约41.5厘米，宽约20.5厘米，高约8厘米，重约12公斤。瓦则产自山西。

清代京通仓廒的建筑十分讲究，其技术较之元、明有较大改进。第一，为了防止水淹，每座仓廒的地势都比较高，四周筑有高大围墙，地下有排水管道。第二，为了防潮，每座仓廒的地基都用三合土夯筑，然后均匀铺洒一层白灰，再用砖铺做地面，上加楞木，铺满松板；墙壁有护墙板，门有门罩。第三，为了通风，每座仓廒除有气楼、闸板外，还"用竹气通高出米顶之上"。并用竹蔑编成隔孔，钉于窗上以防鸟。第四，廒的墙体很厚，底部厚约1.5米，顶部约为1米，墙体收分很大，建造如此之厚的墙体，可以使粮仓内部保持相对的恒温。以上的建筑方法和措施，既防潮又保证通风，使得仓粮可以历久不坏。

为了储存最大量的粮食，南新仓在构造上最大的特点就是仓廒的空间容量极为可观，按仓最少储粮100万石的储量来计算，南新仓可储存近1亿斤的粮谷。如果折成基本储量为10吨的集装箱的话，南新仓的总储藏量就相当于5000个左右的集装箱。

三、南新仓仓廒的管理

据史记载，南新仓在清朝初期有廒46座；康熙三十三年（1694年）添建5座，五十五年（1716年）添建5座；雍正元年（1723年）添建9座；乾隆元年（1736年）添建1座。因此，到乾隆年间，南新仓已经有廒66座，规模之大在当时为京城之最。到宣统年间南新仓又增建到70廒。

清朝的廒座均以单字命名：有用干支的，如"甲、乙、丙、丁……"、"子、丑、寅、卯……"；有用千字文的，如"天、地、元、黄……"、"宇、宙、洪、荒……"

漕运南粮到京仓的时间和数量，根据收获情况、气候和运河水势情况而不同，一般集中在夏、秋季。漕粮来得多时，各仓廒存储不下，只好露天存放，因此，廒外还有穴位。新到的漕粮往往较湿，要先晾晒；常年存放的廪粮还要翻倒、除糠，因此，廒外还有晾晒场。仓中除官员、官役外，还有粮工、车辆、马匹、工具等。在仓的周边街巷，与仓储漕运相关的行业应运而生，如大车店、小饭馆、小酒店等。

清朝沿袭元、明两代的漕运制度，每年平均从山东、河南、江苏、浙江、安徽、湖南、湖北等省征收米、麦、豆等粮食460多万石。不过，那时积水潭一带的码头已经废用，漕粮先运到通州运河的石、土两坝，用驳船将石坝漕粮经通惠河各闸口运到东便门外大通桥附近停靠卸粮，再用车辆运到各京仓；土坝漕粮则经通州护城河运到通州中、西两仓。

漕粮中江浙一带征收的糯米、粳米称“白粮”，由内务府供给皇室及朝廷官员廪禄之需。一般漕粮则专供八旗人丁的俸禄、军兵食用及养马饲料；除非是久储霉变的“廒底成色米”、“扫收零撒土米”或仓粮有余时，才拿出少量售于市民。漕粮进仓，分别装进各廒口中，储满一廒，再装一廒，廒满关门，贴封上锁，用时开启发放。

除专司储粮的仓廒外，另有许多附属建筑，其中龙门、官厅、科房、大堂等都是各级人员办公用房；警钟楼、更房为报警巡更人员所用；还建有仓神庙、土地祠、关帝庙等，为祭祀之用；另有多眼水井，为救火水源。

四、文化特色商业街魅力永恒

1949年中华人民共和国成立以后，南新仓由北京市百货公司作为百货仓库使用。1984年5月公布为北京市文物保护单位。历经600年沧桑之后，南新仓仍保留9座仓廒。2004年，根据北京市关于国有企业改革的精神和一商集团公司关于加快股份制改造的工作部署，为进一步深化企业改革，以资产经营为突破口，开拓新的经营项目，促进企业新发展，经报请一商集团公司批准，对北京市百货公司进行改制，组建北京南新仓商贸有限公司。公司的主营业务由商品经营转变为物业资产经营，由此实现“三个提升”：①由宽泛的物业资产经营提升为具体的经营文化休闲业；②由引进文化休闲业客户提升为建设南新仓文化休闲街；③由经营房产物业提升为经营市场、经营客户。由于坚持走突出特色、做精做强和差异化发展的道路，南新仓特色商业街区迅速成为北京商业时尚的地标性街区。

南新仓文化休闲街主打文化创意牌。街区内的“皇家粮仓”自2007年5月18日起，上演600年历史的厅堂版昆曲《牡丹亭》已达480场，观众反响热烈，被列为向 2008 奥运代表团和国际宾客重点推介的北京新派传统文化项目；2007 年 8 月 8 日，国内首家奥运冠军俱乐部“柏林北京 2008 冠军俱乐部”在街区内“金粉世家影视文化俱乐部”落地。此外，大董烤鸭店、万龙洲皇家海鲜店、饭前饭后餐厅等特色餐厅和一批文化创意特色浓郁的商家也以其鲜明的经营特色，逐步站稳脚跟，赢得市场，共同托举起南新仓这一特色商业品牌。

当前，南新仓公司正全面实施“十二五”发展战略，全面打造“国际化、现代化、精品化”南新仓，在发扬传承南新仓的皇家文化、运河文化和仓廒文化特色基础上，努力建设“历史有根、文化有脉、商业有魂、经营有道、品牌有名”的“五有商街”。“新的在旧的中，时尚在历史中”，独具文化魅力与社会价值的南新仓特色商业街，在新北京的商业文化时空中魅力永恒。

◎商街新论

商业的街区驾着城市的梦

——别忘了，你在经营一座城市①

姜 鹏

作为城市名片的特色商业街区影响力巨大，它的每一个优点和缺点都会给城市带来极大的溢出效应。因此，除了产权方和管理方，城市管理部门也是商业街区隐形的经营主体。唯一的区别是，城市管理者是以街区为平台经营城市，以确保为城市带来积极正面的影响。因此，本文首先从城市经营的角度切入，探讨特色商业街区对城市财政与城市产业转型的价值；其次讨论当前我国特色商业街区经营中面临的问题及启示。

一、特色商业街区是城市复兴的起搏器

（一）特色商业街区开发与城市后工业转型

20 世纪 70 年代末，美国东北部的传统大城市正经历着一段不怎么美妙的时光。城市的产业基础动摇了：从 20 世纪初叶到中叶发展起来的“工业美国”正逐渐淡出历史舞台，传统产业受到了日本等新兴工业化国家的挑战，而新兴产业则更青睐太平洋沿岸的“阳光州”。城市的居民基础动摇了：长久以来，城市中心区治安的恶化使得高收入阶层从城市中心逃往郊区，并带走了消费和税收。祸不单行的是，联邦财政的转移支付也动摇了：1978 年，各城市在联邦预算中的占比从最高点开始下降。重重

① 本文原载华高莱斯国际地产顾问（北京）有限公司《技术要点》杂志《特色商业街区》专刊。

挑战之下，这些城市面临着越来越大的财政压力。

在接下来的数年里，这些城市的管理者们不得不启动城市的转型，尤其是寻求更多的收入来源，以维持城市的吸引力和竞争力。其中，有成功实现转型的城市，如芝加哥、波士顿、匹兹堡；也有不那么成功的城市，如底特律。那些成功转型的城市代表了一批新型美国城市的诞生。Peter Hall 在《明日城市》里概括了后工业转型城市的几大特征，包括工业经济的淡出、服务业占比的提升、郊区居民回归城市、旧城区缙绅化现象，以及城市打造为旅游目的地……

作为城市名片的特色商业街区开发，也是在这个大转型中初次进入美国城市管理者和开发商的视野。这一领域的先驱者是一个对城市发展具有伟大远见的开发商 James Rouse，他创立的 Rouse 公司先后开发了多个城市名片级的特色商业街区，包括波士顿的 Faneuil 市场、巴尔的摩内港、纽约南街码头等，这些项目在经济上都取得了极大的成功。以 Faneuil 市场为例，1980 年它吸引了 1500 万到访者，比同年去奥兰多迪斯尼的还多了 100 万人。从市场落成前的 1975 年到落成后的 1980 年，波士顿的游客数量翻了一番。

巨大的示范效应使特色商业街区开发在 20 世纪七八十年代成为美国的风潮。规划学界用 Rouse 的名字来命名这种开发模式——Rousification。具体地说，这一开发模式指的是在旧都心区运用历史性建筑的丰富建筑语汇与文化空间，对城市予以活化，并结合传统商业行为、小吃、精品店等逛街购物需求来吸引消费者与观光客，使旧街区再生。因其常年不落幕的文化休闲属性，Peter Hall 形象地将这一类商业命名为节庆市场（Festival Marketplace）。城市转型中蕴含的巨大商机成就了 Rouse 公司，它开发的商业项目也成为这些传统城市“退二进三”、发展旅游业、吸引新居民的主要推手。

（二）特色商业街区作为城市资产的价值

Rouse 公司的成功案例使得美国的市长们首次意识到了特色商业街区作为城市资产的价值，尤其是通过拉动相关消费对城市财政的巨大支撑。

2005 年，有学者向美国 446 个城市政府发放了关于城市开发导向的调查问卷。结果显示，46% 的城市管理者认为“娱乐、休闲、旅游”是城市最重要的发展方向；而在主要大型城市中，该选项的比例占到了 54%。

以芝加哥为例，在海军码头（Navy Pier）这一特色商业街区开发完毕后，政府的工作重心立刻转移到了各类旅游导向的商业开发及活动举办上。围绕着海军码头，政府专门成立了文化活动部以及对应的市长办公室。1980 年，这两个部门有 13 个成员，预算是 33 万美元。2005 年，该部门增加到 68 人，预算是 2500 万美元。被特色商业街区和活动吸引来的人群也为城市带来了可观的收入。2003 年，将近 800 万游客来到海军码头观光消费。同年，被海军码头等项目吸引而来的游客在芝加哥消费了 87 亿美元，为城市贡献了 1.66 亿美元的税收。

除了直接的经济效益外，特色商业街区的开发也是城市更新的“种子项目”，预示了中心区城市面貌与城市管理水平的触底回升，为城市创造了大量的“商誉”。不但原先逃离到郊区的高收入阶层纷纷回到城市中心，外来投资和移民也将芝加哥看作值得信任的城市。人们投身于城市新兴的高端服务业，并为城市创造着消费和税收。2000—2010 年，市中心成为芝加哥周边人口累计净流入最高的区域，城市又一次焕发了青春！

（三）转型中的中国城市需要特色商业街区

从美国的案例中，我们发现特色商业街区是城市的税金来源，也是城市更新的种子、城市商誉的背书、市民认同的载体。对于中国来说，这些规律是否同样适用呢？我们的答案是肯定的。

首先，城市产业升级的客观规律是难以违背的。近年来，中国许多相对发达的城市纷纷提出腾笼换鸟、“退二进三”的发展目标，事实上已经主动开始了由工业社会向后工业社会的转型。另外，随着公民意识的提升，许多第二产业的招商项目，无论污染与否，都容易被市民认定为城市的“负资产”，并成为群体性事件的起因。中国城市迫切需要找到后工业时代的发展路径。在这方面，波士顿、芝加哥等美国城市的转型经验为我们提供了启示。

其次，改革开放至今，中国社会的流动性不断提高是一个显而易见的事实。这种流动一方面表现为城市化的推进，身份转换比以前更为开放。另一方面表现为生产要素在空间上的变动更为频繁，各个城市对劳动力、投资等要素的争夺成为常态。无论是税收还是土地出让收入，都高度依赖企业和市民对城市的认同。此时，特色商业街区作为城市商誉的背书、市民认同的载体，能发挥不小的促进作用。

在国内的案例方面，我们可以好好研究一下深圳和苏州，它们是中国最早建设产业园区、开展“三来一补”贸易的城市。近年来，也是它们最早开始了城市发展模式转型的探索。为了化解综合成本高企业的劣势，它们凭借不断提升的城市品质和优良环境，吸引着知名跨国公司纷纷前来，聚集海内外高端人才安家落户。它们将特色商业街区的开发作为城市产业转型的重要抓手之一。苏州金鸡湖畔的李公堤和圆融时代广场等项目，见证了一个新苏州的诞生。华侨城开发的一系列休闲商业项目，也在逐渐将深圳塑造成为新兴的滨海休闲旅游城市。

二、对当前中国特色商业街区经营困境的探讨

近年来，受新天地、锦里等成功案例的影响，以及城市更新改造的激励，特色商业街区开发在中国掀起了一股潮流。但在实际经营中，有许多项目往往面临这样那样的问题。例如，某城市打造了一个以地方名人为主题的文化街区，填充以休闲餐饮、文化会所、书画文玩等业态，但由于业态过于单一、市民认同度不高等原因，人气一直难以上升。究其原因，有商业地产开发共同面临的问题，如利润兑现模式单一、品牌丰富度不高、产权分散难以管理等。另外，开发商对如何真正打造商业街区“特色”，往往也认识不到位。

回顾特色商业街区的诞生历程，我们从经营内容、经营主体以及经营方式三个方面，针对当前中国特色商业街区的经营困境进行简要分析。

（一）先驱者的经营心得

首先，我们回顾一下20世纪70年代James Rouse对特色商业街区经营的心得。尽管早年间Rouse曾致力于郊区购物中心的开发，但有趣的是，他回归中心城区进行商业开发的初衷是来自对郊区无序蔓延的厌恶。他认为，无序蔓延的巨大住宅区使人们丧失了彼此的社会联系，难以找到归属感，而且找不到身在其中的价值坐标。因此，Rouse认为特色商业街区应实现以下经营目标：

- 让消费者找到当家做主的感觉，而不是被过于强势的外部环境所影响。
- 为消费者提供丰富而略显混乱的消费选择，提供一种高度差异化的发现乐趣。
- 创造一种富有感染力的节庆氛围，以迎合消费社会的休闲化、娱乐化生活方式。
- 唤起消费者之间、消费者与商家之间的互动效应，回应城市的精神特质。

除此以外，Rouse还有一些非常有意思的总结。他认为，特色商业街区的经营其实需要计算在地化的综合收益——绝不仅仅是商业本身，还包括本地其他产业、居民就业甚至房地产价格。他认为：

- 特色商业街区并不像传统购物中心那样需要主力店，城市就是其主力店。
- 谨慎选择那些随处可见的连锁品牌。过多的连锁品牌进入后，将影响街区的商业生态，使其从“市场”变为常规的购物中心。
- 最适合特色商业街区的是小型业态与品牌。一方面可以提供高度专门化和独特化的消费项目，另一方面能够实现买卖双方的面对面交流，提升交互性。
- 为支付不起高额租金的本地品牌提供展销场所。Rouse设计了五颜六色的手推车，提供给本地的手工艺人、艺术家和特产商人。
- 游客应该是特色商业街区经营的结果，而不应该是目标。换言之，应避免项目成为“游客陷阱”，充斥着针对游客的高额消费项目。

- 抑制住业态与品牌升级的冲动。随着项目的成功经营，相关的维护管理费用必然随之上升，此时管理者很难抑制住对盈利性的追求，其结果往往是大品牌挤掉小品牌，连锁品牌挤掉个性品牌，从而恶化项目的商业生态。

- 应重视城市向服务业转型后，女性劳动者对消费的拉动作用，考虑用女性的视角进行特色商业街区的规划与经营。

（二）从文化秀到生活秀

现在很多城市在开发特色商业街区的时候，往往刻意追求主题的纯粹性。有些城市属于主动弱化商业性，将项目变成了纯粹的“文化秀”。有些城市则因为商业用地规划审批收紧的原因，被动地将街区开发为纯粹的商业项目。

商业的本质是交换，因而必定是多元目的的。一个主题过于纯粹的商业在经营上可能会变得脆弱；如果再加上规模庞大，就会变成招商和经营团队的噩梦。此外，商业街区的“特色”表达，还受到城市级别的影响。像纽约这样的世界城市，可以容纳许多亚文化马赛克，移民后裔都足以自成一街。但在规模较小的城市，商业开发者们可调配的资源实在是捉襟见肘。因此，无论是从规律还是可操作性上，我们都有必要扩大“特色”的外延，为“特色”找到更多元的诠释方式。

多元化地域特色的营造要从在地化的土壤中去发掘，而在地化的土壤其实就是市民能够亲身接触和体验到的历史、传统与记忆。《城市意象》的作者林奇就认为，保留城市居民日常生活的历史环境往往比保存国家古迹更有助于建立居民的地方感。这种将居民日常生活搬上舞台的“生活秀”，不但整合了环境保存和社会保存的双重目标，而且使城市特色展示的对象不再只限于实体空间或建筑物，而是包括了整个社区的文化传统、生活方式与社会网络。相应的，在商业功能之外增加居住、教育、娱乐等其他功能，也大大降低了二三线城市特色商业街区开发和经营的难度。

对于这种融文化于生活、融生活于商业的方式，水乡乌镇的旅游开发能给我们非常好的启示。一开始，古镇为了开发旅游，把原先生活在老镇区、老街的居民迁出，再对古镇、古宅、古街进行修缮，派出管理人员、讲解人员进驻。但是，由于原住民的迁出，老百姓能为古镇营造的那份传统意韵就丧失了。当乌镇的运营者意识到这一点后，又开始聘请本地人返回古镇生活，并从事商业经营、服务等工作。一个“活着的”江南水乡又重新展现在旅游者的面前。

“生活秀”模式是对当代商业主流形态的反动。相比大型超市，它是低效的；可是在低效的同时，舒适度大大提高，商业变得和休闲更加密不可分。相比百货店和精品店，它是平民化的；正因为平民化，它才能获得最大范围的认同感。唯有如此，它才能使得每个消费者都认为“这是我的地盘”。

（三）一番街的管理奇迹

将商业项目分割为产权商铺并进行销售，这是富有中国特色的商业开发模式。这一模式尽管有利于开发企业回款，却大大削弱了企业对后期经营的控制力。然而，考虑到中国当前商业地产的融资方式还非常单一，开发企业的经验和实力又相对有限，因此在今后相当长一段时间内，这样的模式仍将是中小规模城市商业开发的主流。

对带有一定旅游性质的特色商业街区而言，无论是对主题、业态纯粹性的要求，还是对后期管理维护的要求都比常规商业项目更高。那么，在经营主体不明、项目产权分散的情况下，商业街区的经营者们应该如何提升对整个项目的把控能力？在这方面，日本的商店街经营者为我们提供了可供借鉴的经验。

众所周知，在日本的商业街区里，很多店铺是代代相传的。他们同样面临产权分散、整体控制力不足的问题，一度难以应对现代商业巨头的挑战。从 1998 年开始，日本建设省提出了“街区创造运动计划”，其核心意图是以地方组织为核心，进行多方面的街区活化构想。这种以民间团体为关键的商业街区活化方式，实际上是一个以共同体意识为核心精神的小区营造计划。这种地方组织被称为城区经营管理组织（Town Management Organization，TMO）。

TMO 的组织成员由商业街区小业主、政府单位、市民以及其他相关从业人员等组成，主动对城区运营或发展问题进行综合性的协调与策划。TMO 作为活化及维持商业街区经营的机构，产权分散的店家们可以基于街区的整体利益，在组织的帮助下、在共存共荣的前提下，集结向心力，为改善环境和促进商机并肩努力。

我们以位于日本琦玉县川越市的一番街为例，对 TMO 的运作方式进行简要介绍。川越市距离东京市中心仅有 40 公里，由于没有受到地震和战争的破坏，比较好地保留了江户时代藏造建筑的风貌，人称“小江户”，是东京市民怀旧旅游的景点之一。在业态方面，一番街主要由餐饮业、日常生活用品、传统服饰、藏造建筑博物馆等组成，保留了许多世代相传的百年老店和果子屋。因此，对建筑风貌和传统业态的保护，自然成为一番街 TMO 的核心工作。

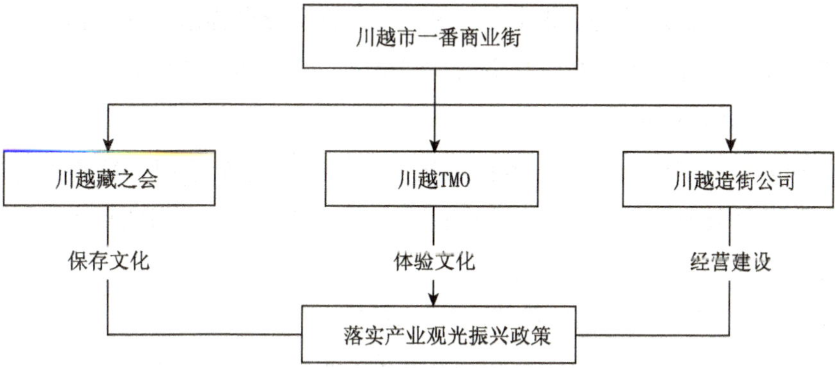

图 1　川越市一番商业街 TMO 运作方式

在整个体系中，川越藏之会是一个非营利民间机构，主要负责藏造建筑的保护、评选奖励，以及相关文化资产的收集发布。川越造街公司是由行政部门及市民共同出资成立的开发公司，主要负责商业街区的再开发、基础设施维护以及商业环境保障。川越 TMO 以民间为主导，搭建起政府和店家之间的沟通桥梁，主要负责地方共同发展计划的制订。从成立至今，川越 TMO 先后发起了空置店铺经营、街区导览图、镜山酿酒厂再开发等多个发展计划。

(四) 向迪斯尼学习休闲

特色商业街区之所以不同于常规商业，是因为它带有一定的休闲体验元素。可非常不幸的是，尽管如今在中国人人谈休闲，但休闲的内涵却前所未有的单一。表现为到湿地公园是吃吃喝喝、照相、购买特产，或者到古镇古街还是吃吃喝喝、照相、购买特产。尽管老祖宗也许有着非常好的休闲传统，但千年以来的主流观念还是“业精于勤，荒于嬉”，再加上苦难的洗礼，国人的休闲就集中于“饮食男女人之大欲”了。

一国的文化，可以说是人们对休闲时间的创造性运用，而一国的休闲活动也可充分反映其文化的发展及水平。比如“休闲”的概念，在英文中除了 leisure 以外，至少还有 rest、relax、refresh、renew、recall、recreation 等近似词。目前我国相对单一的休闲文化，必然反映为特色商业街区的服务缺少变化，难以适应全球化之后多元化、升级化的需求。如何做好休闲体验元素？作为一个在高度聚集的空间里做出大休闲产业的行业巨人，迪斯尼是我们学习的榜样。

迪斯尼做好休闲体验元素的心得，尽管未必完全适用于特色商业街区，但依然具有参考借鉴意义。它们认为，经营应围绕项目吸引力、顾客需求以及休闲体验三个核心展开：

1. 营造项目吸引力的 ABCDE 五项要素

- 冒险性（Adventure）：用惊险刺激的机械游乐设施为吸引人潮的主要卖点。
- 亲水性（Beach）：陆上游乐园设有喷水池造景不仅增色不少，而且可以让游客拍照留念以增加停留时间；而水陆双选择的游乐园更使得游客入园方式具有选择性。
- 挑战性（Casino）：设有难易度不同的过关挑战设施，让游客满足循序渐进、攻克难关的成就感。
- 梦幻性（Dream）：营造非日常生活空间之环境、游戏与气氛。

• 教育性（Education）：可借由互动性表演节目让游客亲身体验，或在节庆活动展览中教育大众相关知识。

2. 满足顾客需求的4F要素

• 家庭全员（Family）：合家欢乐的卡通主题能增进家庭互动融洽。

• 友善亲近（Friendly）：主题乐园服务人员抱持友善热情的心为顾客服务。

• 好玩有趣（Funny）：园区设施与节目必须具有相当程度的可玩性与延续性，让顾客愿意重游。

• 热闹节庆（Festival）：设定多项主题人物、节目与道具互相配合，具备形象鲜明又充满活力的主题意象与园区气氛，使整个园区有热闹的嘉年华气息。

3. 营造游客体验的4S要素

• 精彩演出（Show）：演员以角色扮演的方式演出并与观众维持良好互动。

• 故事背景（Story）：以故事配合主题，让演出具有延续性与可看性。

• 安全承诺（Safety）：保证游乐设施安全性达到检测标准值并定期保养。

• 满意服务（Service）：竭诚提供顾客丰富体验，使顾客满意而归。

我们可以从一个清洁工培训的小故事了解迪斯尼在休闲氛围营造方面所花的心思。有个留学生去美国迪斯尼乐园应聘清洁工，园方说要进行三个月的培训。他大吃一惊："不就是扫地吗，还用培训？"人家说可没那么简单。待拿来培训课程一看，他又吃一惊，这哪是培训清洁工，简直是培训"游乐园园长"。第一，要熟记所有游乐设施和公共设施的位置。如果游客问你，你要在第一时间告诉人家诸如最近的卫生间、餐厅、出口、急救站、游乐项目的位置。第二，要学习修理轮椅、童车。第三，还要学会各种相机的使用方法，当游客要合影时，旁边的你是最好的帮手。第四，要学会照顾孩子，当妈妈们想去卫生间时，穿着制服的你代表游乐园，是"可信赖的人"。第五，要学习简单的手语，如果有聋哑的残疾人需要帮助，你能应付自如。第六，要掌握急救小知识，遇到跌倒受伤的孩子能及时施救。还有第七、第八、第九……如何清扫不扬尘、如何避开游人的脚等。看完课程介绍，这位准清洁工才恍然大悟，原来他要干的不仅是打扫卫生，而且还必须从每个细节入手，为客人提供真正优质高效的服务。

尽管迪斯尼是全世界休闲娱乐产业的泰山北斗，但所谓大道至简，原理是完全相通的。在整合在地化资源、贴近市民之后，特色商业街区必将成为由“在外地找乐子”到“在本地找乐子”的新选择。此时，如何进行氛围营造、如何强化休闲特性，是值得每一位经营者持续研究与改进的命题。

特色商业街区是城市的名片，是一个值得探险的异域空间，让消费者得到独特的风情体验；它是市民熟悉而又陌生的地方，可以重温成长期的旧梦乡愁……它从属于城市，又足以成为城市中一个浮游的独特空间片段，周遭的快速变化赋予它大海般的无限性。城市这片大海的支撑力，使特色商业街区的经营具备更多可能——这时候，心有多大，舞台就会有多大。

特色商业街区之文化活化[①]

罗　璇

“文化”是中国语言系统中古已有之的词汇。“文”的本义，指各色交错的纹理。在此基础上，“文”又有若干引申义。其一，为包括语言文字内的各种象征符号；其二，由伦理之说导出彩画、装饰、人为修养之义；其三，在前两层意义之上，更导出美、善、德行之义。“化”的本义为改易、生成、造化，指事物形态或性质的改变，又引申为教行迁善之义。因此，在汉语系统中，“文化”的本义就是“以文教化”，它表示对人的性情的陶冶、品德的教养，属精神领域之范畴。

而特色商业街区之文化活化的目的是让人们在逛街、休闲的过程中，也能陶冶情操，获得精神上的享受。我们在讲特色商业街区的文化时，一定要避免假大空的口号，要把文化落到实处。

一、文化活化之文化主题

很多特色商业街区已经成为一个城市的形象名片，是因为其代表的文化体现出了这个城市最辉煌的历史、最核心的特质、最强烈的魅力，即代表了这个城市的文化主旋律。因此，在选取特色商业街区所代表的文化主题时，需要使城市文化和街区文化共振。

在选择文化主题时，经常会面临三个问题：文化提取、文化转译、文

① 本文原载华高莱斯国际地产顾问（北京）有限公司《技术要点》杂志《特色商业街区》专刊。罗璇，《技术要点》主编。

化聚焦。

（一）文化提取

特色商业街区选址时，通常都会有些机缘。比如1912系列商业街区在每一个城市的选址都很严格，必须紧密围绕最具城市代表性的文化地标，例如，南京的总统府、扬州的盐商古宅、苏州的李公堤、常州的电视塔。即使没有明显的文化地标，也会在规划设计中添加最具地域代表性的文化元素，如安徽合肥的1912移筑了老戏楼、复制了徽派建筑。

然而，有两种情况为文化提取制造了困难，第一种是文化线索较多，第二种是平地起高楼——本土文化不明显，可以任意创新。

1. 多线索文化的提取

例如，上海新天地面临的是文化线索多的问题。众所周知，新天地的代表文化是中西合璧的石库门文化，这与上海国际大都会的身份特质是相符的。但是在开发初期还有一个文化主旋律——红色文化，因为它毗邻中共一大会址，有很多会址建筑需要保留。同时在开业初期的2001年，上海有两个重大活动——亚太经合组织在上海开年会、中共80周年党庆，借助这些活动展开了街区的宣传。

经过多年的时间洗礼，红色文化在新天地逐渐淡化，中国文化与西方文化相互交融的海派文化成为绝对主导，这种主动被动的选择说明了一个问题——一个商业街区只可能有一种主导文化，这种主导文化一定是现代的、包容的、乐观的，一定是能够跟时代“共振”的。红色文化难以与现代生活尤其是商业行为相结合，并且调性过于凝重，不能带给大众快乐和享受，对于以年轻人为主的主力客群和国内外游客不具有吸引力，因此很难在商业街区中保持长久的生命力。

2. 无线索文化的提取

对于平地起高楼的类型，看似限制少、空间大，其实也需要谨慎选择。一种文化往往对应一类人群，如果选择有误，会导致目标人群不感兴趣，感兴趣的人群又不来消费。

美国著名的捷得设计事务所专注于商业建筑设计。美国的霍顿中心、福冈的运河城、大阪的难波公园以及一系列环球影城商业街区都是他们的成功作品，北京的蓝色港湾也是他们在国内的代表作。所有捷得的作品都洋溢着浓烈的节庆氛围：颜色鲜艳、空间丰富、感召力强。虽然在每个项目上采用的元素有所不同，例如，福冈运河城采用了金木水火土的五行元素，环球影城则是大猩猩刚果等影视元素，但欢乐的调性都是一致的，而且这种文化调性放之四海而皆准。尤其对于现代化大都市的 RBD，快乐文化、节庆文化更是屡见不鲜、屡试不爽，就是因为这种文化普遍适用于都市消费人群，极少会形成屏蔽。当然，如果深入分析，这些成功的商业街区的文化提取多少还是有根据的，例如，福冈运河城所在的福冈本身就是一个非常喜欢节庆活动的城市，也就是说，商业街区与城市主旋律还是共振的。

与之对比的是，在移植或创新某种特定文化时，一旦对应的是小众人群，则很可能带来风险。例如，北京有两个台湾街，一个在石景山区，另一个在前门大街旁。石景山区的台湾街在开街时搞得轰轰烈烈，连战也前来剪彩，可如今已经关门停业。前门大街的台湾街情况较好，但平日里稍显冷清，周末会有一些学生前来光顾。对台湾文化感兴趣的人群，一类是听着邓丽君的歌长大的，估计得有 40 岁以上了；另一类是看着台湾偶像剧长大的，大概 20 岁以下。这两类人群都不属于城市主流人群，也不是消费能力最强的人群，指望他们把街区搞火可能性不大，顶多赚赚人气，但不解决商业长期经营的问题。

（二）文化转译

一些商业街区文化地标的代表文化不太适合于商业开发，需要对原有文化进行转译。典型的案例是以宗教场所为核心的商业开发。

以成都文殊坊商业街区为例。文殊坊围绕的文化地标是文殊院，它是四川著名佛寺、全国佛教重点活动场所、中国佛教禅宗四大修持场所之一、省级文物保护单位。该寺院级别高、规模大、历史遗存丰富，又位于成都这个休闲城市的中心，理应开发出红火的商业街区，但是其周边开发的文殊坊商业街区情况却不尽如人意。

最大的问题是对文殊院代表的宗教文化的转译不准确、不彻底。文殊坊以禅文化、民俗文化为主题，一期工程包含成都会馆和成都庙街两大部分。成都会馆院落总占地面积为7460平方米，是一个私人会籍俱乐部，只对少数精英开放；成都庙街与成都会馆一街之隔，同样为传统老建筑。开街营业后的成都庙街主要包括旅游精品古玩、旅游民俗用品、文化餐饮休闲、老成都味道四大核心部分。也就是说，从文殊院到文殊坊，由宗教文化到民俗文化的转译不直接，禅文化和民俗文化混合在一起，造成文化定位不清晰，民俗文化喧宾夺主取代禅文化而又不具有唯一性。

其实，文殊院作为中国佛教禅宗四大修持场所之一，又在成都这个重量级城市的中心，完全可以将佛教文化转译为禅文化，并以禅文化作为核心文化来开发。禅文化具有几大特征：首先，禅虽然来源于宗教，但早已走进了生活，禅坐、禅茶、禅诗、禅画、禅乐……形式多样，品位高端，非常适合于商业开发；其次，禅文化在高端人士中广受欢迎，无论是商人、政客，还是文人墨客均可谈禅，因此对应了广泛而具有强大消费实力的人群；最后，禅文化是一种极其国际化的文化，不仅在日本、韩国、东南亚等亚洲国家和地区深受欢迎，在欧美也广受追捧，因此特别适合于借此面向世界游客打造成都的休闲商务区。

遗憾的是，在文殊坊几乎看不到禅文化的商业体现，而成都小吃、旅游纪念品商店等相对低端和无差异化的业态、业种占了主导，使文殊院的魅力被掩盖在了商业街区之下，不能不说是一个败笔。

（三）文化聚焦

在这里想要探讨的是文化全息化的问题。当我们来到迪斯尼主题公园，好像瞬间切换到了另一个世界，在这里只有卡通人物和童话世界，扫地阿姨、跳舞青年、路边摊贩都穿着特定服装，以夸张的表情和动作跟游客打交道。在整个视野里看不到城市里常见的高层住宅楼，很难找到能够提醒你回到现实世界的物品和道具。就好比经典电影《时光倒流70年》，只是一枚现代钱币就把青年从古代拉回到了现代，迪斯尼就是在不遗余力地避免出现这样的恶果。这就是文化的全息化。当文化表现实现了全息化的效果，就意味着文化聚焦。

特色商业街区也是同样道理。乌镇核心区较好地保留了水乡风貌和水乡生活，居住的居民、民宿的职员、餐厅的店员都与这里的环境一样原生态，因此体现了比较原汁原味的水乡文化。这样的结果是有其形成机制的。政府与开发商共同组建的公司将民居改造后，让这里的居民转换角色，担当民宿或餐厅的经营者，实现盈利后各自按比例分红。良好的机制调动了居民的积极性，促使他们主动想办法改善经营方法，并维护和发扬当地文化。在日本的很多传统街区中也有一些成功的运营机制，商业协会对维护统一的地域文化起到了巨大的作用。文化聚焦需要街区的风貌、商户的功能、经营的商品、参与的商家都能全息化地表现某一文化主题，因此形成机制是决定性的因素。

二、文化活化之文化功能

当商业街区的文化特色固化在商业功能上时，文化就变得具象化和可参与。

比较常见的手法有两种：第一种是复原和突出原有历史设施，如杭州清河坊的胡庆余堂、天津鼓楼商业街区的鼓楼等，通过历史建筑来强化街区的精神凝聚力。第二种是复兴老字号，如北京的前门大街、郑州的德化街，通过传统老字号的集聚来复兴地域文化。但是这些手法有时并不能起到良好效果，比如具有百年历史的郑州德化街在改造之后，聚集了本地众多老字号，希望恢复其在历史上的辉煌，但是这些老字号在今日已经不具有那么大的吸引力，德化街也就不复辉煌。

由于特色商业街区需要承担 RBD 乃至 TBD 的城市角色，文化功能的打造也就必须结合当今消费者的消费习惯和休闲方式，因此需要找到一些新的载体。

（一）文化磁极

“磁极—容器理论”在我们的地产顾问业务中被频繁应用，而且永远适用。芒福德在《城市发展史》中提出了这一思想，磁极即吸引人来的动力，容器即人来了以后停留的助力。一个城市、区域乃至街区的兴旺，应该是先有磁极，后有容器。

在现代城市生活中，能够在商业街区中担任文化磁极的，首推演艺功能。

演艺功能如剧场、音乐酒吧等，有如下几个好处：①能吸引目的性人群；②能带动晚间甚至夜间的消费，延长营业时间；③能带动餐饮、购物等延伸消费；④能吸引艺术界、文化界的标杆人群；⑤演出、节庆等能持续性地吸引大众关注。因此，很多新型商业街区都在规划初期或运营过程中增加了演艺功能。

上海同乐坊是静安区一个金领、小资集结的重要夜生活场所，虽然规模不大，但是在上海本地的人气和名气甚至超越了田子坊。同乐坊迅速跃升为文化娱乐重地，与它“戏剧谷”的定位是分不开的。在同乐坊里，既有室内小剧场，也有露天演出广场，还有众多演艺工作室，戏剧演出活动不断，每年还会举办戏剧节等文艺交流活动。餐厅、酒吧、迪厅、艺术培训等商家云集，甚至著名的第一财经媒体集团也在此办公。

与同乐坊如出一辙的还有北京南锣鼓巷。大家对南锣鼓巷的认知仅仅停留在北京胡同、四合院的风貌特色上，其精髓却总是被人忽略。南锣鼓巷与很多北京的小巷子一样，都是狭窄和交通不便的，为什么只有它能够脱胎换骨、名声大噪？那是因为里面藏着著名的中央戏剧学院（简称中戏），中戏周边又藏着一群大小剧场，剧场附近又埋伏着大批学习表演的俊男靓女们，俊男靓女们周边又围绕着大批“款爷”、“款姐”。所以，在南锣鼓巷不完全是体味老北京的韵味，更是看戏、看人、看热闹，这才是商业街区最大的魅力。

（二）文化集群

当一个剧场、一个博物馆、一个画廊起不到决定性作用时，可以集群化作战，这是典型的量变引起质变的过程。

当一个街区里只有一个博物馆时，人们只是在逛街时顺便参观一下；

当有一群博物馆时，人们就会慕名而来。目的的变化导致了质变。

四川成都安仁镇原本是个不起眼的小镇，在樊建川打造了私人博物馆集群建川博物馆后，安仁镇的定位也发生了变化，它是中国第一个喊出“博物馆小镇”的地方。在镇里的核心区开发了一条安仁老街，延续博物馆集群的整体定位，将一些老宅院改造为各具特色的博物馆，与其他商户构成博物馆小镇核心区。在外围，又引入了崔永元的电影博物馆等，加强文化号召力。商业、旅游、文化交织在一起，为这里的吸引力做了乘法。

除了博物馆集群外，画廊、美术馆集群在商业街区中也适用，例如，北京的苹果二十二院街，以张宝全开创的今日美术馆为龙头打造艺术街区，如今也已经开始在各地进行品牌复制。

（三）文化混搭

说到新模式，不得不提到一个流行用语——混搭。单纯的功能创新在当今已经不那么容易了，打破边界才是可行的创新之路，因此文化功能的混搭成为新的趋势。

北京南新仓文化街区是依托历史上的皇家粮仓及其周边旧建筑改造，虽然是写字楼的文化点缀，在开发初期把并不起眼的皇家粮仓的文章做足。其手法是打造了一场厅堂版昆曲——《牡丹亭》，每周末在皇家粮仓内上演，一张票一千多元，面向高端商务人群。这些高端人士也不一定那么热爱昆曲，但是这一千多元还包括一顿皇家粮仓内的晚餐，连就餐带听戏，构成了颇具品位的晚间文化生活。由于《牡丹亭》的长期效应，南新仓这样一个规模很小又仅以餐饮为主的项目竟然也跻身于北京20多条正式挂牌的特色商业街区中，可见文化混搭的品牌价值有多大。

除此之外，我们还可以找到很多这样的例子，让人们一边吃饭一边听戏，一边喝茶一边开会，一边看书一边欣赏艺术，一边把玩古董一边交流……堂会、茶室、书吧、会所等不一而足。带有浓郁文化特色的新型业态将会取代传统老字号，成为特色商业街区中最具活力的场所。

三、结语

从上述案例中，我们可以总结出特色商业街区的文化主题选取及文化功能设置的一些具有普适性的规律。

1. 一个街区的文化选取要具有唯一性，围绕单一主线，尽可能不出现杂音；

2. 街区文化要表达正面、积极、快乐的调性；

3. 街区文化最好是大众文化，能够适应广泛的客群；如果选择一种小众文化，则应特别注意与客群的匹配性；

4. 对于一些不适合进行商业开发的文化资源，应进行文化的转译，使其符合客群需求及商业功能；一旦转译，就应该进行到底，不应模棱两可；

5. 文化要通过风貌、商品、服务等多方面进行全息化的演绎，实现文化的聚焦；

6. 特色商业街区是一个“舞台”，是人看人的热闹场所，可以引入演艺功能作为文化磁极；

7. 文化功能可以通过一系列文化设施的集聚进行强化，例如，戏剧谷、博物馆一条街等，从量变引起质变；

8. 文化功能的创新不可能凭空出现，通过不同行为的混合可以创造出新的文化休闲方式，此为“文化混搭”；

9. 文化的时效性：任何一种文化都有其自身的生命周期，社会的文化偏好必然随着时代的演进而不断变化，因此商业街区的文化主题也应该根据时代的变迁而不断调整；

10. 文化不是一劳永逸的，文化具有很强的时尚感，因此商业街区的文化主题需要不断维护和强化，延长文化魅力的持久性。

特色商业街区的文化活化是一个庞杂的话题，因此我们才会在文章中举如此之多的案例。除了文化主题选取和文化功能构成之外，特色商业街区还可以在建筑风貌、环境符号、街道展示、节庆活动等诸多方面发力。

类型视角下的特色商业街区风貌[①]

郑传生

一、类型：特色商业街区风貌的认识新维度

谈到商业街区的风貌，尤其是一个城市名片级别的特色商业街区的风貌时，对风貌的选取与确定总是一个棘手的问题。简单来说不外乎两种维度：从时间的维度上，选取某一时期的风格，汉唐风格、明清风格、现代风格，等等；从空间的维度上，选取某一地区的风格，中原风格、江南风格，甚至是异域风格，等等。当然，这两种维度都不只是针对特色商业街区的，对于其他物业类型同样适用。因此，这种浅显的选取维度并不能深刻剖析特色商业街区风貌的深层属性。本文试从类型的角度，重新认识特色商业街区的风貌问题。

类型，按照当代西班牙建筑师拉斐尔·莫尼欧（R. Moneo）的定义，就是“按相同的形式结构，对赋予特性化的一组对象所进行描述的概念”。类型，源于人类对同类问题做出的同类反应。因此，讨论商业街区风貌的深层次属性，也就是类型化属性，要从商业街区使用者的空间心理特征谈起。

二、空间属性下商业街区风貌的类型化要求

隈研吾在《十宅论》中谈到从使用者的空间心理需求角度，把日本的

① 本文原载华高莱斯国际地产顾问（北京）有限公司《技术要点》杂志《特色商业街区》专刊。

住宅划分为10种类型。可惜他只把这种分类方法使用在住宅空间上，如果扩大范围，商业街区肯定会被归类为“咖啡吧派”（空间属性与咖啡吧相似）。逛街的人群与去咖啡吧的人群心理诉求是一样的，都是为了换一个角度来欣赏自己，欣赏自己的优雅与从容，差别只是咖啡吧里的表演更为静态与细腻，而商业街区里的表演更为动态些，空间跨越尺度更大些。尤其是现代商业街区的购物功能逐渐退化，而休闲功能不断强化，这种“表演”的属性会更为突出。从这个角度讲，商业街区与咖啡吧、舞台一样，空间处于衬托角色，而其间的人物以及人物的表演才是真正的主角。商业街区空间类型的舞台属性也决定了商业街区的风貌有自身内在的要求。

（一）层次感、戏剧化

商业街区与舞台一样，空间只是为了让角色更好地表演。一个商业街区的空间序列就是一场体验者不断探索与发现自身的戏剧。在空间的变幻与场景的切换中，体验者从更多的角度探索自己的另一面。而要激发这种“表演行为”，需要空间与场景本身具有激发的功效。首先，它必须是曲折的、富有层次感的，让探索本身不断有惊喜，充满乐趣；其次，它必须是入画的，画面本身就具有美感。而检验的一个直接有效的方法就是，空间与场景适不适合拍照。

我们以深圳欢乐海岸曲水街为例进行阐述。

曲水街位于深圳华侨城欢乐海岸东区，建筑面积约6.5万平方米。项目以“找回深圳消失的渔村”为理念，规划设计围绕这一故事主线徐徐展开，犹如舞台布景一样。在风貌控制上，暗灰色的建筑被处理成整个场景的背景，蜿蜒曲折的流水、造型丰富的小桥以及郁郁葱葱的绿树，构成了整个画面的又一个层次。这样的场景就是一幅典型的江南渔村画面。同时，水系、步道、桥连成的曲折路线，又把这些画面串成一部曲折跌宕的戏剧。这样的空间与场景是非常适合散步与拍照的，从而契合了逛街人群“表演和换一个角度来欣赏自己”的心理诉求。

（二）布景装饰重于实体建筑

如果我们把商业街区还原到最初始的原型，那就是“一条过道，两边堆放商品”的露天集市。在这样的原型中并没有建筑，商品以及过道上的人是最重要的。而当现代商业街区的主要功能由购物让位于休闲时，“人”成了商业街区唯一的主角，商业街区的场景与风貌就是围绕着这一主角的布景。作为习惯了“盖房子”的开发商，尤其是从其他物业类型转型为商业街区的开发商，往往把太多的注意力放在了建筑本身，却忽视了商业街区的“布景属性”。

如果我们对比天津两个商业街区的风貌打造，就会明显地发现商业街区的“布景属性”。

天津小白楼 1902 欧式风情街位于和平区开封道，地处小白楼中心地带，商业街区是由旧建筑改造而来的。但放在“遍地是宝”的天津，这些旧建筑的级别并不高，本身无法构成很强的吸引力。商业街的打造重点也并没有放在建筑上，而是整条商业街的布景化的场景营造。遮阳篷、花台、雕塑，以及摆到马路边上的休闲座，营造了浓郁的休闲氛围。这些正是围绕着休闲人群的精心化的布景，建筑的实体退身到让人感觉不到的位置，空间里的人成了主体。因此，整个商业街区的人气非常高。

相比小白楼 1902 欧式风情街的软手段，同在天津的老城厢·天街的手法就显得有点过“硬”了。

天街项目位于老城厢鼓楼商业街西侧，TOWN 中堂别墅区北侧，占据得天独厚的地理优势及商业沉淀。天街总占地面积 1. 59 万平方米，总建筑面积 5. 29 万平方米。定位于天津国际精品第一街，天街项目采用集群设计的手法，邀请了一批国内新锐建筑师参与设计。建筑成为整个商业街区的主角：抽象的屋顶形制、探索性的材质利用、新奇的空间形式，一系列的现代建筑创新手法都应用到了这里。与之形成鲜明对比的是，整个商业街区没有任何宜人、舒适的停留空间，人在整个商业街区中几乎就没有“立足之地”。尽管黄金地块支撑起了商业街区的销售火爆局面，但整个商业街区运营情况非常不理想。2009 年开业到现在，大部分商铺依旧空置，逛街的人更是屈指可数。

表演、自我欣赏、探索与新发现，商业街区使用者这些类型化的行为模式，也决定了商业街区在风貌打造上要有相应的类型化要求：舞台化、戏剧化、布景化。这些属性与其他很多类型的物业差异巨大。在商业街区的开发中，只有从这些属性出发，以消费者为中心，营造一个舞台化的空间，才能最大化地契合消费者的使用需求，激发其消费行为。

三、商业街区的类型语汇——承载典型集体记忆的典型形象符号

之所以建筑类型具有语义学的属性，能够用语汇进行表达，是因为建筑和语言一样，具有语境和文脉的属性，如同语言总是先于任何使用语言的个人而存在，建筑的系统也是先于任何建筑师的创造之前而存在。因此，建筑如同语言中的词汇，在被使用之前，就带有与生俱来的意义，与人类的集体记忆存在着预设的关联。而这种关联性也为我们赋予建筑以意义和内涵提供了新的路径。

著名建筑理论家阿尔多·罗西在《城市建筑学》中，从历史和城市的角度，把类型这种“经久和复杂的事物”上升到形式构成逻辑原则的高度。也就是说，历史与时间赋予类型以自身的意义，而且这种意义构成了逻辑与原则，继而形成建筑本身的价值。

具体到特色商业街区的类型问题，有宏观和微观两个层面。在宏观层面上，特色商业街区往往承担城市名片的职能，是一个城市形象的高度浓缩。因此，特色商业街区承载的必须是城市的典型性集体记忆。在微观层面上，特色商业街区的风貌打造，要选择能够表达这一集体记忆的典型语汇和符号。

（一）内涵：典型集体记忆

一个城市在长期的发展过程中，总会形成自身的集体性记忆，而其典型记忆的载体就是这个城市的形象名片。当然，对于一个城市典型记忆的提炼并不是一件容易的事情，因为每一个城市都是综合的，历史也是非常丰富的。而城市之外的人总会对这个城市进行类型化的总结，这一类型符

号逐渐与城市形象建立起关联关系。因此，典型记忆的提炼需要站在旁观者的视角，提炼出极具代表性、典型性，甚至是唯一性的特质。也只有这样的特质符号，才能够承担起城市名片的职能。

1912 作为近些年迅速崛起的商业街区品牌，对城市文化的提取是非常成功的。

1912 品牌系列起源于南京。南京作为有着超过 2500 余年建城史和近 500 年建都史的“六朝古都”，拥有非常丰富的历史文化。但 1912 只是选取了“民国总统府”这一个片段，而这段历史也是南京市对当代人最具吸引力的地方。南京 1912 商业街紧邻民国总统府，利用周边 5 栋老建筑，并复制若干仿古建筑共同形成的街区。青红相间、古朴精巧的民国风格，再现了那段中西交融、世事沉浮的历史，成为南京城市记忆的典型载体。民国的风貌以及引入的现代都市休闲业态——南京 1912 商业街区成为了南京的城市会客厅和形象名片。1912 品牌在复制发展中，保留了对城市文化精确提炼这一核心竞争力，到扬州成了盐商文化，到苏州成了李公堤遗留的江南园林文化。这些文化与相应的城市都存在着高度确定性的关联关系。

感知的类型化总结让城市的形象感知有一定的确定性和唯一性。特色商业街区要打造成城市的形象名片，一定要提炼出这个城市的典型性集体记忆，这样才能与外界对这个城市的感知系统进行关联与共振，获得最大化的传播效果。

（二）语汇：典型形象符号

建筑的语义学属性，让建筑的形象符号拥有自身的意义。特色商业街区风貌打造的意义表达，就是对这些典型形象符号的选取与再创造。

说到符号的选取，很多商业街区开发失败的根源就在于没有处理好风貌与功能的关系。有些过分强调传统风貌的保留，无法满足现代业态的经营需要，结果导致业态设置不合理等功能问题；有些过分偏向于功能需求，在改造中破坏了传统风貌，丧失了吸引力。而成都宽窄巷子在这方面，不仅巧妙选取了一系列特别精确的语汇符号：院落、宅门和街道，而且进行了符号分离。街区通过宅门、街道这两个元素进行传统风貌的营造，院落本身就是成都传统悠闲生活的符号。更为重要的是，这一符号在平面布局上创造了极大的灵活性，从而在不破坏传统风貌的前提下，为现代业态经营需要的空间改造创造了条件。风貌语汇符号的精确选取与巧妙组合，使宽窄巷子成为融合成都传统文化与现代时尚文化的双重载体，成为城市的形象名片。

符号再创造的手法多种多样，并不仅限于原貌的复原。1912 品牌系列在复制发展的过程中，对文化符号的演绎手法也在逐渐发展。1912 品牌的最新作品——合肥 1912，移筑了一个传统风格老戏楼作为项目的文化标签。同时，项目对以马头墙为典型特征的徽派建筑进行了现代演绎。原汁原味移筑的老建筑与现代手法演绎的新徽派建筑，共同构成了徽派建筑文化的发展脉络。其整体风貌展现的是一种动态的、有机更新的文化，是对文化的一种新的表达与体验方式。

符号就如词汇，本身携带着固有的意义。特色商业街区风貌的营造就是根据要表达的意义，精确选取相应的符号并进行组合与再创造。难怪 1912 集团总裁陈俊先生会半调侃地说："所谓的中西文化，就是青砖红砖，青砖多一些，中国的味道就浓一些，红砖多一些，西洋的感觉就强一点。"虽然这一说法听上去简单，但也反映出陈俊先生在多年的特色商业街区开发中，已经深刻理解了风貌营造的符号属性。

四、结语

风格，只是对形象的总结符号；而类型，作为一种思维方式，是一种分析问题与解决问题的思维方式。行为方式的类型化特征决定了特色商业街区风貌自身独特的属性与要求；而感知与记忆的类型化特征让记忆与符号建立了关联，从而为特色商业街区的价值赋予创造了路径。特色商业街区的风貌打造，远不止是某种风格的选取，而要深入剖析商业街区的空间属性与城市文化的类型属性，只有这样才能打造出能够承担城市形象名片使命的特色商业街区。

重构、转换与嵌入

——旧城改造中商业街区规划理念与手法[①]

郑传生

一、旧城改造中的商业街区，双重文化肌理的叠合

“匠人营国，方九里，旁三门。国中九经九纬，经涂九轨。左祖右社，前朝后市，市朝一夫。”这是我国最早的城市技术方面的文献——《考工记》对城市原型的描述。这一原型也在以后的历朝历代中，对中国的城市肌理产生了深远的影响。

作为《周礼》的一部分，《考工记》的城市原型中，非常强调“礼”的意念在城市形态上的物化。这种城市原型是围绕“皇权”这一精神核心，依照各种礼制而形成的。它是形式导向的，而非内容导向的。从这个角度来说，这一原型之上的城市，并不是一个完整的城市，它“城”的属性远远大于“市”的属性，形态的分量远远大于内容的分量。在这种形态肌理中，“市”只是城市的一个附属职能而已，市井化的商业活动受到一定程度的抑制。

商业街区或街区式商业，又被称为Block街区，是一个从国外引入的概念。它起源于意大利，流行于英国、法国等欧洲的广大地区。街区式商业的形态以及它引导的生活方式，已经在全球范围内得到广泛的认可。尤其是引入中国后，往往被当做一个城市的形象名片和精神场所。

---

① 本文原载华高莱斯国际地产顾问（北京）有限公司《技术要点》杂志《特色商业街区》专刊。

起源于城邦文化的欧洲城市，与中国传统城市在形态肌理上，有着本质的区别。因此，当商业街区这一形态嵌入中国传统的城市肌理中，伴随而来的是两种文化的叠合、冲突与融合。因此，旧城改造中的商业街区开发，是对两种文化肌理的叠合与冲突的应对。

二、“街”到“街区”，场所精神核心的树立

商业街与商业街区最大的区别在于，商业街可以依托城市磁极而存在，而商业街区需要树立自身的磁极。中国传统城市的空间指向性特别强，权力中心（比如皇权）是这个城市最强的磁极，整个城市以其为核心进行秩序布局。在这样的空间秩序下，城市的其他空间成了依附性空间。从这个角度来说，中国传统的商业形态只是商业街，而不是商业街区。

下面我们来看一个中国传统城市商业街的改造案例——杭州南宋御街改造项目。

杭州南宋御街是专供皇帝通行、贯穿京城南北的大道，因此又名天街。御街南起皇宫北边的和宁门外（即今凤山门附近），北至景灵宫前（一说至武林门斜桥），由数万幅宽石板铺设而成，宽敞通达。以它为中轴线，形成了都城规划的基本结构与街坊的分布格局。

宋以前州府城市的传统格局是市（商业区）与坊（居住区）严格分开。“坊”或称“里”，即居民住宅区，一般是一百户上下；四周建有围墙，一般是前后开二门，供坊内居民白天通行，晚上关闭，由专人监守，不得随便出入。“市”，四周也有围墙，一般多是两个坊的范围，是市民商贸的场所，四边开门，供人通行。同时，“市”的经营活动也受到严格的管制，据《易经系辞》说：“日中为市，致天下之民，聚天下之货，交易而退，各得其所。”唐代规定：“以午时击鼓三百下而众会（开市），日入前七刻击钲（锣）三百下散（闭市）。”而南宋都城临安（今杭州）的城市格局发生了革命性改变，坊墙拆毁，街巷遍铺，南宋御街正是这一革命性转变的典型标志。

作为中国传统城市格局转折点的标志，南宋御街的城市肌理在规划改

造中得到了完整的保留。在改造方案中，不仅御街的城市肌理、空间尺度得到了很好的保留，而且作为南宋御街的还原，原有的御街格局——从中间向两边依次为御道、御沟、御廊、民居的空间层次也通过新的规划设计有所保留和体现。现今的设计中也包括中间的道路、两边的水池、沿街建筑前的廊道小品，之后才是沿街建筑立面。

从文化传承的角度来看，南宋御街的改造无疑是成功的。作为南宋市井文化的体验之地，御街成了到访杭州的游客必去的景点之一。然而在后期的经营中，依然存在一些问题。

第一，缺乏场所的精神磁极，未能形成独立的场所区域。在城邦文化基础上的欧洲城市，区域核心的角色往往由广场以及广场上人的活动来扮演。御街曾经是城市核心（皇城）的延伸以及皇城周边附属区域空间的组织骨架。随着城市的变迁，作为城市最大的磁极——皇城消失时，御街成了一个缺乏场所核心的空白区域。场所核心的消失是传统商业街改造要面对的首要问题。

第二，在具体的形态方面，南宋御街均质单调的空间缺乏停留的场所。御街的整体街道没有和与其垂直的街巷形成有机联系、构成具有传统特色的网络空间肌理，而是孤立地存在，成为单一线性空间；同时，因为缺少空间节点与开放空间，御街不能作为“城市会客厅”承载起城市的公共活动，这也极大地限制了旅游体验和休闲消费。

因此，传统肌理商业街区的改造，需要进行肌理重构，树立新的磁极，也就是区域的场所精神核心，实现从“街”到“街区”的转变。

三、功能进行匹配性转换

传统肌理片区的改造，往往同时承担着文化传承的职责。而城市肌理作为城市文化的重要载体，在商业街区化改造中，需要得到比较严格的保护，但这又会与我们上面提到的重构互相矛盾。因此，在保护与重构的矛盾下，匹配性的功能转换是平衡这一对矛盾的有效方法。

西湖天地位于杭州市南山路 147 号，坐落在素有“长堞接清波看水天一色，高楼连闹市绕烟火万家”之称的涌金池畔，毗邻西湖十景之一的“柳浪闻莺”；由西湖、南山路、开元路、西湖大道围合而成。区域的核心特质在于“自然、园林和建筑融为一体的肌理”，就如项目总设计师本杰明说的，“上海是中国与西洋的结合，而杭州是非常中国化的；新天地是商业化的，西湖天地是文化的。”保留这一核心特质，也是进行商业化改造的前提。

本杰明的改造规划方案，严格保留了原有的建筑和景观肌理，十几栋建筑全部是杭州历史民居，结构没做太多改动，白墙黛瓦、檐角雕花、九曲长廊等杭州老建筑元素，都被完好保存。在此基础上，进行了匹配性的功能转换，把原有建筑的功能转换为会所经营式的高端休闲功能。西湖天地的商户均是经过瑞安集团千挑万选，符合“国际化、时尚化、杭州西湖化”的高标准的高端商户。园林的场景、诗化的意境与转换功能的环境需求实现了高度的契合，同时也最大化地实现了保留下来的环境肌理的价值。

匹配性的功能转换，赋予了传统肌理以现代的功能和更高的价值，也就是，让保护本身产生了“生产力”，提升了附加值。

四、以局部嵌入的方式，进行空间改造

中国传统的城市肌理与现代商业街区的需求存在着与生俱来的冲突。在功能匹配性转换的基础上，进行局部的嵌入式改造，也是传统肌理商业街区化改造规划的重要手法。

在指向性强、单一磁极的城市结构下，传统肌理片区表现出来的空间特质是均质的、依附性的、缺乏核心的。而现代商业街区作为城市一个独立的休闲区域，要求自身具有象征性与场所感。因此，在现代化改造中，需要对肌理进行重构。在兼顾文化传承职能的同时进行嵌入式的重构，是传统肌理片区商业街区化改造的常用手法。广东佛山天地的改造规划，正是采取了这一手法。

佛山天地的用地——祖庙东华里片区位于佛山老城（禅城区）中部，

属于核心保护区，也是佛山文物古迹最密集、规模最大、传统风貌保存最完整的历史文化街区。区内共有22处文物保护单位，其中祖庙和东华里为国家级文物保护单位，简氏别墅为省级文物保护单位。

始于北宋元丰年间（1078年），祖庙东华里片区历史上曾经是佛山的商业中心，祖庙、东华里、当铺、药铺、茶楼、祖庙内专门用来唱戏的万福台、各类手工作坊，还有穿行其中卖各种零吃的小贩，交织成一幅活生生的清明上河图。但是随着城市与社会的发展，这里沦为城市的发展滞后区，风貌破败，基础设施落后。只有这个片区的城市肌理和其间的历史建筑，依旧记录着曾经的繁华。

祖庙东华里片区的改造兼顾了城市记忆传承与现代商业街区的双重需求。一方面，完整地保留了几个典型小片区的肌理结构和空间尺度，同时对建筑的风貌进行还原式、保护性恢复。曲折的街巷、宜人的院落，曾经繁华的市井生活仿佛再现眼前，成了现代人追忆历史场景、抒发历史情怀的场所，也成为城市集体记忆延续的载体。另一方面，整体改造中，拆除少量建筑，嵌入开放空间，这些开放空间作为公共活动、日常休憩的载体，成了街区的精神中心。这种嵌入式的改造手法，其保留的典型片段满足了传承文化、延续记忆的要求，而嵌入的现代空间又为创造现代商业街区提供了可能。这也是城市肌理延续、更新的生命进程的表现。

五、结语

商业街区作为一个舶来品，尤其是当将其放置在中国传统城市肌理之上时，必将带来文化的冲突与重构。在单一磁极的城市肌理框架下，附属性、均质化是城市空间的典型特征。随着时代的变迁，当这一磁极消失时，传统肌理区域也成了场所盲区。因此，商业街区的改造，新的精神磁极、场所核心的树立，也就是对传统肌理的重构，是首要命题。

商业街区的场所精神源自欧洲城市中心的空间原型。这种空间原型的两个典型特征是复合化和奥秘化。复合化创造了多样性，是城市公共活动的内在驱动，属于功能范畴，在这里我们不加讨论。奥秘化形成“旷—

奥”、“缩—放”丰富的空间类型，吸引人群停留。传统肌理与商业街区空间需求之间存在着冲突，但从文化传承的角度，又具有保护的价值。在保护与重构的矛盾下，匹配性的功能转换和嵌入式的空间改造是折中、有效的改造规划手法。

商业街区以其显著的城市名片功效，成为全国各地的座上宾。但作为一个新生物，对它的规划探索还比较少，本文只是从城市肌理的角度切入，提出“重构·转换·嵌入”的规划策略。

文化商办，商业街区文化活力的推手

——特色商业街区文化业态的打造①

黄　辉

商业街区的文化类业态是其中的点睛之笔。文化类业态的运作方式不同于普通商业品牌，它远非流通价格增加这么简单，是有其内在规律性的。因此必须对文化资源做一定的加工，才能实现文化资源与商业价值的转化。

抛开传统意义上的教育、学习功能，利用文化发展商业功能，是稀缺文化资源得以保存和发挥的根本所在。商人出于商业目的而对文化资源加以包装和利用，我们称之为"文化商办"。比如现在出现的文化主题商业、私人博物馆群、地方风土文化展览与产品销售等都属于这一范畴。因此，我们认为，文化商办是文化类业态存在与发展的原动力。

在具体操作中，如何做好商业街区中的文化业态，是值得探讨的问题。根据不同的运作方式和盈利模式，我们认为，文化商办的具体运作形式可以分为以下三种：

一、文化商办的初级形态：文化类商品的直接交易

具有文化性的传统产品，比如古董、书籍、字画、玉器珠宝等，本身就代表了深厚的历史积淀与文化。以这类产品销售为主的业态主要存在于

① 本文原载华高莱斯国际地产顾问（北京）有限公司《技术要点》杂志《特色商业街区》专刊。

一些特定的商业街区中，比如北京琉璃厂、西安书院门等都是历史悠久的传统商业街区。其对文化的运用直接、明了，但是也较为初级和简单。

这类商业业态总体来说较为纯粹，并且同类聚集性较强，而且其带动力非常有限。如果零星用到一些新建的特色商业街区中，与商业街区整体调性难以协调，所以并不具有普遍适用性。

二、文化商办的升级形态：以文化类业态为点缀，新老业态交融

在大部分的项目中，文化业态虽然只占据了很小的比例，但是却能撑起整个项目的文化属性，使之成为特色商业中心与旅游目的地。

这里需要强调的是，只有文化类业态与新型其他业态保持整体一致，才能取得项目成功。它们要具有以下两方面的相似性：①所针对的客户类型是相同的；②所表现的调性是相同的。如果生硬地结合在一起，是起不到好效果的。

前门大街经过改造，商户分成了截然不同的势均力敌的两种类型：①老字号,针对的主要是外地旅游客户；②时尚品牌，其目标客群主体是城市中的年轻时尚人群。这两类客户很难融合在一起。所以虽然改造后吸引了大量的人流，但却出现了有人流、没客流的现象。

而另外一个案例——重庆的洪崖洞，不仅有星巴克咖啡、赛百味等洋品牌，而且有北京全聚德烤鸭、重庆小天鹅火锅等老字号，还有义乌新光饰品、富乔足道、香港沙爹王、成都音乐房子等来自于不同地域的不同类型的业态品牌，它们都能很好地融合在一起。究其原因，就是其所营造的休闲氛围具有高度的一致性，所针对的消费需求具有高度的相关性，同时满足了旅游人群、本地人群的需求，取得了经营上的成功。

三、文化商办的高级形态：文化带动的复合商业模式

将文化资源与商业进行更深层次的结合，渗透到商业中的每个环节，

既能够参观，还能够参与、消费。进行文化的深度体验，就是文化带动的复合商业模式。这种形态的文化商办有以下要点进行提炼：

（一）精华展示——提炼文化精华部分并展示出来

作品只是文化的单一表现方式，更多具有商业价值的文化是一个系统。如何对纷繁复杂的系统进行梳理，提炼其精华，将最能够打动人的部分展示出来，是首先需要解决的问题。

在这方面可以学习日本的展示当地风土人情的博物馆。比如下町风俗资料馆，就是典型的面积小、东西不多，但是能把当地文化说得很有自豪感。其展示的方式也比较特别，不是将展品放在玻璃盒子中，而是场景再现，对昭和时代的生活模式进行了较为生动的展示。每一个场景、物品都是精心设计，对解读背后的文化有较为直接的反映。

（二）故事演绎——将文化内容故事化、生动化

有了文化素材，还要以故事化的形式进行组织，这样才更为生动、更能打动人，也更能达到文化商办的目的。在前门大街的部分老字号门前，就用雕塑的形式向人们讲述着品牌故事。比如都一处门前的铜像雕塑，反映的就是乾隆给都一处题店名的故事。

更为系统的故事化演绎，可以看看苏州阳澄湖旁边的“忆园”，其展示了莲花岛居民历年来以蟹为业、以湖为生的历史文化。馆内不仅有大名鼎鼎的大闸蟹的来由及故事，还有当地人民捕鱼、采莲、织布的劳动情景的再现，甚至还有当地婚轿、婚船的水乡婚嫁等生活习俗的展示。通过一系列的故事化演绎，一个个活生生的画面展现出来，勾勒出了清晰的生活场景。

（三）情感共鸣——唤起人们的内在认同感

如果文化打造的效果仅仅停留在猎奇上，就达不到深度体验并形成多次重复消费的目的，自然做起来就很费力。在做好精华展示、故事演绎之后，还要通过种种手段唤起人们的情感共鸣，以达到内心的互动，提升认

同感。

台湾印象所展现的台湾文化，就是通过一系列台湾代表性元素的活化，唤起人们对特定阶段的共同记忆，达到与到访者的精神共鸣，实现了文化的升华和活化，并传递到项目其他各个方面。

其中，最能引起情感共鸣的当数以下两个项目：

其一是阿里山广场。进入这个空间，最为醒目的是原样复制的阿里山神木和航运过来的阿里山小火车车头。二者都是具有悠久历史的物件：阿里山神木是亚洲树王，据推算它已有2300多年高龄；而阿里山火车已经有近百岁高龄。

“高山青，涧水蓝。阿里山的姑娘美如水呀，阿里山的少年壮如山唉……”这首歌曲当时红遍大江南北。相信听过的人都对阿里山有着憧憬和想象，而这两样东西的组合就是阿里山的一个剪影。

其二是街区内特别设置的邓丽君音乐生活馆，对她的生平事迹进行全方位的展示。展示内容包括“十亿个掌声”、“璀璨人生路”、“金曲永难忘”等8个部分。馆中展示的家具、首饰、衣物等都是邓丽君生前所用真品，经空运送抵北京。馆中还展示有邓丽君各个时期的照片和部分音乐制品及录影带，具有很强的怀旧特色。这是街区中的亮点一笔，成为人们必到的一站。

在这种深度体验的文化展示基础之上，还具有其他更为全面的台湾文化展示，包括聚集台湾餐饮的台湾魅力老街，展示台湾现代创意的美学生活馆等。每一种业态都体现了台湾文化，使整个街区的文化内容显得饱满、有趣。

（四）复合功能——实现多元化的商业经营

脱离现实生活的文化就是空中楼阁，只能精神享受，却不能转化为实际的商业利益。因此，在打造文化业态的同时，还要注重相关的多功能的开发。从一个点到一条线，增加盈利点。

最为典型的是书店，也算是文化业态的一种类型。但是在传统的经营模式中，其盈利性很弱，往往支付不了现代商业中心高昂的价格，因此发展受到了很大的限制。而广州的方所开在太古汇商场爱马仕店旁边，让人一看就觉得实力非凡。其实它是集书店、美学生活、咖啡、展览空间与服饰时尚等为一体的混业经营。与其说它是一个书店，不如说是一个多功能的生活概念店，但是有十足的文化韵味，吸引了大量的顾客。

在众多私人博物馆难以经营下去的大形势下，也有非常成功的案例。如安仁博物馆群就是一个在抗战、民俗、红色等主题博物馆展示的基础上，发展了包括文化休闲、文化产品开发、影视产业、文物交流等强大的文博产业链条，成为新的旅游休闲小镇，取得了经营上的成功。

精华展示，是对文化内涵的挖掘；

故事演绎，是对文化概念的传播；

精神共鸣，是对文化底蕴的认同；

复合功能，是对文化消费的实现。

通过以上多种手法的打造，希望能够达到对文化背后商品及服务的推动目的，最终实现商业化利益，达到多方面的共赢。那么，呈现在我们面前的会是一个文化韵味十足的多彩商业蓝图。

历史街区改造中的共赢机制①

张雅丽

在历史街区的改造项目中，往往会牵涉政府、开发商、原住民等多方的利益。政府想要政绩、要形象；开发商要利润、要口碑；而原住民呢，房子？补偿金？就业？想要的很多……

如何在开发过程中满足各方不同的利益要求？怎样的机制能够实现多方利益的共赢？本文试图通过对几种模式及案例的研究，对这一问题进行初步探讨。

我们将这一问题，分为两个层次进行研究：第一，以谁为主导？即历史街区改造由谁来做的问题。第二，原住民怎么办？即如何实现投资者、开发者和原住民的共赢问题。

一、以谁为主导——开发模式的确立

由于土地权属方面的巨大差别，国内外在古镇、历史街区的改造模式方面差异很大。在国外，由于土地私有，在开发中个人或企业的参与度很高，政府只能实现管理、引导、出资、经营等职能；而在国内，土地所有权不归个人所有，房屋所有权又存在多种归属（直管公房就是一种特殊现象），因此国内历史街区的改造项目，大多是以政府或政府组建的开发公司为主导的。

① 本文原载华高莱斯国际地产顾问（北京）有限公司《技术要点》杂志《特色商业街区》专刊。

目前国内对古镇、历史街区的改造、开发，大致有以下几种模式：

第一类是政府主导模式。政府运用城市规划审批权力对历史街区的改造开发进行宏观的管理。开发资金的投入主要依赖地方财政。但是对公共设施的投入引入相关的市场机制，对游客收取费用（古城保护费）。对具体的旅游开发项目不做具体干预。丽江大研古镇旅游开发属于这种模式。

完全的政府主导模式在当前已经非常少见。在这类模式中，政府很难紧跟市场形势进行改造开发，工作重心往往是基础设施的改造、楼宇屋面的更新。而由于商业价值没有得到充分的挖掘和体现，对于原住民的拆迁和安置也面临着非常大的阻力。

第二类是开发商主导模式。地方政府将管辖范围内的历史街区资源，通过出让土地或旅游开发经营权的方式，吸引投资商介入历史街区的改造开发。由投资商根据自身优势，结合市场需要对外融资，实施历史街区的改造开发进程。政府只在行业宏观层面上对投资商进行管理。这一类型的典型代表是湖南凤凰古城，以及在国内引起重大影响的上海新天地。

开发商模式一般适用于大型的旧城改造项目。开发商以重金进行居民安置、街区改造，为了是在后期大规模的住宅、商用物业中，获得城市名片的价值背书和巨大的土地升值收益。这种纯商业化的运作模式很少在历史文化积淀极浓厚的地区出现，原因有两个：第一，历史文化积淀极浓厚的地区，涉及的文物、古建非常多，政府不可能完全交给开发商进行过于商业化的开发运作；第二，正因为超高的历史价值，这类地区的原住民安置代价非常高，以开发商一己之力，运作的难度非常大。

第三类是政府主导的项目公司模式。政府成立相应的旅游开发项目公司，相关资产以政府财政划拨的形式注入项目公司（或者以资产作价形式出资，资产所有者拥有项目公司相应的股权）。项目公司以政府组织注入的资产为抵押，向银行借款，获得的资金用于历史街区、古镇旅游项目的开发。北京的南锣鼓巷、浙江乌镇和成都的宽窄巷子都是这一模式的主要代表。

政府主导、企业化运作的模式能够中和前两种模式的弊端。法律的制定与执行、文物抢救与保护、居民搬迁都离不开行政的力量，而资金的投人、项目的经营又离不开市场。因此，政府主导开发、企业负责执行与实施的模式，在传统古镇、历史悠久的街区改造项目中最为适用。

在实际项目中，第三种政府主导、企业化运作的模式，有更强的适应性，能够充分体现参与各方的利益。而这类模式的运作过程也相对复杂，下面对这种模式进行详细说明。

成都宽窄巷子、北京南锣鼓巷、浙江乌镇，基于土地和房屋权属的差异，分别采用了三种不同的企业化运作形式。

- **成都宽窄巷子：成都文旅集团，市国资委直接管理**

成都文化旅游发展集团有限公司成立于2007年3月30日，是按照成都市委、市政府“发展大旅游、形成大产业、组建大集团”的思路，为推动成都文化旅游产业的发展而组建的，是按照现代企业制度要求建立的自主经营、独立核算的国有独资重点骨干企业。

- **北京南锣鼓巷：直管公房营运机构，政府出资并授权**

北京南锣鼓巷在新中国成立以后一度成为各大国企安置就业人员的聚集之地，房屋的权属大多为直管公房，因此，南锣鼓巷的改造引入了一种特殊的开发机构——直管公房营运机构。它是经区县人民政府批准设立，对授权范围内的直管公房及其他资产进行经营管理的企业法人。它可以是房地产集团公司、投资公司、有限责任公司等多种企业组织形式。区县政府作为直管公房的授权主体，是营运机构的出资者，享有投资者利益、重大决策和选择经营者等权利。直管公房营运机构在直管公房经营管理方面的权利有：按照授权书，对直管住宅房屋可以进行租赁、改造、出售、开发，对直管非住宅房屋可以进行租赁、出售、置换、开发改造、入股、联营。其收益归直管公房营运机构所有。

- **浙江乌镇：乌镇旅游股份有限公司，整合政府、企业、基金公司“三驾马车”**

乌镇改造的特殊性在于乌镇的土地归集体所有，镇政府领导对乌镇的开发改造拥有更多的话语权，改造的自由度也较高。因此，乌镇的开发公司，是通过集合中青旅公司的旅游资源、IDG（创业基金）的资金实力和政府的政策实力整合在一起的，通过“三驾马车”共同推动古镇开发。其公司的董事长为旅游公司的董事，负责开发公司的整体宏观运营；公司的总裁既是镇党委书记又是古镇开发区主任，负责具体执行。由于具体负责执行的是对古镇了如指掌的当地官员，同时能够得到旅游公司庞大的旅游整合能力支持和旅游资源的分享这样的人事比例，有效地推动了企业内部人才结构的调整，获得最好的人力资源。

乌镇模式可谓国内古镇开发的最佳案例，它突破了古镇开发的若干“瓶颈”，取得良好效果：

1. 以现代企业制度保证了当地政府、当地居民、旅游企业和外部资本的共赢。

2. 整合了中青旅的优势资源，将旅游产业链整体植入古镇开发中，最大化地挖掘古镇价值，而非仅停留在收门票这个初级阶段。把蛋糕做大，才能保证当地政府有税收、当地居民有就业、旅游者有丰富的旅游内容。

3. 为社会资金的进入提供了平台。资金规模更大并且最终达到了上市这个终极目标，形成了资金的杠杆效应，进一步为景区的融资、运营和品牌树立提供了背书。

4. 将原住民的利益体现在公司的利益分配中。使原住民仍然感觉自己是区域的主人，并且愿意主动提升景区服务水平，形成良性循环。

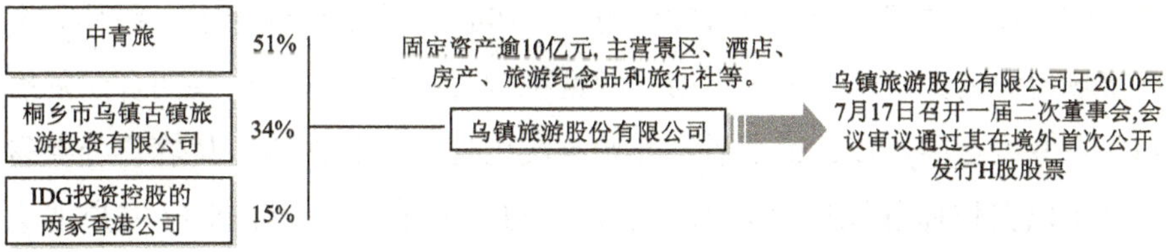

图1　乌镇旅游股份有限公司股份构成

二、原住民怎么办？——参与形式的确立

首先需要说明的是，原住民有两类：一类是世世代代居住在古镇或历史街区中的真正意义上的原住民，他们保留了传统的生活方式，从他们身

上可以体会到浓厚的地域风情；另一类是改造之前住在这里的人，是广义的原住民，例如，南锣鼓巷里，住的大多是央企、国企的职工，明清时期遗老遗少的遗风已经所剩无几。

那么，对于这两类原住民来说，处理的方式也是不同的。

广义的原住民与在其他地区生活的大众没有太大的区别。他们虽然对自己生活的地方有着很强的归属感，也对这片土地有着很深的了解，但实质上，他们仍然是“过客”。甚至可以说，他们对于本地的物质、经济上的留恋要远高于情感上的依恋。那么，改造拆迁中的问题，自然更多的体现在拆迁的补偿和对原始建筑风貌的保护上。

- **北京南锣鼓巷：房屋的处置，由原住民和营运机构共同商议决定**

由于南锣鼓巷在皇城脚下，居民数量庞大且多为不乏背景颇深的“老风骨”，又涉及多项文物保护，所以南锣鼓巷地区的改造与更新，有非常强的独特性。在整个过程中，政府充分重视居民的态度和意见，在每次较大规模的行动开始前，都会进行充分的调研和访问。这就保证了这一最庞大和最重要主体参与的长期性和积极性，也避免了政府机构和居民或使用者爆发矛盾，影响改造与更新进程。

南锣鼓巷的直管公房营运机构，是在保护区中新出现的一种参与改造与更新的主体。其营运模式是先找好客户再迁出居民，营运机构在客户与四合院原住民之间充当中介人的角色。一方面，营运机构选中一些具有潜在市场价值的四合院；另一方面，营运机构寻找有意购买这些四合院的客户。在双方意向达成共识之后，开始与院内居民进行协商。从客户处获得资金用以支付原住民的补偿金，然后办好一切相关手续，根据客户的意愿，给予基本的古建筑保护与修缮的指导，对房屋进行修缮或者翻新。这种方式避免了在大规模拆迁中容易产生的政府和居民之间的直接矛盾，使南锣鼓巷地区在小规模、缓慢的“微循环”中得到改造和更新，有效地保护了地区特色和历史风貌。

真正意义上的原住民对自己的故里有着深厚的感情，他们很难接受完全搬离此地而远走他乡。而从古镇开发的角度，这些原住民也有着很高的文化价值。街区中的历史建筑、历史文物、历史古迹，是历史文化的重要传承载体，是静态的、无声的、无再生性载体；而街区中的原住居民，更是传承历史文化的重要载体，是动态的、灵动有声的、具有再生性的载体。对这类原住民的处理方式，就要更多地考虑到原住民的保留，以及他们在历史街区改造中能够发挥的正面作用。

成都宽窄巷子、浙江乌镇实践了两种不同程度的原住民参与形式。

- **成都宽窄巷子：仅保留一部分“生活元素”**

宽窄巷子的原住民，绝大部分是被迁出的，就地安置的比例非常低。整个宽窄巷子的改造，已经将宽窄巷子原有的以居住功能为主，改变为以商业功能为主，没有能够给原住民居住的空间。为了保留巷子中积淀下来的传统生活方式和民俗风情，宽窄巷子选择了对传统生活方式进行“元素截取”，并将“元素”再现到商业街区中。例如，宽窄巷子的3D文化墙，展现了原有的市井文化；活动贩卖车，吸引了成都本地的一些传统手工艺人，现场制作贩卖；茶馆、酒吧，保留了“成都一绝”的“掏耳朵”服务，生动体现了最成都的文化。

宽窄巷子的做法与“开发商主导模式”中的商业化操作方式，是非常接近的。因为宽窄巷子的开发者仍然由政府直管，因此其对于本地文化的保留和再现还是做了非常多的工作。与上海新天地相比，不难看出，宽窄巷子的历史底蕴和人文风情要浓厚得多。宽窄巷子最成都，上海新天地则更时尚。

- **浙江乌镇：原住民参与民宿的经营和维护**

在前文中提到，乌镇的开发主体是以旅游公司为载体的股份公司。企业占的比例，较之宽窄巷子和南锣鼓巷，要更大一些。在这种模式之下，他们从区域开发视角来运作。乌镇西栅3平方公里的土地就是一个大型旅游综合度假地产项目，每一个景点、每一个住户、每一家酒店、每一个餐厅和商业，都是开发公司独立开发下的度假产品。

而对于原住民的处理，乌镇采用了一种更为积极的保留方式，即让原住民真正参与到乌镇的经营和维护当中去。乌镇除了旅游商业功能，还有很多的民宿功能，供来往的游客深度体验水乡的风情。而这些民宿的维护者正是当地的原住民。

除了对这些民宿进行清扫和打理，开发公司还给予了原住民对餐饮空间的经营权，用以为游客提供便利的餐饮。同时规定，每家民宿餐厅的规模仅限 2 桌，以此避免因原住民大量经营餐饮而影响整个古镇的商业结构和整体风貌。

原住民将自己的餐饮空间经营得有声有色，无形中形成了良性竞争，大家纷纷使出看家本领打点自己的小店，形成了不同主题、不同特色。在乌镇甚至还发起了特色商家的评比。如今，乌镇范围内的度假酒店、特色餐厅价格比乌镇外的要高出若干倍，仍然非常抢手。

三、小结

在历史街区改造的“共赢机制”问题研究中，乌镇的开发给了我们更多的启示。无论是政府、基金、企业“三驾马车”的开发模式，还是引导原住民积极参与到古镇的旅游活动中的参与形式，都能够很好地实现政府、开发机构、原住民三方的利益共赢。而宽窄巷子、南锣鼓巷也为不同特点的项目提供了很多可借鉴的方案。

当然，不是所有项目都适合同一种模式。在上海新天地项目中，以开发商主导的模式也取得了巨大的成功。在实际项目运作中，可以根据不同的项目属性和类型，灵活地选取开发的模式和机制。

全息穿越，模仿创新

——景区依托型商业街背后的生存逻辑①

乔　林

一、背景

旅游景区旁的商业街区，作为商业街家族中的特殊群体，在我国的生存可谓举步维艰。我国与景区有关的商业，无论是景区内的小商店还是景区旁的商街，大多是以销售毫不鲜见的旅游纪念品和提供远高于市区平均价格的餐饮为主：印有姓名组合的玉石、古代宫廷服饰、纪念扇子、佛珠挂饰、两倍于市价的热狗……其产品和服务并不具备地域特色和任何值得购买的垄断商品属性，因此我国景区周边商业街区的成功案例的比例相对其他类型商业街区而言要低了很多。

但实际上，该类型商业街区在全球范围内存在不少成功的实例，这些成功的项目实际上是在场景风貌上抓住了这类商业街区核心生存逻辑——“全息穿越”，在此基础上又在某些维度实现了“模仿创新”。比如日本岚山的小型寺庙＋自然景观景区，带热了周边的商业休闲街区集群，游客可以在这里观赏岚山特色风光，体验到古代这里的很多生活元素，最后不仅可以在商业街区小憩赏景，还可以买到精心设计的岚山特色商品；美国环球影城商业街区给游客营造出一个高度异境化的购物环境，让消费者觉得来到了一个奇幻的未来世界，让购物变成了一种自然的体验……对比而

① 本文原载华高莱斯国际地产顾问（北京）有限公司《技术要点》杂志《特色商业街区》专刊。

言，我国的很多景区依托型商业街区还有很大提升空间。

二、属性篇

为何要“全息穿越、模仿创新”？既然是景区依托型商业街，其先天优势就是紧邻在侧的景区。而景区所能带来的优势，主要有两点：

第一，客群。一般的商业街区，从建成到聚集起足够的人气和知名度，需要相对漫长的过程，少则一年，多则三五年。而很多商家正是在这段时间内因无法支撑经营而退出，最后导致商家流动过于频繁，街区整体调性丧失。景区旁的商业街区恰恰可以借助景区相对稳定的客流，最大限度地缩短并渡过这一困难时期。然而，客群并不会自动流向商业街区，无论街区离景区有多近，甚至是位于景区内，都不可能通过被动承接人流而实现商业做热，需要人为的努力将商业街区从景区的“容器”转型为与景区共同构成“磁极”。

第二，文化和景观资源。这一点很好理解，游客此行并非来购物和朵颐，主要目的是体验景区的特色文化、观赏景区的风景，所以首先要把游客的观光行为延续到街区中来，这样才能实现对文化和景观资源的利用，而不是现在常见的试图强行将游客的观光行为扭转为购物行为。

作为景区依托型商业街的策划者，需要考虑的是如何通过延续游客观光行为，加上自身打造出的吸引力，实现将街区和景区共同构筑为一个大的旅游吸引物，进而做活商业。也就是说，既要“致敬”景区，又要有自身独特的吸引力。

“致敬”景区的最高形式是实现“全息穿越”，在此基础上，形成独特吸引力的最佳捷径就是做到“模仿创新”。

三、环境篇

全息化穿越的最直观手法是让游客在视觉感受上将景区与街区二者视作一个整体，弱化从景区到街区的切换感，甚至可以在环境上将景区的观光行为延伸到街区中来，全息化展现一个“异境”，让游客从感官上完成一次彻底的“穿越”。

风貌全息化。用立体化的景区风貌元素来模拟出同景区风格极为相似的环境，这种看似简单的做法，效果却出奇理想。对游客来说，甚至是具有高度的迷惑性。洛杉矶环球影城旁的城市大道（City Walk）休闲商业街，是通往环球影城的必经之路。很多游人进入街区之后，第一反应就是自己似乎已经进入了环球影城主景区，悬挂在行人上空的立体大猩猩标志牌、巨幅人型霓虹灯、夸张且色彩艳丽的巨型电吉他、洛杉矶未有过的热带植物、侏罗纪主题停车场……街区从立面到图标再到霓虹装饰乃至植物，处处强化着环球影城夸张、梦幻、新奇、刺激的基调。街区本身就是一处风景，游人漫步其中，就有犹如进入桃花源般“豁然开朗”的感官享受，购物欲望瞬间提高。然而事实上，城市大道商业街区只是最典型的“景区旁的商业街”，并非环球影城主景区的组成部分，二者没有必然联系。通过在视觉层面高度贴近环球影城带给人的视觉震撼，成功吸引了游客。

景观故事化。贴近景区主题的故事性景观，可以将景区的观光行为很自然地延伸到街区中来，最大限度地弱化切换感，是全息化的另一种手法。而且故事性景观本身的连贯性所带来的吸引力，非常适合串起整个街区，让游客怀着探索的好奇感逛完街区。西安曲江新城的大唐不夜城商业街区，被大雁塔、唐城墙遗址公园、玄奘广场等具有浓郁盛唐文化的景区所环绕，选取了盛唐文化元素作为街区景观的主线。游人在欣赏了唐朝盛世、长安遗风的壮丽后，依然可以毫无转换痕迹地进入购物街区：在街区中轴景观大道上，按照朝代顺序分布着几组唐朝的英雄人物、著名艺术作品、帝王将相等系列主题雕塑。在逛完整条街区后，也顺道领略了当时全球第一帝国盛唐在文学、科技、宗教、艺术等领域的成就，毫不夸张地说，将其视为景区也并不过分。单单是想按照序列看完全部唐朝景观的愿望驱动，就足以让人逛完整条商业街。

场景生活化。也许故事并不是哪里都可以讲出来，有时候商业街区只是为了复原某个区域的生活场景，展现当地原汁原味的文化，这种调性往往是平淡的、生活的、琐碎的，但不意味着不具备魅力。既然是全息化，看似平淡的生活场景再现自然不可或缺。如果觉得大型群雕费时费力费钱，可以参考一下杭州清河坊或是南宋御街的做法。同样是复原老街风貌，打造原汁原味商业街区，只要一些小型街区小品散落其间，老街的味道就变得浓郁起来。反映古时人们生活场景雕塑的木盆中总有小孩愿意坐在里面玩耍，商店门口招揽生意的小二雕塑总引来人驻足观看，门前老自行车的框景塑像似乎永远有人上前“推车”合影，等待理发的人物塑像时常有女士上去一试身手……互动式的主题生活场景类雕塑为街区带来的作用，绝对不可小视。几组雕塑轻松营造出一种生活场景，带出一种街区调性，其性价比不可谓不高。

四、经营篇

经营什么永远是商业街区最核心的问题。对于景区旁商业街区这一特殊群体来说，单单卖高价而无特色的旅游纪念品是死路一条。在经营层面上的模仿化创新也是“全息穿越”的重要一环。

业种标签化。无论景区名气大小，都可以将售卖的商品、经营的餐饮休闲店铺贴上鲜明的地域标签，突出明晰的一条主线。这个主线和标签同景区的核心文化特质又是高度相关的，只有这样才能给游客传递出“只有从这里买的这件商品才有意义”、“来这里就要买几样特色商品才不虚此行”的信息，进而使其产生足够强的购买欲望。

日本东京浅草寺旁的仲见世商业街，紧紧抓住了其核心景区浅草寺“古老”、“地方标志景区”的标签，打造其商业街区主题。不仅从建筑外观、建筑小品等外在方面遵循传统的风格：建筑风格保持同浅草寺的和谐统一，采用旧式建筑风格，街区中灯杆、柱杆等也与寺庙的颜色浑然一体，而且其售卖商品也近乎苛刻地保持了古老传统的基调：小吃都是江户时代的日本传统小吃，如人形烧；拖鞋是日本古代的拖鞋样式，就连鞋刷都是专门用来刷老式鞋子的；衣服更是以和服为主，很难见到现代的衣服；提袋、布偶的款式，恐怕少说也是百年前流行的。但就是这样一个景区，反倒成为了东京一个闻名全国的著名商业街。主线越单一，给人的印象越深刻。

天津古文化街依托的景区是有600年历史的天后宫，现在兼作天津民俗历史博物馆之用，可以说，景区本身代表的是天津的地方特色文化。作为对景区的尊重，商业街区经营的小店都是经过严格甄选的：泥人张的泥人、杨柳青的年画、联升斋的刺绣、荣盛斋的文房四宝、手绣绣品；餐饮方面，崩豆张、耳朵眼炸糕、龙嘴茶壶汤、狗不理包子……在这里很难找到与天津特色食品无关的餐饮店。看完天津文化的展览，再来买些天津特色地方商品，最后吃些传统小吃，商业街区正是这样与景区共同构成了一个多元的天津民俗文化体验区。

品牌产业化。对于名气较大的景区，可以注册商标，形成一个庞大的延伸产业链，多层次化经营主题商品。河南少林寺早早形成了集书籍、服饰、素食、禅茶、药局、音像、刀剑、佛教纪念品于一体的多个产业链，而且均注册在了少林寺的商标之下。无锡灵山胜境景区外，有6000平方米的商业区，包括主题工艺品、土特产、素餐素食品等业态，42大类商品都完成了商标注册。对于知名景区，其影响力作用下的权威冠名商品和特色餐饮还是颇有市场的。

五、体验篇

整个手法中最重要的一个环节是通过“全息穿越、模仿创新”的手法，共同塑造全新的体验感。由于景区往往囿于其背景和属性所限，很难在其内部做趣味性、参与性的活动，无论是风景名胜还是旧址古迹，更多都是以观光功能为主，在体验性方面无法做出突破。而旅游作为一种天然的体验经济，游客在购买该产品时，本身就是在购买新奇、美好、愉悦、刺激等一种或几种体验的组合。观光仅仅是体验中的一部分，商业街区要做的，就是多维度、全息化地去开发游客的体验感。在这一方面，其实商业街区有自身的独特优势。

文化活态化。文化活态化主要指街区将一些体验化元素融入日常的经营活动中。街区的商业更应该突出互动性和娱乐性，景区的静态文化不利于传播，反倒可以借助街区的商业活动来实现文化活态化。比如在日本京都岚山景区旁的商业街区，街边排列着很多明治年间流行的人力车，现在也被用来载客。关键亮点在于，车夫的装束不仅维持着300年前的模样，而且是具有浓郁本地特色的——日本很多街区中都有人力车，其车夫装束都会遵循当地古时的衣着特色。简单的一处设置，顿时营造出一种地方化的历史味道。成都锦里古街除了经营内容充分回归蜀地传统民俗外，也融入了很多增强体验感的元素。夜晚身着汉代服饰的打更人，花轿和滑竿等传统交通工具在街区中穿梭，以及黑脸张飞的特型演员坐镇餐厅门口、三国美女服侍两旁，诸葛连弩的现场体验等，都给游人带来了足够的新鲜感。在经营中，更是不乏蚕丝坊的现场体验式缫丝表演，身着传统服装的师傅现场表演四川名特小吃的制作过程等，将体验和经营很好地融合在了一起。

节庆常态化。成功的商业街区都会举办各种活动，以增加人气。对于景区旁的商业街，这些活动就更要强化主题，突出体验的特色。街区作为一个大舞台，可以在一年当中的各类节日组织大型节庆活动，这还不包括可以随心所欲地创造的新颖节日。正所谓项庄舞剑，意在沛公——商业的第一逻辑永远是吸引来足够多的人，而不必多虑人们来此目的为何。还以日本东京的仲见世商业街为例，其抓住浅草寺“信仰磁极”、“精神堡垒”的主题，将原有的大型活动“三社祭”、“桑巴祭”重新包装、宣传并继续发扬，围绕浅草寺，使周边形成了浓厚的大型活动的氛围，一些当地新年的盛大祈福等活动，也都渐渐改在这里举行。大型祈福活动进一步巩固了浅草寺作为祈福核心的地位，当然其商业人气也水涨船高。

正是因为这些特殊的手法和不懈追求完美的努力，一些景区旁的商业街区完美实现了对其景区的“反哺”。我们因为锦里知道了武侯祠，因为观前街知道了玄妙观，因为古文化街知道了天后宫。发展到这一阶段，商业街区的生存已经不再是问题，穿越和创新都已经完成，它可以骄傲地说，众人是为一睹景区和商业街区二者的共同风采而来，而不是游完景区顺道而来。

六、结语

作为成长在景区旁的商业街区特殊群体，对景区主题和文化的反复再现和致敬是其成功存活的核心之道。唯有当街区的主题文化与景区的核心特质在某些维度高度共振，游客在景点体验完相应的文化和审美后，这种感受在周边商业街区能够迅速得到放大和强化印证，这样才有助于景区和商业街区二者整体统一于游客的认知之中。这是二者形成整体品牌形象，进而实现街区持续盈利的关键，同时也是“全息穿越”的核心逻辑。另外，如果能够对景区文化进行更活态、更亲人尺度的放大，实现“模仿创新”，那么二者共同形成吸引力更强、知名度更高的全新“磁极”，同样也值得期待。

走出文化街区的投资困境[①]

沈哲新　罗　璇

一、永恒的平账难题

在文化街区开发的环节中，资金问题一直是个“瓶颈”。应该说，很多开发商希望从住宅向商业转型，很多地方政府也很希望打造特色商业街区，但是都面临算不过来账的问题。对于开发商来说，商业街区的前期投资巨大，而后期经营风险大、效益低；对于政府来说，有没有资金可供投资、能不能保证资金回收，以及商业街区经营结果是否理想，都使他们难以决策。

问题的实质在于，商业街区这种商业业态要实现经济效益很难。商业要想自身实现盈利，必须要具有很高的商业效率，而商业街区的形态和特点决定其商业效率比较低。商业效率较高的超市，通常面积精简、租金很低、货架摆放密集、商品码放紧凑、货物周转率高、人流量大，这样才能从经营上成立。更极端的例子就是网购，由于没有店面成本和中间代理商，仅有网店、客服和物流这几个简单的环节，商家能够获得更高的利润，客户能够以更低的价格购买商品。因此网购已经成为最高效的一种商业形式，近年来不断地打压实体商业的市场空间。

通常，特色商业街区占地面积大，建设密度低，位于城市中价值比较高的地段，租金不可能便宜，很多文化类、体验类的商户也不能贡献太大

① 本文原载华高莱斯国际地产顾问（北京）有限公司《技术要点》杂志《特色商业街区》专刊。

的经营收益，所以注定不具有很高的商业效率，算不过来账的问题几乎是普遍存在的。

二、综合的价值评价

那么，我们怎么来看待商业街区的收益呢？

由于商业街区带有强烈的城市更新、文化活化、区域带动、拉动就业的使命，所以它的价值衡量方式与普通的商业极为不同。也就是说，对商业街区要进行综合性的衡量，而非单纯评价商业自身的收益。一个商业街区的商业盈利与其周边物业的开发收益，以及整个区域的价值提升，共同构成了商业街区的综合收益。

随之而来的就是投资主体和收益主体的对应关系问题。商业街区的投资者是否能够从区域整体的价值提升中兑换出相应的利益，以弥补商业街区的投资；政府是否能够参与到整个区域的价值提升过程中来，减轻商业街区投资者的负担，这些都影响着投资收益的平衡，也决定着商业街区的经济可行性。

三、多种投资收益模式

从商业街区的投资收益模式看，有以下三种类型：

（一）小平衡

依靠商业街区自身实现盈利，即所谓的“小平衡”。

- **“以时间换金钱”——典型案例：北京三里屯 VILLAGE**

三里屯 VILLAGE 是香港太古集团在北京的一个大手笔，不仅坐拥三里屯这寸土寸金的成熟时尚街区，而且聘请了世界多家知名商业规划和设计机构进行方案设计，招商方面采用只租不售的典型香港商业运营策略，招揽的商家尽是些国际一线品牌。商业街区开业后，以其时尚的面貌、旷奥的空间、精良的品牌吸引了全北京的高端时尚人群，甚至成了国内外旅游者体验北京动感时尚的首选目的地。

从这个案例中我们看到，要实现商业经营的“小平衡”，必须依靠实力雄厚的开发商和运营商。在同一地段的三里屯SOHO，同样也有规模较大的商业，但商业经营一直比较萧条，租金价格也一直属于区域低位，更没有重量级的品牌商家，这些都说明了开发商和运营商的实力具有决定性的作用。

但是，即使是香港太古集团这样的实力企业，也不可能在短期内回收前期投资，必须要做好持久运营的准备，支撑一个较长的资金回收周期。也就是说，实力企业依靠较长时间资金滚动实现商业街区自身平衡，是一种“以时间换金钱”的模式。

- **“以空间换金钱”——容积率调整和建筑面积奖励制度**

容积率调整和建筑面积奖励制度，是国外很常用的一种帮助开发商实现“小平衡”的方式。

以澳大利亚悉尼举例。悉尼是一个历史遗产保护十分成功的城市。在针对历史遗产保护的制度里，悉尼有一项制度是容积率调整制度。这项制度的主要内容是如果拟开发的项目地块中含有需要保留的建筑，且对于该建筑的翻新和再开发对周边环境有突出贡献，则拟开发项目的容积率可以超出规划中规定的最大容积率。这项制度把开发和规划结合起来，鼓励投资者进行历史文化遗产的保护工作。在悉尼的制度体系里，还有一项“历史遗产建筑面积奖励”制度（Heritage Floor Space，HFS）。这项制度旨在鼓励加强对悉尼历史建筑的保护，凡是涉及历史建筑保护的投资行为，可以给予一定的历史建筑面积奖励，并在符合一定条件的情况下，奖励的历史建筑面积可以进行所有权出售或者转让。无论是容积率调整制度还是面积奖励制度，悉尼管理机构都制定了严格详细的审批制度和实施细则，确保该项制度不会被滥用。

（二）中平衡

所谓“中平衡”，是指在商业街区附近，补偿给开发商部分开发用地，以实现资金平衡。

- **典型案例：上海新天地**

上海新天地是国内较早成功实现文化街区开发的。从 2001 年开始历经十余年的发展，上海新天地不仅成为长三角地区著名的旅游景点和休闲中心，同时也成为一种商业品牌。上海新天地采用的是“文化街区开发 + 地产开发”的模式，这种模式的采用也是因为在新天地现址的周边，还有大量的可开发用地。因此，上海市政府在引入香港瑞安集团投入开发和建设新天地的同时，也同意瑞安集团开发周边 52 公顷住宅用地。当然在引进哪家企业进行开发的选择上，上海市政府也是经过慎重考虑的，之所以选择瑞安集团进入，一方面是看重瑞安集团在资金方面的优势，另一方面也利用了瑞安集团和多家商业巨头的战略合作关系。这样不仅可以很好地保证前期资金投入的问题，而且也确保后期能尽快投入商业运营。

对于瑞安集团来说，单纯看新天地本身的投资收益也并不理想。上海新天地的商铺只租不售，投资年收益率在 8% ~10%。但是由于新天地的品牌效应，其周边住宅的价格从最开始的每平方米 8000 ~ 10000 元，一直涨到每平方米 25000 元。在这一过程中，瑞安集团获得的新天地周边的开发用地价值也随之提升，瑞安集团从中也获取了经济效益，而且还获得了一个良好的品牌形象，为在其他城市获得开发项目提供了良好的口碑。可以说，新天地系列的开发模式使得企业和城市都获得了可观的收益。

（三）大平衡

“大平衡”指的是，由于商业街区带动了整个区域价值的提升，政府在基础设施、房屋改造等方面进行先行投入，然后由政府主导的下属企业或市场上的商业公司进行商业街区的开发和运营，共同实现商业街区以及整个区域的良好运行。

- **政府主导开发的典型案例：天津意风区**

一般情况下，文化街区多数位于城市中心，地价本身就比较高；而且由于城市人口比较密集，常年缺乏基础设施投入，因此导致拆迁腾退成本高、基础设施欠账多；在有些文化街区中，还有文化古迹、名人故居等建筑，需要进行必要的保护。因此，在这种情况下，文化街区的拆迁腾退、基础设施建设、遗迹保护等的资金投入将是天文数字。至于财务收益，由于受到人流不稳定、商业氛围需要长时间培养等因素的影响，在短期内还难以达到一个理想的收益，因此导致投资回收期明显加长。

以天津意风区为例，这一片位于海河边上的意大利风格建筑群，是重要的历史风貌街区。为了改造开发这片区域，政府背景的海河公司投入的开发费用高达14亿元，包括河域治理、拆迁腾退，也包括道路建设、地下管网、广场雕塑、意式风貌建设等。这样高昂的费用事实上也承担了一部分城市改造的内容。单纯从财务角度来看，开业两年来，目前的年营业额在1.3亿元左右，扣除必要的经营管理费用，其净收益在1亿元左右，与投资额相比，其财务收益并不高。①

但是，一个文化街区的成长也带来了很多附加的收益，这部分收益是不能以投资收益来衡量的。经过精心的设计和施工，天津意风区在建筑风貌上，已经形成了意大利风格的街区环境，创造出文化浓郁的室外休闲氛围，被评为国家4A级旅游景区。在商业业态上，已经初步形成了“吃、住、行、游、购、娱”综合特色商业街区，还举办了意大利风情旅游节、达沃斯论坛文化晚宴、《风声》首映礼等具有国际影响力的活动。这些活动不仅吸引了大量游客，而且带动了区域整体服务水平的提升，成为代表天津城市形象的新名片。也就是说，从政府和城市的层面来讲，文化街区整治获得的效益是巨大的，比如城市面貌改善、城市形象提升、基础设施完善以及增进就业等。因此，如果算大账的话，天津意风区的开发是值得的，对于整个天津市来说都具有极大的意义。

- **政府前期投入带动企业运营的典型案例：南京1912**

南京1912地处玄武区的长江路，紧邻旅游胜地总统府，处于城市中心区。根据南京城市规划，长江路将打造成长三角乃至全国闻名的文化商务街，现址内的清代两江总督府、太平天国天王府、总统府、国立美术馆、中央饭店等知名建筑都将得到妥善保护和利用，在长江路西侧规划建设一批高档商务写字楼，与新街口北侧的金融业区交相呼应，形成南京市最密

① 李锡庆，韩健徽．天津意式风情街［M］．天津：天津大学出版社，2011.

集的高级商务区。由于周边没有可开发用地，因此南京1912采用上海新天地的模式是不可行的。

根据项目区位的特点，江苏省政协率先投资约6亿元，将周边民国府衙式建筑进行了整修，并把17幢建筑连成一片，规模近3万平方米。随后在全国进行招标，最后选中南京东方集团进行后续开发和运营。南京东方集团斥资3亿多元赢得了10年经营权，目前南京1912的经营管理由东方集团合资成立的南京东方三采投资顾问有限公司负责。而南京东方三采投资顾问有限公司每年须向江苏省政协上交4000万元的管理费，10年总计4亿元。

单纯从投资收益的角度看，短期内收回投资是绝对不可能的。但是正因为项目优越的地理位置，无论是政府还是南京东方三采投资顾问有限公司都对项目的未来充满信心。从实际经营效果看，开业初期整个街区每天的总营业额保持在50万元左右，这样来计算，开业的第一年就可以实现2亿多元的营业额。和上海新天地主要营业时间在晚上不同，由于南京1912位于商务区，因此形成了一个全天候的繁荣景象。这里全天包括四个重点消费时段：午餐、下午茶、异国风情的晚餐、夜间的酒吧。因此，随着知名度的提升，租金也不断提高，未来的盈利将非常可观。

总结南京1912的模式，我们可以看出，政府的先期投入极大地减轻了企业投资压力，同时良好的区位环境使企业对未来的经营充满信心。双方共同投资，然后由企业后续经营，形成了政府投资带动、企业运营投资的模式。

四、多种模式灵活应用

从以上的分析可以看出，无论是国外还是国内，吸引民间资本投入文化街区建设和历史遗迹保护的手段是很多的，关键是要发挥制度的引导和润滑作用。而在选择模式、设计制度时，应该根据不同的情况灵活运用不同的手段。

国外的一些古城在保护与开发方面走出了先行之路。例如，英国切斯特（Chester）古城坐落于英格兰进入威尔士北部的要道上，历史上一直是重要的军事要塞，由于政府对切斯特进行保护引导的城市复兴，使得切斯特一直保持着长久不衰的活力。在街区保护和开发的资金筹集上，政府主要通过三个层面：①利用利益驱动使私人开发商对街区进行再开发；②鼓励建筑所有者自行维护其使用房屋；③对难以利用以上办法进行再开发的区域，主要是缺乏经济价值的衰落区域，则由政府机构介入。

举例来说，在水门街（Water Street）的保护和开发中，政府准许开发商获得周边土地的使用权。对于开发商来说，尽管街区改造投入了资金，但是可以获得周边一定土地的使用权，因此可获得稳定的收入，所以开发商也乐于进行投入以获得长期的投资收益，这种模式有点类似于上海新天地的模式。而在澳大利亚曼宁翰姆城的格林修道院（Abbey Green）的改造中，政府采用了另外一种形式，即政府先期进行一部分投入，改善环境和基础设施，同时和开发商签署协议，由开发商进行后续投入，并获得土地增值的收益。这样做的好处是，减少了开发商的前期投入，而且由于有政府的资金投入，也增强了开发商的信心，开发商通过长期的土地增值也获得了收益。此外，政府对房屋的所有者也有相应的奖励措施，比如通过贷款或者税收上的优惠鼓励其对自己的房屋进行必要的修缮和改造，从而使得整个社区的环境和面貌都维持在最佳的状态。由于政府对古城的改造和维护十分重视，同时也制定了完善的法规进行引导和约束，切斯特城一直保持着古朴的风貌，成为英国著名的区域中心和旅游中心。

尽管国外的制度环境与我国存在差异，但是其制度制定的初衷和思想，是可以供我们借鉴的。

首先，由于城市管理的职责所在，政府的主导作用是必须要坚持的。只有坚持政府主导，才能避免单纯追求经济利益的开发行为，确保文化资源和文化资产得到很好的保护，确保开发行为为整个城市带来效益。

其次，要根据拟开发区域的特点，有针对性地制定政策，以有效地引导富有经验和实力的民间社会资本投入。在这一过程中，政府的智慧是十分重要的，必须要针对不同的项目特点制定合理的制度，既能激励社会资本进行投入，同时也能有效地约束开发行为不出现偏差，以实现社会效益和经济效益的均衡。

目前，发展文化产业已经列入国家战略规划，对文化街区的开发和利用不仅有利于文化产业的发展，也有利于拉动消费，对国民经济的发展意义重大。因此，我们应该以科学合理的制度激励社会资本投入文化街区开发，突破资金“瓶颈”，为城市贡献出更多高质量的文化街区。

复刻城市魅力

——特色商业街区的“复制”模式①

朱青青

一、用“文化资源”坐标重新定位城市

几乎每一座能够被人们记住的城市，都拥有一个关于城市历史与文化的独特想象，这就如同只要提及巴黎，人们的第一反应总是“浪漫”——从这个意义上讲，一座城市展现魅力的方式就取决于它如何去激发人们的联想，讲述这个关于自己的故事并且制造共鸣。

事实上，在今天这样一个信息超载的时代，人们面对的是一个逐渐失去焦点的世界，对于任何一个想要通过攻占想象力版图脱颖而出的城市，对于城市文化资源（Cultural Resources）的利用方式就显得格外重要。城市文化资源通常包含历史、产业及艺术遗产，也包括公共生活、节庆、仪式等具有地方特色的固有传统，而其中的代表性资产则是建筑、城市景观或地标——如同英国城市学者查尔斯·兰德利所言，“文化资源是城市的原料及价值基础，其中的资产取代了煤矿、钢铁或黄金。”

因此，正如我们所感知的那样，作为“城市名片”，也是城市“特色资本”重要载体之一的特色商业街区，如雨后春笋般在中国特别是在那些飞速发展的二三线城市当中，逐步成为城市经济最强有力的增长极。而就其本身的商业模式和对城市的整体贡献而言，香港瑞安集团的“天地系

① 本文原载华高莱斯国际地产顾问（北京）有限公司《技术要点》杂志《特色商业街区》专刊。

列”和南京1912集团的“1912系列”无疑最具代表性。

二、特色商业街区是如何被“复制”的

（一）城市特征

如果我们把特色商业街区视作一条彰显城市文化独特性和积累“特色资本”最为快速有效的途径，那么，“天地系列”的模式化复制和拓展之路，无疑为国内众多处在转型期的城市提供了绝佳的机会：杭州、重庆、武汉、佛山……这些继上海新天地之后，在各地陆续出现的“天地系列”特色商业街区，无一不成为当地具有代表性的“城市名片”。

在评估城市特征和项目自身选址模型的标准当中，至少应包含以下几个重要方面：

- 对城市经济和房地产市场指标的综合判断，特别是城市经济的规模、增速和上行潜力，城市人口和消费情况，企业基础与商务环境，城市国际化、经济多元化程度、城市的对外开放程度，等等；
- 城市政府的支持力度；
- 土地及拆迁成本；
- 项目与城市未来发展方向的契合度；
- 项目自身的选址要求，例如，区位条件、地块性质、规模、具有地域特色的历史文化资源，等等。

以上海新天地为例。它处于“市中心的中心”，是太平桥地区旧城改造的重点项目之一。作为上海第一个将餐饮、购物、休闲、娱乐和文化、旅游元素相结合的综合性街区，它是一个以城市中高端商务消费、休闲消费人群为支撑的都市休闲文化街区，一个以石库门为城市记忆的符号、具有浓厚本土历史文化特色的都市旅游景点型商业，一个国际化、时尚化的交流和聚会地点，一个上海人常来、外地人必去的城市地标。

因此，一个能够成功复制此类特色商业街区的城市，也必然得拥有规模大、开放度高和多元化的城市经济特征：以城市中高端商务、休闲人群为基础，以外来旅游人群为补充的基数，以庞大的消费群体作为支撑，拥

有一段醒目的城市历史文化和一种亦古亦今、中西合璧的城市气质。于是，和上海新天地颇为神似的重庆天地、武汉天地应运而生。

在“1912 系列”已经进驻的 6 个城市当中（它们分别是南京、扬州、无锡、苏州、常州、合肥），南京 1912 和百家湖 1912 的相继开街，无疑使南京成为诠释 1912 集团选址模型的最佳城市范本：从城市级别、综合经济实力和特色文化资源等角度衡量。首先，南京是中国四大古都之一，著名的中国历史文化名城；其次，南京是华东地区仅次于上海的经济商埠，城乡居民收入增速在副省级城市中位居前列，经济和房地产市场的成熟度与活跃度在国内城市中均属领先，国际化和多元化的经济特征也使得商业地产具有较大的发展潜力。

作为 1912 集团的首个项目，南京 1912 街区紧邻总统府，距离南京市级核心商圈新街口约 2 公里，是一个浓缩了南京人文精华的城市核心区。而百家湖 1912 所在的江宁区，则是南京的三大“新市区”之一，百家湖商圈也是未来城市规划中的江宁 CBD，被定位为未来江宁的“新街口”。

事实上，1912 集团在南京“一城两街”的布点，代表的正是此类特色商业街区的典型选址标准，即理想的目标区域应位于：

• 一二三线城市的核心商圈（3 公里范围以内）；

• 一二线城市的区域副中心核心位置，或区域副中心与主城区核心商圈交界处；

• 地块所处区域有文化特色与历史遗风可借鉴，也是确保项目核心特色的重要条件之一。

（二）文化基点

城市规划大师刘易斯·芒福德在其名著《城市发展史》中指出，“城市永远是先有磁极，后有容器。”特色商业街区可以被看作是一个城市的文化磁极，以特定的城市文化资源为核心吸引物。

例如，扬州 1912 街区东面是“扬州三湾”之一的大水湾，西面是被誉为“晚清第一名园”的何园，北面是卢氏盐商古宅群落，项目所在区域不仅是扬州老商业中心，同时也是城市记忆与历史文化遗产高度聚集之地，具有非常浓郁的明清文化特色。

苏州1912位于苏州工业园区金鸡湖畔，是李公堤的重要组成部分。苏州是“水的故乡”，因此，项目依托金鸡湖这一城市核心景观资源，通过商业空间与水体、园林和城市风景的融合，以及苏州传统民居建筑氛围的营造，重现了苏州“江南水乡”的城市特质，使得苏州日渐消逝的城市文化借助商业得以复兴。

自李公堤开业以来，总计客流逾1000万人次，外地游客已占到消费者总数30%以上，成为面向苏州、辐射长三角享誉全国的旅游目的地，苏州1912也成为苏州的休闲文化策源地和时尚名片。在这里，特色商业街区不仅是一个商业载体，而且其本身已经成为一个反映城市历史文脉、塑造城市文化气质、融合城市景观资源的魅力“磁极”。

与之类似，从上海新天地的石库门文化、重庆天地古老的山地村落肌理，到武汉天地的民国历史建筑，再到佛山岭南天地所保留的祖庙风情，作为城市记忆与文化精神的载体，特色商业街区的“特色”就是通过把本土文化、历史和建筑风格，以符合当地经济文化发展趋势和消费模式的方式与项目的发展理念相结合。因此，只要不存在两座相同的城市，也就一定不会出现两个相同的特色商业街区。

更进一步，我们可以发现，特定文化磁极的形成过程包含着这样一个序列，即“故事—遗存—共振”：挖掘某一特定文化，不仅要有“故事”，还必须要有“遗存”（载体）；同时只有当“故事”与当代文化和城市精神“共振”的时候，才能形成真正可利用的文化资源。

（三）功能定位

特色商业街区被认为是城市文化精神的代言，展现甚至塑造了城市魅力。这些特色商业街区不仅作为城市服务设施的提供者，更重要的是，通过一系列改变城市休闲方式、提升城市生活品质的消费形态和商业空间，它们开始创造一处家与工作场所之外的“三度空间”——一个激发新生活方式、新社交形式和一切与之相关的城市消费空间。

在商业功能与业态的填充上，无论是“天地系列”、“1912系列”，还是“兰桂坊系列”，这类特色商业街区几乎毫无例外地以餐饮、休闲娱乐业态为主体，将“都市休闲”作为街区功能定位的核心。

这是因为，在多数的二三线城市当中，一方面是市场特别是中高端人群对于休闲消费的旺盛需求，另一方面是城市休闲商业的高度匮乏。特色商业街区的出现，旨在填补城市中高端商务消费、时尚休闲消费的需求空白，特别是通过对“夜色经济”的高度关注，实现对城市商业消费形态的升级和对城市功能的补充与提升。

以“1912系列”为代表，从南京1912、无锡1912到苏州1912，可以说，“夜色经济”已经逐渐成为这些二三线城市中休闲经济的主体，以酒吧和餐饮业态为主的特色商业街区成为城市商业的重要组成部分，国内外知名商家及品牌的聚集地，引领城市时尚文化和新生活方式的“城市客厅”，商务人群、高端白领、城市小资和外籍人士的首选休闲消费地。

以南京1912为例，官方统计数据显示，该街区日平均客流量达到近万人次，节日高峰客流达5万~6万人次；洋酒的消费量占南京洋酒消费总量的50%以上；自街区正式运营后，周边文化、休闲、餐饮商业面积增加了8万平方米以上，便捷酒店从3家发展到14家，周边商业租金价格平均上涨超过2元/平方米·天，创造了南京平均租金上涨速率之最。更重要的是，1912街区的出现让南京的夜生活延长了3个小时以上，使城市夜间消费成为常态。“京有三里屯，沪有新天地，宁有1912”描述的正是这样一个由特色商业街区推动的“夜色经济”的发展进程。

与此同时，特色商业街区还是一张极具特色的城市营销名片，它是城市休闲旅游的目的地、明星名人的聚集地和名牌产品的荟萃地，因此也最容易成为媒体关注的焦点。这就好像外地人到上海必去新天地，到苏州必去李公堤一样，特色商业街区代表了一种独特的城市文化气质，它不再是一个传统意义上的消费场所，而是一个城市时尚休闲文化的策源地，一个全方位体验城市魅力的消费文化地标，一个有效促进城市经济发展、快速提升城市品牌价值的引擎。

三、特色商业街区：一座城市的文化复兴之路

综上所述，我们谈及的以“天地系列”、“1912 系列”为代表的特色商业街区，它们更多的是以一种“创意者”的身份而存在，即以特定的城市“文化资源”为核心吸引物、强调多元化城市体验的商业地产类型。在复制过程中，特色商业街区的外在建筑形式和市场定位均可以发生变化；可以“复制”的部分，是一种通过对城市“文化资源”的深度利用和对城市休闲经济消费需求的深度挖掘，实现城市复兴的手法。

事实上，与 Shopping Mall 等类型商业相比，特色商业街区的本质特征也构筑在其“本地化逻辑”之上，甚至可以说，特色商业街区最大的主力店就是“城市”本身。正因为如此，特色商业街区往往承担着城市复兴的使命，成为振兴区域经济、提升地段形象的“起搏器”。

另外，在互联网经济时代，“效率”并不是特色商业街区的优势：通过不断强化自身的文化特色并复归城市本身的魅力，特色商业街区在一种相对“低效率”的培育和发展模式下，获得了更长的逗留时间、更高的消费额度和更忠实的客户群体。

因此，一个成功的特色商业街区的开发，就如同瑞安集团一样，首先是要将自己的优势定位在整体项目的策划和发展规划上，寻找当地具有传统文化精髓的核心地带，将各地的特色融入发展项目中，“让一个城市的昨天与明天，相会在今天”。

正如许多欧洲城市所倡导的，一座好的城市不只专注于高速公路或者摩天大楼的开发建设，它一定是一座拥有参与、沟通与分享精神的城市，一座基于本土文化高度创造力与敏锐感的城市，一座善于在文化的现代性与城市的历史文脉之间维持平衡的城市。一个特色商业街区的成功引入，可能正是我们发现城市特质、塑造城市魅力、在世界文化版图中脱颖而出的开始。

十八般武艺造就的商业街区

——以宽窄巷子为例[①]

郭小帆

大名鼎鼎的宽窄巷子，以“老成都底片，新都市客厅”闻名于世，是成都一张耀眼的城市名片，也是全国历史文化商业街区的范本之作。根植于成都这座休闲城市，宽窄巷子是真正的老成都生活体验馆，在院子里品茶、吃川菜，感受真正的成都式休闲。这不仅使宽窄巷子成为成都不可不去的旅游目的地，而且更使得这个街区完全融入本地人的生活。2011 年宽窄巷子被评为成都新十景之一。

在商业街区如雨后春笋般纷纷涌现的今天，宽窄巷子脱颖而出，取得如此成就，其秘籍何在？

一、院落组织形式

宽窄巷子整旧如旧，巷子两侧排布着一个个经过现代方法处理的古代风格院落，透过青黑色的院落大门，可以看到古色古香的院子，主厅堂、左右侧偏房围出了小天井。

宽窄巷子名字叫巷子，其实它抓住的最重要的东西是院子。在成都，最有兴趣的是喝茶不在屋里，也不在包间，而是在一个大院里面。而这种消费模式恰恰被宽窄巷子抓住了，所以整个宽窄巷子做的是庭院经济。所

① 本文原载华高莱斯国际地产顾问（北京）有限公司《技术要点》杂志《特色商业街区》专刊。

谓的庭院经济是说，进了这个门以后，都是在这个院子里进行消费的。那么宽窄巷子最大的突破是什么呢？以往我们做的时候会陷入一个矛盾，就是当建筑完全古色古香的时候，往往不适合现代化经营；当它适合现代化经营的时候，往往就失去了古色古香的风格。于是宽窄巷子做了三分离：第一，屋子是按现代经营的原则来做的，屋子要向里退；第二，屋子和门之间是个院子，院子是主经营场所；第三，门对着商业街。沿着宽窄巷子走的时候，两边不是建筑，是一个个的门头，这一个个的门头可以纯粹地表现当地的文化。这就如同把四合院做成现代风格就不好表现，做成古代风格就不好住，但是四合院的门没问题，胡同周围都是门没有问题。所以，宽窄巷子做了一个类型的分离，它选择了三个东西：第一个是门，第二个是院，第三个是街。街是有宽有窄的，门是维护这条街的，门进去是院，后面再去做建筑，这样就牢牢抓住了老成都的几个元素了。通过院落的组织形式，对室内、室外空间进行了完整的构置，将公共商业空间一定程度地私密化了，提高了经营空间的可塑性。

二、成都人是古成都生活、古院落生活的活化石

与其他城市相比，可以更好地体会到成都人是古成都生活、古院落生活的活化石。比方说，北京人现在已经不过天桥生活了，也没有过天桥生活的人了，所以北京没有出现以天桥生活为主题的商业街区。上海新天地能做成，是因为上海还有一批过着小资生活的“老克拉”。“老克拉”们虽然现在收入不高，但家底很丰厚，到处都是洋闹钟，整天喝“清咖”，生活有品位。

与成都相比，上海只是保留了局部，成都则是保留了全体。这等于这批“恐龙”都活下来了，这是很难得的一件事情。现在到成都去，会发现这座城市无处不成都，个个都是成都人，而宽窄巷子正是成都休闲、市井文化的代表。这里最早是清朝官兵驻留的满城。自 20 世纪 80 年代末开始，这里的居民利用自家房屋、院落相继开起了茶馆、小吃店、旅社，营造出独特的文化气息，吸引了许多文人、艺术家、怀旧者和驴友的光临。在宽

窄巷子改造过程中，原住民的生活形态得以保留。人们可以从这里的一棵树、一片瓦、一个拴马石，感受到一种活的文化传承。在这样的原生环境里，做老成都生活的名片街区，自然是容易成功的。

三、宽窄巷子是成都这座城市不断探索出来的结果

成都做历史文化商业街区，不是从一开始就成功的。有个地方叫锦里，号称“成都版清明上河图”。作为成都武侯祠博物馆的一部分，锦里商业街全长550米，以明末清初川西民居做外衣，三国文化与成都民俗做内涵。

当初有锦里的时候，我们也觉得成功，但是跟宽窄巷子比，锦里就差远了。究其原因，锦里只是仿古商业街，只是保留了一些手工作坊、民俗演出、特色小吃等元素符号，但不是古成都生活的全部。最重要的一点，没有院落生活，没有解决户外消费的问题。所以，成都人也是经过一代一代的改进，才把历史文化商业街区做好。宽窄巷子保留下来的，往往都是锦里缺乏的。

四、营销操作

商业街区做完以后，相当于搭建了一个舞台，而往往演了开场戏之后就没有下文了。中国有很多首届××艺术节，往往首届之后，第二届就没有了。而宽窄巷子不一样，每天有人去强化这种生活。

宽窄巷子的日常营销活动十分丰富，所有的营销活动都是围绕着“宽窄巷子”品牌，体现出生活、休闲、文艺、国际的主题调性。自开街之日起，宽窄巷子就善于利用每一个节日组织活动，重大节日通常伴有连续数日乃至数周的国际性大举动，如2008年“十一”期间的西班牙主题文化周包含五大主题，分别是弗莱明戈舞蹈、西班牙文化展、宽窄巷子“十一”寻宝大行动、西红柿狂欢节以及西班牙美食主题餐厅。小节日的活动虽然不具有长期性和国际性，但是能够与特定的节日气氛相结合，贴近生

活，富含人情味，十分容易拉近与公众的亲密距离。如 2009 年端午节期间，宽窄巷子打造芳香节，粽叶清香、艾草浓香、香囊幽香，同时伴有香文化讲座、印度水烟芬芳品鉴会等以“香”为主题的活动。

特别需要强调的是，摄影和拍摄影视剧的营销宣传效果。2009 年父亲节，宽窄巷子组织摄影师为游客和父亲免费摄影并赠送照片及纪念品，随后将照片上传至网络，进行网络评比，设立“最上镜奖”、“最温情奖”等，伴随大奖发放……

不只是宽窄巷子自己拍了照片去展出，驴友们也自己拍了照片去展出。去拍照的这批人，贴上去的照片对宽窄巷子的宣传起了重要作用。用“成都美女”四个字一搜，可以搜出大量在宽窄巷子拍的照片，大大强化了大众对宽窄巷子的认知。

综上所述，宽窄巷子取得令人瞩目成就的原因，主要在于其根植于成都这座文化休闲生活得以完整、有序传承的城市，城市是其得以生长、繁荣的优质土壤。院落式组织形式突破了仿古商业街的单一线性空间，为老成都生活提供了最好的发生场所。在营销操作手法上，宽窄巷子不是单点式的，而是连续的、系统的、重点突出的，始终站在时代最前沿。成都最终建成名片式的文化商业街区，不是一蹴而就的，而是经过长期的探索，尤其是建立在过去经验教训的基础上。宽窄巷子的成功之道值得有志于建设商业街区的人士思考学习、取舍借鉴。

◎附 录

北京市特色商业街宣传片（文稿）

韩凝春

北京，中国首都，中华历史文化名城。

3000 余年建城史，850 多年建都史，积淀了发达的商脉和深厚的商业文化底蕴。

商业街是北京商业千百年流淌不息的生命之河，在古都城市肌理中刻画下商业文化的浓墨重彩，也为今天的新北京抒写东方时尚的流光溢彩。

晨曦初染，金色的曙光照亮了城市的大小商街，北京迎来了一个新的早晨。

让我们从这里开始北京的商业文化之旅……

第一章　古韵深远

六朝古都北京，“富商大贾周流天下，交易之物莫不相通”，是商贾云集、千心向往的繁华都会。唐代的幽州市、金代的檀州街、元代的积水潭，作为我国北方重要的商业街区，在历史上均留下深刻的烙印。商脉绵延，时光从历史穿空而来，凝聚在北京古老的商业街上，历史与未来，东方古韵与现代时尚，在这里交相辉映……

- **前门—大栅栏商业街区**

具有 580 多年历史的前门—大栅栏商业街区是具有世界文化遗产价值的北京商业文化地标，是古都北京历元、明、清、民国至当代历史延续最长的历史街区，也是冠以“天街”之称的京城商业“龙脉”所在。

这里是中华老字号的集聚之地。中华国药第一家同仁堂、“不到长城非好汉，不吃烤鸭真遗憾”的全聚德，还有“头戴马聚源、脚踩内联陞、身穿八大祥”的马聚源、内联陞、八大祥，都是前门—大栅栏街区的代表字号。

这里是宣南文化的生发之地。明、清两代正阳门内外聚集了官府衙门、官员、举子、客商，促成了会馆、客店兴盛，至民国时前门—大栅栏地区会馆已达104家。顾炎武、阎若璩、林则徐、龚自珍、康有为、梁启超等历史名人曾在此生活起居，留下灿烂的光华。

这里是国粹京剧的发祥之地。清乾嘉以降，京、昆名家只有在前门—大栅栏扎下根，才能唱响北京，名扬全国。前门—大栅栏由此成为京味娱乐文化的中心舞台。

今天，经过系列改造和发展，集聚周边鲜鱼口、大江胡同等历史文化街区资源，老字号特色商业资源，增加餐饮、休闲商业消费，前门商气得以重聚，特质鲜明的前门—大栅栏街区以其浓郁的京味文化色彩和中华商业文化神韵吸引着四海宾朋，成为最能代表北京商业历史文化的商业中心街区。

铛铛车在前门大街穿梭回响，穿过历史，我们走向未来。

- **琉璃厂**

北京是我国的文化中心城市，是文化人汇聚的城市，也自然衍生出文化的消费。而承载北京传统文化消费最知名的街区就是琉璃厂。

琉璃厂肇始于辽金时期的海王村，元、明时曾在此开设官窑烧制修建皇宫用的琉璃瓦件，故得名琉璃厂。清康乾年间，逐渐形成了“京都雅游之所”，更以编修《四库全书》为契机，成就了集聚古玩书画精华、人文荟萃的老北京第一文化街。

在书香、墨香中走过800年的历史，徜徉在800米长的琉璃厂，仿佛与纪昀、翁同龢、胡适、鲁迅、张大千、齐白石等文化名人擦肩而过。这里有北京现存最古老的字号——650多岁的清秘阁，有以木板水印技艺闻名于世的300多岁的荣宝斋，有中国最大的古旧书店——中国书店，有首创中国墨汁的一得阁，湖笔精粹戴月轩。1905年，这里的丰泰照相馆还曾诞生了中国第一部无声电影——《定军山》。今天的琉璃厂，不仅延续了数百年来老北京的文化根脉，而且逐渐发展成为高品位的文化艺术品交易中心。

琉璃厂，一片中华文化的沃土，人文北京的文化名片。

- **南锣鼓巷及烟袋斜街**

北京“有名的胡同三百六，没名的胡同赛牛毛”。以南锣鼓巷、烟袋斜街为代表的胡同是北京城市的毛细血管，是北京市井生活的舞台。要触摸京味商业的灵魂，不妨到南锣鼓巷的酒吧里坐坐，到烟袋斜街的茶馆里歇歇。

具有740多年历史的南锣鼓巷是我国唯一完整保存着元代胡同院落肌理、规模最大、品级最高、资源最丰富的棋盘式传统民居区。迄今完好地保存着元朝“鱼骨架”街巷及“八亩院”结构，保留部分清末、民初传统建筑，遗存着浓厚的人文历史景观。近年来，通过改造提升，南锣鼓巷街区实现了历史文化风貌保护与现代文化休闲产业的有机协调发展，沿街的个性店铺、酒吧悄然兴起，元朝古巷新旧混血，就此重生，使南锣鼓巷成为京城继三里屯和后海外的第三条酒吧街，并由此带动了文化休闲创意商户的集聚和海内外游客的聚集。被誉为“全球游客最喜爱的中国四大特色商业街”之一，被美国《时代》周刊推荐为25处地道的亚洲风情体验地之一。

斜靠着后海和前海，有一条800多年历史的老街——烟袋斜街。据说斜街东口开于光绪年间的两家烟袋铺——同合盛和双盛泰，曾为慈禧太后洗过烟袋，从而名声大噪。为招揽生意，在门前廊下竖起长约1.5米长的木制大烟袋，烟袋斜街由此得名。斜街的地形也宛如一只烟袋，细长的街道好似烟袋杆儿，东头入口像烟袋嘴儿，西头入口折向南边，通往银锭桥，活像烟袋锅儿。

清末年间，烟袋斜街以经营烟袋、烟具、古玩字画为主，素有“小琉璃厂”之称，也曾是北京风味的小吃街。百姓曾流传“烟袋嘴口”买“饽饽”，“烟袋锅中”看古玩，“烟袋锅外”望西山的说法。近年来，随着烟袋斜街区域历史文化风貌的恢复，特色小店云集，商流涌动，以历史文化和民间艺术题材为主题的商业文化在此重生。继国子监街后，2010年，烟袋斜街被国家文化部、国家文物局等评选为北京第二条“中国历史文化名街”。

信步漫游南锣鼓巷和烟袋斜街，在胡同游三轮车的响铃声中，与擦身而过的不同国度和肤色的人们，共同感受老北京人生活的依稀印记，体验古今交错、传统与时尚的激情碰撞。

- **南新仓文化休闲街**

南新仓俗称东门仓，曾是明清两代皇家粮仓，其历史可上溯到元朝的漕运，是运河文明的产物，是漕运传统和仓场文化的重要物证。在明朝鼎盛时有仓廒180座，现存留古仓9座，是全国仅有，北京现存规模最大、保存最完好的皇家粮仓。这些宝贵的古仓资源与仿古建筑和现代时尚商业元素完美融合，造就了魅力独具的南新仓文化休闲街。一批兼具中华文化元素和现代时尚感受的文化休闲产品于此集聚共生，最有代表性的是2007年以来，厅堂版昆曲《牡丹亭》常驻南新仓，在皇家粮仓的古拙空间，复生明代传奇剧目的悲欢离合。在600年古仓文化的烘托下，弘扬着浓郁高雅的时尚品位，传递着舒适精致的人文体验。

新旧融合、时尚与历史交融是南新仓恒久的主题。

第二章　艺海流光

中华数千载历史风华，文明交响，留下无数珍奇瑰宝。在国富民殷的年代，人们对文化产品、艺术产品的消费需求日益攀升，北京作为中国的文化中心城市，必然承载起现代艺术交易中心的使命，得天独厚的北京文化艺术类特色商业街流光溢彩，四季芬芳。

- **潘家园旧货市场**

北京的传统文化不仅在故宫博物院的文物展柜里，而且在纵横交织的胡同深处，在一个叫潘家园的旧货市场中，在手递手的古旧物品交易中。

以经营民间旧货、工艺品、收藏品、装饰品为主题的潘家园旧货市场，民间特色浓郁，交易方式灵活，是全国人气最旺的古旧物品市场，是全国品类最全的收藏品市场，也是全国规模最大的民间工艺品集散地。

每逢周末开市，潘家园的日客流量达六七万人，其中境外客商近万人。喜爱东方文化的外国人来到北京，总要逛逛潘家园；火眼金睛的藏家来到北京，总要来这里练练眼力；普通收藏者、游客来到北京，总要来这里淘淘宝贝。不同肤色、不同语言、不同阶层、不同信仰的游客在这里找到了共同的爱好、共同的语言。

所看之处，古色连连；所过之处，大千世界。如果您有一颗玩味的赏心和一双识珠的慧眼，逛潘家园便不需要理由。

• 北京古玩城

北京是我国古玩艺术的收藏和展示中心。北京的古玩艺术品收藏市场无论规模大小，还是完善程度，抑或场所数量、级别，均领先于全国。北京古玩城便是其中的佼佼者，也是目前国内唯一一家具有文物经营资质的古玩市场。

北京古玩城建于1995年，主要经营白玉、翡翠、佛造像、瓷器、鼻烟壶、织绣服饰、古旧钟表、古典家具等十几大类的古玩艺术精品，是一座可触摸的中国古玩艺术品博物馆。北京古玩城现有古玩经销商700余家，每年交易额高达数十亿元人民币，已成为北京古玩艺术品的重要交易展示中心。

古玩，浓缩人类文明和历史。北京古玩城是中外收藏家、古玩爱好者的乐苑，也是中外游客领略华夏文明的艺术殿堂。

• 高碑店古典家具街

中国古典家具，或淳朴内敛，或精雕细刻，传扬着中华文化的雍容祥和之气。品鉴、赏玩古典家具是现代人难得的享受，北京高碑店古典家具街就为海内外喜爱古典家具的人们提供了绝好的去处。

迈进这条1000余米的长街，仿佛进入中国古代家具博物馆。空气中飘散着带有古老年纪的缕缕木香，走进店铺，供案的沉穆、香几的秀美、太师椅的庄重、拔步床的雄浑，无不沉淀着文明之美和历史的底蕴。

这里有“凝固的音乐，木构的诗篇，立体的绘画”，有独运的匠心，更有传承了数千年、历久弥新的中华家具文化。

• 观音堂画廊街

北京是文化之都也是艺术之都。在北京众多的艺术殿堂中，有一个新的成员，那就是建成于2005年的观音堂画廊街。

这是一条长达700多米，由清一色的深灰色二层小楼构成的看似极为普通的街区。这里以唯美、个性、原创的西方油画为经营主体，通过一个个风格迥异、个性突出的画廊交易，让人们在油画艺术体验与消费中得到文化的满足。开街之初，观音堂画廊街就确立了“艺术品一级市场国际交易中心”的发展主旨，将其建成北京高端油画艺术品交易的重要平台。这条路，让我们看到高雅艺术与市场经济和谐交融的阳光。

观音堂，油画艺术的殿堂，北京又一处人文艺术景观大道。

第三章 回味悠长

北京是一杯陈酿，醉了3000年。

北京是一盏清茶，于清雅中品出悠长的回味。

在北京街头，感受北京的情怀，体验北京的味道。

- **什刹海酒吧街**

“地安门外赏荷时，数里红莲映碧池，好是天香楼上座，酒阑人醉雨丝丝。”这是清代竹枝词描写什刹海的一首小诗。

由前海、后海、西海组成的什刹海，一水相连，波光碧影，古味悠扬，是古都北京一处没有围墙的公园。自古以来，这里就广聚名流雅士。湖光山色之美和韵味隽永的历史传说结合在一起，让人回味无穷。

作为北京唯一一处集自然风光、人文历史、市井文化、传统民俗于一身的旅游胜地，近年来，什刹海区域逐渐形成北京知名的酒吧街，成为北京商旅休闲的新地标。湖光荷影和衣香鬓影相映成趣，特色酒吧、餐厅和古典建筑和谐共生，间以悠悠丝竹声，最是销魂滋味。旖旎间，一派精致的京味生活享受。

一盏咖啡，半杯红酒，醉在什刹海，醉在北京的波光灯影里。

- **护国寺小吃街**

位于西城西四牌楼之北的护国寺，为北京名刹，始建于元代，历史上护国寺街西口内路北，农历每月逢七、八有庙会。护国寺庙会与隆福寺庙会齐名，为老北京“东西二庙”之西庙。《京都竹枝词》云：“东西两庙货真全，一日能消百万钱，多少贵人间至此，衣香犹带御炉烟。”

源起于庙会文化，护国寺街成为京味小吃的集聚之地，聚集了艾窝窝、豌豆黄、豆面糕、豆汁、焦圈、面茶等百余种京城小吃精华。近年来，在护国寺小吃基础上，以餐饮小吃为主，汇聚剧场、酒店等多种主题业态，更打造出一条老北京新生活的特色小吃街。

一口豆汁、一口焦圈、一口咸菜，酸香配咸脆，这就是老北京的味道。

- **簋街**

东直门外二环边，有一条飘着浓浓麻辣味、聚着浓浓人情味的餐饮街——簋街。

簋是中国古代用于盛放饭食的器皿，也用做礼器。以簋命名街，可见这条街独特的餐饮文化定位。

簋街餐饮起步于1995年以后，以麻辣小龙虾为主打，麻麻辣辣的味道“火”了一条街。经过十几年的发展，如今的簋街已经形成了拥有80多家餐馆，汇集川、鲁、苏、粤、清真、韩国料理、日本料理、烧烤、火锅等众多风味的“不夜街”，也成为北京人下班后三五知己呼朋引伴谈天说地的好去处。

夕阳西下，簋街的大红灯笼次第亮了起来，白天安静的街市一瞬间就变得人声鼎沸。很多人“夜游”京城的经历从这里开始。在很多激动人心的日子里，人们不约而同地选择在这里度过。申奥成功、中国足球走向世界等值得纪念的日子里，人们在这里通宵宣泄，一起唱歌、喝酒、拥抱、哭泣，整条街都在欢呼、呐喊、沸腾。

这就是簋街。民以食为天的簋街，京味餐饮文化的缩影。

- **北京台湾街**

随着两岸三通，越来越多的大陆游客感受到了台湾文化的魅力。特别是以小吃为代表的台湾餐饮文化，更令人印象深刻。

2010年，人们惊喜地发现，在十里长安街的西边，悄然出现了北京首条台湾文化主题商业街。在百年五桂楼上坐一坐，在宝岛风情老街上走一走，尝尝久慕盛名的彰化肉圆、基隆甜不辣、新竹贡丸、台南鼎边超、蚵仔煎，买几份精致的伴手礼，空气中摇曳着邓丽君悠悠的歌声，那一刻，仿佛站在台北的士林，看到的、听到的、品到的是浓浓的中华情。

从台湾岛到北京城，从日月潭到昆明湖，

北京台湾街情牵两岸，台湾人文商业情驻北京。

第四章　世界你好

走遍了南北西东，最爱的是北京。北京不仅是北京人的北京，也是全世界的北京。外国人说：北京你好！北京人说：世界你好！一捧丝绸，一颗珍珠，一杯香茶，北京用贸易联通天下，用商业街架设走向世界的新商道。

- **雅宝路**

据说在北京，来自俄罗斯的每 3 美元中，就有 2 美元装进了雅宝路商家的口袋。

在外国商人的眼里，雅宝路就是中国对外贸易的窗口。很多俄罗斯人冲着它的“大名”纷至沓来，雅宝路平静的街面上，涌动着中俄商贸的神话。

在这里，您会不经意间看到异国的“倒爷”手提黑色的大口袋，里面装了满满的“战利品”，笑容满面地踏上门外等候的板车；也会在附近物流公司门前，看到不同肤色的外国商人手拿胶带，紧张忙碌地封箱、打包，耳边不时传出“吱拉、吱拉”的响声；还会在周围的俄式餐厅中，看到闲暇之余的俄罗斯人吃着可口的家乡风味美食，品尝香浓味醇的咖啡，尽享生活的舒适与轻松。

雅宝路，一条寻宝创富的路；雅宝路，北京商业联通世界的桥。

- **秀水街**

“登长城、游故宫、吃烤鸭、逛秀水”。秀水街是闻名于世的北京旅游地标。

秀水街，是画家眼里的国际版现代清明上河图，是外交家眼里的民间交流对话小联合国，更是独具特色的中国“民间贸易中心”，是很多老外来北京“血拼”的第一站，是外国人心里的“中国商业地标”。

接轨世界的新颖商品，使馆区独特的地理位置，“讨价还价”的营销模式，中国话和异国语言的对话交流，融合成魅力独具的秀水文化。

从20多年前靠三轮车起家的街边小贩，到10多年前五光十色的马路市场，再到如今品牌林立、气势不凡的商贸大厦，时光荏苒，秀水街见证了北京商业的发展，见证了中国改革开放的时代变迁。

秀水街，北京的秀水，中国的秀水，世界的秀水。

- **红桥市场**

秀水的英文名字是silk——丝绸，而作为中国特产的另一代表——东方珍珠，则镶嵌在北京天坛边的红桥市场。

作为世界最大的珍珠零售市场，红桥市场以其瑰丽华美的珍珠，每年吸引着大量国内外的宾客慕名而来，其中外国游客就超过百万人。

这里是珍珠、饰品的海洋，从浙江诸暨的淡水珠、广西北海的海水珠、大溪地珍珠、南洋珍珠和日本珍珠，到珊瑚、翡翠玉石、宝石及半宝石一应俱全。

这里更是珍珠贸易的天堂，每年珍珠交易量占世界的1/7，而价格仅相当于国外的1/10，世界三成多的珍珠成品都来自这里。

从1979年最初的街头早市逐渐发展成为享誉世界的著名商业特色品牌，不平凡的30多年间，作为中国改革开放一角的红桥市场，在市场经济的大浪淘沙中磨砺成珠，成为享誉世界、当之无愧的“京城珍珠第一家”。

- **马连道茶叶街**

在北京街头，茶香最浓的去处——马连道。那里云集了全国各地的茶商，沿街尽是大大小小的茶城、茶店，犹如“茶马古道”在新时代的延伸。

20世纪80年代，茶叶贸易开始在马连道地区集聚。经过20多年的发展，马连道由起步时的一个茶叶公司，已发展成为拥有11大茶城、3000余户茶商、年营业额超过30亿元的我国北方地区最大的茶叶交易中心，名扬海内外，被誉为“中国茶叶第一街”。

马连道，整合了中国的茶资源，叫响了茶品牌，传扬了茶文化。

马连道，用茶香茶韵将中国和世界相连。

第五章 时尚东方

古老而又年轻的北京，历史是她的精魂，现代是她的霓裳。

在东方古韵的映衬下，北京商业街踏着时代的脚步，舞动时尚的春潮。

- **世贸天阶**

在北京 CBD 的耀眼繁华中，有一处宛如童话的购物乐园——世贸天阶。

以“全北京 向上看”为发展理念，一条全长 250 米，宽 30 米，由曾获奥斯卡奖、四获艾美奖的好莱坞舞台大师 Jeremy Railton 担纲设计的亚洲首座、全球第三大规模的电子梦幻天幕在世贸天阶凌空架起。绚丽宏伟的天幕奇观，使每一位驻足于此的人都体验到一种童话般的幸福感。

在这缤纷梦幻的世界里，时尚、休闲、娱乐、文化、品牌，互动和体验很好地结合在一起，给人们带来看、听、嗅、味、触全感官、全方位的现代品质享受和与众不同的休闲时尚之旅。

世贸天阶，在北京时尚的天空下流光溢彩。

- **蓝色港湾**

在京城安静的夜色中，几行车流汇入朝阳公园之西、亮马河畔的蓝色港湾，将夜的生活点亮。

蓝色港湾，北京新的休闲商业地标，犹如一首轻灵的夜曲，奏响京城夜空旖旎的时尚风情。

这里，流水相伴，浪漫满径，时尚商品任君挑选，中西美食任你赏鉴。或肆意狂欢，或品茗抒怀，或好友欢聚，或家人游憩，时间在这里变的漫长而优雅，身心在这里放松舒缓，愉悦的体验在心底悄然绽放。

蓝色港湾，你去了吗?

- **酷车小镇**

时尚属于年轻人，而年轻人的乐趣又以新鲜和刺激当先。在北京有这样一座小镇，让爱车的年轻人有了新的乐园，让青春激扬在时尚动感的车文化中——这就是酷车小镇。

酷车小镇是我国汽车改装行业首家综合性服务机构，也是以车文化为主题的文化创意产业园，是汽车改装业务的大本营。汽车、摩托车改装，车辆快修保养、车用精品、户外用品等，与车文化相关的综合服务在此可以一站式满足；汽车主题餐厅、主题酒吧、车友会、俱乐部等则让爱车的朋友们共享车文化的激情与梦想。

年轻的酷车小镇，汽车产业链的延伸，更为中国车文化装上梦想的动力之轮。

镜头收不全北京特色商业街的万千气象和缤纷色彩。

北京特色商业街是国际化、现代化、特色化北京商业改革创新的象征，是北京商业跨越式发展的缩影。

在建设中国特色世界城市、打造国际商贸中心的历史进程中，特色商业街作为北京商业永恒的发展品牌，将继续在世界商业的舞台上，尽展中国商业文化、北京商业文化的独特魅力。

北京特色商业街，奏响北京商业新时代的华美乐章！

后　记

商业街是承载商业文化、体现商业价值、反映城市商业生态的最鲜活的舞台。关于商业街的研究是商业经济研究的重要领域，是京商文化研究的重要领域。从城市、文化、建筑、经营、管理、机制、模式等角度考察商业街，研究商业街发展肌理，有助于我们更好地传承商业街的历史文化，更好地开发建设现代化商业街，从而更好地推进城市的商业建设和商业文化繁荣。

2013 年 11 月初，中国商业史学会、清华大学经济管理学院中国零售研究中心共同举办，《中国商业报》、北京商业经济学会协办的“第 9 届中国零售论坛暨中国商业老街保护与发展研讨会”聚集业内专家、知名商业街建设与管理单位就中华商业老街进行了深入交流，清华大学经济管理学院教授李飞、中国社会科学院经济研究所研究员魏明孔等知名学者发表了对商业街研究的重要成果，京商文化研究的首倡者、中国商业史学会会长王茹芹做主旨发言并为本书作序。本书收录了该研讨会的主要成果，感谢李飞、魏明孔、韩健徽、梁仁志、金川、沈学峰、黄大昭、谢彩、张永禄、张维东等学者的理论贡献。

本书还收录了近年来关于商业街评价研究、北京中心商业街区、特色商业街区研究中的一批代表性成果。赖阳、黄爱光《世界著名商业街评价指标体系研究》构建了通用的商业名街评价指标体系，并已应用于王府井商业街区的评价；韩凝春、胡昕《北京特色商业街发展研究》在对北京 26 条市级特色商业街调研基础上，全面总结了北京特色商业街建设的经验；杨波、李军、葛俊凯等作为商业街区的经营管理实践者，对所在街区进行了深入研究，其成果也收录于本书。

还要感谢罗璇、姜鹏、郑传生、黄辉、乔林、张雅丽、朱青青、郭小帆等研究者对特色商业街区的专业研究，他们从新的视角、以国际的视野俯视特色商业街区，其研究让人耳目一新。

本书作为北京市教委科技创新平台——京商文化科技创新平台的研究成果，由韩凝春主编，杨少萱、赵挺、胡昕参编，在此一并感谢编者的努力。